INGOLF U. DALFERTH
KOMBINATORISCHE THEOLOGIE

QUAESTIONES DISPUTATAE

Begründet von
KARL RAHNER UND HEINRICH SCHLIER

Herausgegeben von
HEINRICH FRIES UND RUDOLF SCHNACKENBURG

130

KOMBINATORISCHE THEOLOGIE

Internationaler Marken- und Titelschutz: Editiones Herder, Basel

INGOLF U. DALFERTH

KOMBINATORISCHE THEOLOGIE

PROBLEME THEOLOGISCHER RATIONALITÄT

HERDER

FREIBURG · BASEL · WIEN

CIP-Titelaufnahme der Deutschen Bibliothek
Dalferth, Ingolf U.:
Kombinatorische Theologie: Probleme theologischer
Rationalität / Ingolf U. Dalferth. – Freiburg im Breisgau;
Basel; Wien: Herder, 1991
(Quaestiones disputatae; 130)
ISBN 3-451-02130-7
NE: GT

Alle Rechte vorbehalten – Printed in Germany
© Verlag Herder Freiburg im Breisgau 1991
Herstellung: Freiburger Graphische Betriebe 1991
ISBN 3-451-02128-5

Vorwort

Unsere Welt ist unübersichtlich geworden, und die Theologie tut sich schwer damit. In einer Wirklichkeit, deren Vielfalt sich theoretisch kaum mehr greifen läßt, hat sie ihren gesellschaftlich eindeutigen Ort, ihre kulturell legitimierte Funktion und ihre wissenschaftlich anerkannten Aufgabenstellungen weitgehend verloren. Kirche, Gesellschaft, Wissenschaft, heterogene kulturelle und religiöse Traditionen und divergierende Lebenserfahrungen stellen unterschiedliche Ansprüche an sie und erwarten kaum noch vereinbare Leistungen von ihr. Man kann das ignorieren und Theologie weiterhin unter Berufung auf einen einzigen Leitgesichtspunkt wie Gott, Kirche, Offenbarung, Glaube, Vernunft oder Religion entwerfen. Doch selbst die globale Entfaltung eines solchen Entwurfs kann nicht verdecken, daß er unüberwindlich partikular, eben nur einer unter anderen ist. Keine theologische Konzeption ist unter den Bedingungen der Gegenwart noch in der Lage, übergreifende, allgemein verbindliche und akzeptierte kollektive Deutungsmuster unserer Wirklichkeit an die Hand zu geben. Die Vielfalt ist längst schon irreversibel geworden, auch in der Theologie.

Die Konsequenzen dieses Sachverhalts für die Bestimmung des Wesens und der Funktion der Theologie sind bislang noch wenig bedacht. Der vorliegende Traktat nimmt diese Aufgabe in Angriff. Theologie, so wird vorgeschlagen, ist nicht primär nach dem Paradigma neuzeitlicher theoretischer Wissenschaft, sondern nach dem einer praktischen Kunst oder Methode zu entwerfen – nicht im Sinn eines Inbegriffs theologischer Regeln und Verfahrensweisen, sondern eines Orientierungsrahmens gemeinsamer Deuteaktivitäten und Gestaltungsverfahren, der kontrollierbar zwischen einem kulturellen Gesamtgefüge und der Rolle und Funktion organisiertern (Kirche) und individuellen christlichen Glaubenslebens in diesem Gefüge zu vermitteln erlaubt. Anknüpfungspunkte für dieses Theologieverständnis bieten F. D. E. Schleiermacher und B. Lonergan, aber auch die jahrhundertealte Tradition des disziplinierten topischen Umgangs mit Lebenserfahrungen und dem darin begründeten gewohnheitsmäßigen und partikularen Wissen in Grammatik, Rhetorik oder Historik. Im Anschluß an diese Ansätze kann Theologie als Kunst der Kombination unterschiedlicher Bezugssysteme wie Glaube, Lebenserfahrung, Wissenschaft, Recht, Kirche, Religion usf. begriffen werden. Sie ist die Kunst des Deutens, Interpretierens, Verstehens, Prüfens, Urteilens und Entscheidens, die auf der Basis überkommener Glaubenserfahrung diejenige Wahrheit im Streit unserer vielfältigen Erfahrungen und Meinungen zu finden und gegen Zweifel, Irrtum und Irrlehre mit guten (d. h. auch von anderen nicht ohne Verlust der eigenen Glaubwürdigkeit ignorierbaren) Gründen stark zu machen sucht, die unter den (jeweils) gegebenen kulturellen Bedingungen die Orientierungsfähigkeit, Auskunftsfähigkeit und Gestaltungskraft christlichen Glaubenslebens ermöglicht und fördert.

So verstandene Theologie steht in besondere Weise vor dem Rationalitätsproblem – vor allem in ihrem Verhältnis zu Kirche und Wissenschaft, die für die Ausbildung des Selbstverständnisses christlicher Theologie in der westlichen Tradition herausragende Bedeutung besitzen. Kapitel 1 konzentriert sich deshalb auf das Lehrproblem, Kapitel 3 auf das Erkenntnisproblem. Beide sind zentrale Problemfelder theologischer Reflexion in den Bezugsbereichen Kirche und Wissenschaft. Beide haben sich in ihrer Geschichte aber als schwierig zu kombinieren und als permanente Quelle von Konflikten erwiesen. Sie werfen exemplarisch die zentrale Frage nach der Rationalität des theologischen Verfahrens überhaupt auf: Inwieweit kann Theologie in ihrem spannungsreichen Verhältnis zu kirchlicher Lehre und wissenschaftlicher Erkenntnis den Anspruch erheben, rational zu sein? Dieser Frage geht Kapitel 2 nach. Dabei wird die These vertreten, daß Theologie mit anderen rationalen Disziplinen die argumentative und diskursive Art ihrer Problembehandlung teilt, dem kirchlich vermittelten christlichen Glauben aber die inhaltlichen Kriterien ihrer Problembearbeitung verdankt. Beides zusammen verleiht der kombinatorischen Arbeit der Theologie ihr spezifisches Profil.

Teile der folgenden Überlegungen sind in erster Gestalt in der Zeitschrift für Theologie und Kirche 85 (1988) und in H. J. Adriaanse und H. A. Krop (Hg.), Theologie en Rationaliteit, Kampen 1988, erschienen. Meine Mitarbeiter Annegret Gleich und Michael Moxter haben die vorliegende Druckfassung aufmerksam kommentiert. Sie waren ihre zweiten Kritiker. Ich danke ihnen.

Gewidmet sei das Buch Jan und Christina, die auch die Vielfalt lieben.

Tübingen, im Januar 1991 *Ingolf U. Dalferth*

Inhalt

Vorwort 5

Einleitung 11
1. Zum Wissenschaftscharakter der Theologie 11
2. Theologische Pluralität 12
3. Positionelle Theologie oder Theologie als Methode 14
4. Kunst, Konvention und Gewohnheit 15
5. Theologie als Kunst der Kombination 18
6. Freiheit, Kirchlichkeit und Wahrhaftigkeit der Theologie . 20
7. Probleme kombinatorischer Theologie 21

I. DAS LEHRPROBLEM:
WISSENSCHAFTLICHE THEOLOGIE
UND KIRCHLICHE LEHRE 23

1. Lehr-Differenzen 23
2. Verkündigung und Lehre 26
   2.1 Kerygma und Theologie 27
   2.2 Verkündigung als Lehre 28
   2.3 Lehre vs. Verkündigung 29
   2.4 Lehre als Verkündigung und Theologie 31
3. Glaubenskommunikation und Glaubensreflexion 34
   3.1 Glaube, Glaubenswissen und Glaubenskommunikation 34
   3.2 Theologie als Reflexion christlicher Glaubenskommunikation 37
      3.2.1 Reflexion und Lehre 38
      3.2.2 Probleme, Themen und Leitgesichtspunkte theologischer Reflexion 41
4. Kirchenbezogene und weltbezogene Theologie 48
   4.1 Problem-Differenzen 48

4.2 Kirche und Welt als Referenzsysteme theologischer Reflexion 49
4.3 Dogmatische und wissenschaftliche Theologie 52
4.4 Die Wissenschaften als Referenzsystem wissenschaftlicher Theologie 56

II. DAS RATIONALITÄTSPROBLEM: PERSPEKTIVITÄT UND REFLEXION ALS GRUNDPROBLEME THEOLOGISCHER RATIONALITÄT .. 59

1. Die Rationalität der Theologie 60
   1.1 Das Problem 60
   1.2 Aspekte der Rationalität 61
   1.3 Interne und Externe Rationalität 65
   1.4 Argumentative Rationalität 71

2. Theologische Probleme und argumentative Standards der Theologie 72
   2.1 Die Pluralität der Theologie 72
   2.2 Theologische Probleme 75
   2.3 Theologische Standards 78

3. Die beiden Grundprobleme theologischer Rationalität ... 84
   3.1 Das Problem der Reflexion 84
   3.2 Das Problem der Perspektivität 87
       3.2.1 Das Realitätsproblem 90
       3.2.2 Das Wahrheitsproblem 92

4. Die Christologie als Problemzentrum 97

III. DAS ERKENNTNISPROBLEM: HEILIGER GEIST UND MENSCHLICHE ERKENNTNIS 99

1. Pneumatologie und Erkenntnistheorie 101
   1.1 Pneumatologie als Lehre 101
   1.2 Theorie menschlicher Erkenntnis 104
   1.3 Dimensionen des Wissens 108
   1.4 Problembereiche der Erkenntnistheorie 110
   1.5 Die semiotischen Grundlagen unserer Erkenntnis ... 113
   1.6 Gewinnung und Verarbeitung von Information 117
   1.7 Wahrnehmung und Kommunikation 120

2. Geistgewirkte Erkenntnis 125
2.1 Menschlicher Geist und heiliger Geist 125
2.2 Die Erkennbarkeit des heiligen Geistes 126
2.3 Notae Spiritus Sancti 128
2.4 Der Geist als Vollzugsform des Lebens Gottes 131
2.5 Das trinitarische Leben Gottes als Feld 132
2.6 Funktionen des Geistes 137
2.7 Die Struktur des Geistes 141
2.8 Der Charakter des Geistes 142
2.9 Kommunikative Kopräsenz Gottes mit uns 144
2.10 Kommunikation mit und über Jesus Christus 148
2.11 Die epistemische Funktion der Sakramente 151
2.12 Das erkenntnistheoretische Grundproblem der Pneumatologie 154

Abkürzungen

BEvTh Beiträge zur evangelischen Theologie. München 1, 1940 ff.
GuV R. *Bultmann,* Glauben und Verstehen. Gesammelte Aufsätze. 3 Bde. Tübingen 1933–1960.
HPhG Handbuch philosopischer Grundbegriffe. Hg. von F. X. Arnold u. a. 5 Bde. Freiburg 1964–1972.
HUTh Hermeneutische Untersuchungen zur Theologie. Tübingen 1, 1962 ff.
HWPh Historisches Wörterbuch der Philosophie. Hg. von J. Ritter, fortgeführt von K. Gründer. 6 Bde. Basel 1971 ff.
PL Patrologiae cursus completus. Series Latina. Paris.
PTh Pastoraltheologie. Wissenschaft und Praxis. Göttingen 5, 1966–58, 1969.
VF Verkündigung und Forschung. Theologischer Jahresbericht. München.
ZKTh Zeitschrift für katholische Theologie. Wien 69, 1947.
ZThK Zeitschrift für Theologie und Kirche. Tübingen 47, 1950.

Einleitung

1. Zum Wissenschaftscharakter der Theologie

Die Debatte um den Wissenschaftscharakter der Theologie ist seit einiger Zeit steril geworden. Notwendigkeit und Nützlichkeit wissenschaftlicher Theologie, die Art der ihr zu- oder abzusprechenden Wissenschaftlichkeit und der wissenschaftliche Status von Theologie überhaupt sind zwar auch unter Theologen nach wie vor strittig.[1] Doch die Argumente wiederholen sich, die theologiegeschichtlich relevanten Optionen sind im wesentlichen genannt, die systematischen Alternativen bekannt und häufig positionell befestigt.[2] Vor allem aber scheint es ganz unerheblich zu sein, ob Theologie als theoretische oder als praktische, als positive oder als spekulative Wissenschaft verstanden wird, ob als Weisheit, als Kunst oder als therapeutische Metareflexion von Glaubenswahrnehmung: Ihre faktische Arbeit an Hochschulen und Universitäten vollzieht sich weithin unbeeindruckt von diesen Auffassungen. Wie selbstverständlich nimmt sie den Status einer wissenschaftlichen Disziplin in Anspruch. Und nicht nur außerhalb der Theologie herrscht die Auffassung: „Der bloße Hinweis ‚die Theologie ist eine Wissenschaft' ... hat nicht die Kraft, ein nutzloses und ödes Unternehmen zu verbessern, und wenn die Theologie blüht, dann kann er von dieser Blüte nicht ein einziges Stäubchen entfernen."[3]

Doch die argumentative Sterilität und die faktische Bedeutungslosigkeit wissenschaftstheoretischer Debatten in der Theologie sind schlechte Indikatoren ihrer theologischen Relevanz. Sie stehen in Gefahr zu verdecken, daß es unter dem Stichwort der Wissenschaftlichkeit um Grundfragen der Theologie geht, die sich ganz unabhängig davon stellen, ob diese als wissenschaftlich oder als nichtwissen-

---

[1] *J. Fischer*, Glaube als Erkenntnis. Zum Wahrnehmungscharakter des christlichen Glaubens (München 1989); *F. Wagner*, Was ist Theologie? (Gütersloh 1989).
[2] Zur Information vgl. vor allem *M. Seckler*, Im Spannungsfeld von Wissenschaft und Kirche (Freiburg i. Br. 1980); *ders.*, Theologie als Glaubenswissenschaft, in: Handbuch der Fundamentaltheologie, Bd. 4 (Freiburg i. Br. 1988) 179–241 (Lit.).
[3] *P. Feyerabend / Chr. Thomas* (Hg.), Wissenschaft und Tradition (Zürich 1983) 128.

schaftlich ausgegeben wird. Christliche Theologie ist eine Orientierungsdisziplin. In allen Gestalten hat sie dafür zu sorgen, daß die freie Aneignung des Glaubens im Denken und Handeln als gemeinsame und individuelle Selbstbildung der Glaubenden in Auseinandersetzung mit relevanten Lebensdeutungen anderer Art ermöglicht und gefördert wird. Solche Theologie gibt es nur, wo es auch Glauben gibt. Nur wo es Theologie gibt, kann die Frage ihrer Wissenschaftlichkeit aufbrechen, auch wenn sie nicht aufbrechen muß. Aber wo immer es Theologie gibt, stellen sich mit den Verfahren und intendierten Leistungen der Theologie selbst *Probleme theologischer Rationalität,* die sich auch dann nicht vermeiden lassen, wenn sie nicht ausdrücklich als solche thematisiert werden.

2. Theologische Pluralität

Das gilt auch für das im folgenden zu entfaltende Verständnis von Theologie, das diese als systematische Reflexion christlichen Glaubenslebens in all seinen Dimensionen des Erlebens, Wissens und Handelns zur Steigerung der Orientierungsfähigkeit und Gestaltungskraft christlichen Lebens begreift. Man muß die dabei sich stellenden Rationalitätsprobleme nur ins Bewußtsein heben, um zu erkennen, wie leichtfertig es ist, die für irrelevant erklärte wissenschaftstheoretische Reflexion der Theologie gegen die angeblich viel wichtigere Konzentration auf theologische Sachprobleme ausspielen zu wollen. Solches Sachlichkeitspathos ist naive oder polemische Pose. Gerade weil es ernsthafter Theologie vor allem um theologische Sachprobleme geht und gehen muß, ist es ein in eminentem Sinn theologisches Sachproblem, welche Probleme und welche Behandlungsweisen von Problemen eigentlich mit Recht theologisch genannt zu werden verdienen.

Überkommene Antworten auf diese Fragen haben heute weithin nur noch geringe Überzeugungskraft. Unsere Gegenwart ist gekennzeichnet durch eine heterogene, plural gewordene Wirklichkeit, die wachsende Ausdifferenzierung gesellschaftlicher Handlungsbereiche und unterschiedlicher Kommunikationsmedien, die zunehmende Partialisierung unserer Lebenswelten und deren Entkoppelung von den stärker generalisierenden Wirklichkeitsbereichen institutionalisierter Organisationsgeflechte unserer Gesellschaft wie Staat (Politik), Wirtschaft, Wissenschaft oder Kirche (Religion). In dieser Situation hat die Theologie ihren gesellschaftlich eindeutigen Ort, ihre kulturell legitimierte Funktion und ihre wissenschaftlich anerkannten Aufgabenstellungen verloren. Sie existiert gleichzeitig in pluralen Referenzsystemen von Kirche, Gesellschaft, Wissenschaft, heterogenen kulturellen und religiösen Traditionen und divergierenden individuellen Lebenserfahrungen, die unterschiedliche Ansprüche an sie stellen und verschiedene Leistungen von ihr erwarten. Das macht es ihr immer schwieriger, sich monoreferentiell, also unter Berufung auf einen einzigen maßgeblichen Leitgesichtspunkt wie Kirche, Gott, Glaube oder Religion zu entwerfen und in ihrer Aufgabenstellung und Orientierungsleistung auszuweisen. Denn selbst wenn sie einen solchen Leitgesichtspunkt global und integrativ entfaltet, tritt das Resultat doch nur neben andere, in anderen Perspektiven konzipierte Entwürfe und unterstreicht so gerade ihre unüberwindliche Partikularität.

Unsere Zeit ist denn auch geprägt durch eine immer unübersichtlicher werdende Pluralisierung theologischer Positionen, Konzeptionen und Orientierungsangebote bis hin zur Auflösung distinkter Theologie in die Beliebigkeiten (pseudo)religiöser Irrationalismen und Ganzheitlichkeitsentwürfe. Das kann sich im Gefolge einer neuen Hochschätzung mythischer Vorstellungsstrukturen, mystischer Integrationsbestrebungen in den Gesamtkosmos und einer naiven Sehnsucht nach Einbettung in überschaubare Zusammenhänge einer als undurchschaubar erlebten Welt bis zur programmatisch vernunftkritischen Ablehnung überkommener Formen theologischer Reflexion überhaupt steigern. Auf der anderen Seite wird auf die theologische Orientierungslosigkeit aber auch mit fundamentalistischen Vereinfachungen aller Art, mit positionellen Selbstbeschränkungen und mit institutionellen und dogmatischen Einschränkungen des offenen theologischen Diskurses reagiert, um der als Auflösung empfundenen Pluralisierung entgegenzuwirken. Doch der schleichende Legitimitätsverlust der Theologie wird durch solche Fundamentalismen, Dogmatismen und Irrationalismen nur beschleunigt. Denn je energischer versucht wird, die Theologie durch Entwürfe zu ersetzen oder auf Projekte festzulegen, die monoreferentiell bestimmt sind, Eindeutigkeit durch Übervereinfachung zu erzielen suchen und Ausschließlichkeit bzw. unhinterfragbare Superiorität, Wahrheit oder Gültigkeit nur beanspruchen, desto deutlicher belegt eben das unter den Bedingungen der herrschenden pluralen Kultur die Partikularität dieser Ansätze. Keine Religion und Kirche und erst recht keine Theologie ist in unserer Gesellschaft noch in der Lage, übergreifende, allgemein verbindliche und akzeptierte, kollektive Deutungsmuster unserer Wirklichkeit an die Hand zu geben. Wir leben schon lange mit Vielheiten, auch in der Theologie.

3. Positionelle Theologie oder Theologie als Methode

Die Aufgaben *der* Theologie gibt es daher nicht. Theologie existiert nur im Plural, und jeder Ansatz vermag sich nur in spezifischen, stets partikularen Kontexten plausibel zu machen. Das heißt nicht, daß es keine theologischen Aufgaben gäbe, daß sich Beliebiges als Theologie ausgeben könnte oder daß einzig der religiöse Markt und seine modischen Trends darüber entschieden, was als Theologie mit Recht Geltung und Bedeutung beanspruchen kann. Es bedeutet aber, daß unter den gegenwärtigen kulturellen Bedingungen eine Bestimmung der Aufgaben, Leistungen, Problemstellungen und Verfahrensweisen von Theologie nur dann sachgemäß und akzeptabel ist, wenn sich diese weder absolut setzt noch auf überkommene oder neue Vereinfachungen zurückzieht, sondern die faktische und wachsende Plurireferentialität von Wirklichkeit explizit berücksichtigt.

Positionelle Entwürfe mit konfessionalistischem Ausschließlichkeitsanspruch scheiden unter diesen Bedingungen aus. Auch wenn es sie weiterhin gibt, haben sie auf Dauer doch nur so lange eine Überzeugungs- und Geltungschance, als sie eng an eine etablierte kirchlich verfaßte Sozialgestalt christlichen Glaubenslebens im institutionalisierten Organisationsgeflecht unserer Gesellschaft angeschlossen bleiben. Da diese unter den Bedingungen der Moderne aber nur noch als partikulare Momente eines funktional differenzierten Gesellschaftszusammenhangs existieren können[4], ist der dafür zu zahlende (hohe) Preis nicht nur die prinzipiell beschränkte Legitimität solcher Theologie, sondern die (zumindest potentielle) Dominierung des theologischen Diskurses durch den Lehrbestand, die Problemvorgaben und die Entscheidungsorgane einer partikularen Amtskirche: Theologie wird zur ‚Amtsphilosophie' einer partikularen kirchlichen Institution mit allen negativen Folgen für ihre eigene Unabhängigkeit des Denkens und Argumentierens.

Doch das ist nicht die einzige Möglichkeit. Ein anderer Weg, der unter den Bedingungen der Moderne verheißungsvoller erscheint, besteht darin, Theologie insgesamt *als Methode* zu entwerfen – nicht im Sinne eines Inbegriffs theologischer Regeln und Verfahrensweisen, sondern eines Orientierungsrahmens gemeinsamer Deuteaktivitäten und Gestaltungsverfahren, der kontrollierbar zwischen einem kulturellen Gesamtgefüge und der Rolle und Funktion organisierten (Kirche) und individuellen christlichen Glaubenslebens in diesem Gefüge zu vermitteln erlaubt. Das haben – um nur zwei markante

---

[4] Vgl. *F.-X. Kaufmann,* Kirche begreifen. Analysen und Thesen zur gesellschaftlichen Verfassung des Christentums (Freiburg i. Br. 1979) 100 ff.

und ganz verschiedene Beispiele herauszugreifen – im letzten Jahrhundert Schleiermacher[5] und in unserem Lonergan[6] auf je ihre Weise versucht. Sie weisen einen Denkweg, den zu gehen sich gerade heute lohnen dürfte. Die folgenden Überlegungen versuchen das.

4. Kunst, Konvention und Gewohnheit

In Aufnahme und Fortführung der Ansätze Schleiermachers und Lonergans ist analog zur Medizin und Jurisprudenz[7] auch die Theologie eher als eine praktische *Kunst* denn als eine (prinzipien)theoretische Wissenschaft zu begreifen: sie ist die Kunst des kompetenten Umgangs mit den Erfahrungs- und Handlungsfeldern christlichen Glaubenslebens in seinen individuellen, professionellen, organisierten und institutionalisierten Dimensionen in unserer Gesellschaft.

Um die Art dieser Kunst zu profilieren, ist auch in der theologischen Selbstreflexion an eine seit langem ins theoretische und begriffliche Abseits geratene Denkform wieder anzuknüpfen: die jahrhundertelange Tradition des disziplinierten topischen und (im Wortsinn) dialektischen Umgangs mit Lebenserfahrungen und dem darin begründeten gewohnheitsmäßigen, konventionellen und partikularen Wissen. Grammatik, Rhetorik oder Historik haben in diesem Sinn die Bedeutung des Gewohnten und Konventionellen als regelfähige Wissensform des Zufälligen und Partikularen gegenüber dem auf Generalisierung und Gesetzmäßigkeit angelegten theoretischen Wissen (natur)wissenschaftlichen Denkens in Erinnerung gehalten.[8]

Kern dieser Denkform ist ein lebenspraktisches Vernunftverständnis, dessen Bedeutung in jüngster Zeit neu begriffen wird. Vernunft wird in ihr nicht theoretisch hypostasiert, sondern als praktische, kontextsensible und bereichsspezifische Verfahrensform praktischer Rationalität begriffen. Das steht in markanter Spannung zur dominierenden Vernunftkonzeption der europäischen Moderne.

---

[5] *F. E. D. Schleiermacher*, Kurze Darstellung des theologischen Studiums zum Behuf einleitender Vorlesungen, hg. v. H. Scholz (Darmstadt 1969).
[6] *B. J. F. Lonergan*, Method in Theology (London 1972); dtsch.: Methode in der Theologie, hg. v. J. Bernhard; Mit einem Nachwort von G. B. Sala, (Leipzig, in Vorbereitung).
[7] Vgl. *W. Henke*, Recht, in: ZThK 86 (1989) 533–546.
[8] Vgl. *G. von Graevenitz*, Mythos. Zur Geschichte einer Denkgewohnheit (Stuttgart 1987); ders., Das Ich am Rande. Zur Topik der Selbstdarstellung bei Dürer, Montaigne und Goethe (Konstanz 1989).

Geleitet von den theoretischen Bemühungen des (natur)wissenschaftlichen Denkens hat diese in Wissenschaft und Philosophie ein Konzept theoretischer Vernunft entwickelt, das auf die Absolutheit und universale Geltung des Vernünftigen und Wahren abhebt und auch dort noch von der Vernunft emphatisch im Singular redet, wo die geschichtliche Vielfalt, Kontingenz und Partikularität des Vernünftigen als rekonstruierbarer Entwicklungsprozeß in diesen Vernunftbegriff zu integrieren versucht wird.

Hinter diesem theoretischen Vernunftkonzept steht die spezifische moderne Form theoretischer Neugier. Seit Kepler und Galilei fragt die neuzeitliche Naturwissenschaft nach den mathematisch faßbaren und insofern allgemein geltenden gesetzmäßigen Zusammenhängen zwischen Naturerscheinungen.[9] Mit Hilfe des Experiments werden auf induktivem Weg die Regeln gesucht, die hinter der Vielzahl der Erscheinungen stehen und sich als mathematische Funktionszusammenhänge fassen lassen. Diese Gesetze, so betonte Spinoza ausdrücklich, gelten ewig, universal und unaufheblich: „Alles, was geschieht, geschieht nach Gesetzen und Regeln, die ewige Notwendigkeit und Wahrheit in sich schließen. Die Natur hält ... die Gesetze und Regeln, welche ewige Notwendigkeit und Wahrheit in sich schließen, ... immer ein, auch wenn sie uns nicht alle bekannt sind, somit auch eine feste und unveränderliche Ordnung. Nie wird die gesunde Vernunft auf den Gedanken kommen, der Natur eine begrenzte Macht und Fähigkeit zuzuschreiben und zu behaupten, ihre Gesetze seien nur für bestimmte Fälle, aber nicht für alle passend."[10]

Dieses Gesetzesverständnis und das darin implizierte Vernunftverständnis wird für die neuzeitliche Wissenschaft bestimmend. Zwar wendet Hume dagegen ein, daß die regelmäßige Verbindung zwischen beobachtbaren Gegebenheiten nicht selbst Gegenstand von Beobachtung sein könne, so daß es sich bei den behaupteten Gesetzmäßigkeiten der Natur nur um subjektive Notwendigkeiten und Gewohnheiten unseres Verstandes handeln könne, der aufgrund des regelmäßigen Aufeinanderfolgens verschiedener Vorstellungen gewisse Erwarten ausbilde. Doch Kant hält nachdrücklich an der Notwendigkeit und Allgemeingültigkeit der Naturgesetze fest, indem er diese mit den apriorisch begründbaren Grundprinzipien menschlicher Erkenntnis identifiziert und diese von den nur induktiv aufgrund von Erfahrung gewonnenen Gesetzen unterschei-

---

[9] Vgl. *N. Herold*, Der Gesetzesbegriff in Philosophie und Wissenschaftstheorie der Neuzeit, in: HWPh 3, 501–514.
[10] *B. Spinoza*, Tractatus Theologico-Politicus, hg. v. G. Gawlick / Fr. Niewöhner (Darmstadt 1979) 193 f.

det, die immer nur kontingente und zufällige Geltung haben können und den Namen des Gesetzes im strengen Sinn nicht verdienen.

Geleitet vom Vernunftideal objektiver Realität, universaler Wahrheit und notwendiger Geltung orientierte sich die neuzeitliche Wissenschaft wesentlich am prinzipiellen Gesetzesverständnis der Naturwissenschaften und unterschied sich eben damit entschieden von allen Disziplinen, die nur kontingente habituelle und konventionelle Gewohnheiten als Ordnungsstrukturen ihrer Untersuchungsbereiche aufzudecken vermögen. Nicht nur in der Natur, sondern auch in Gesellschaft und Geschichte wurde nach allgemeingültigen Regelmäßigkeiten gesucht, die einen inneren und notwendigen Funktionszusammenhang zwischen den Erscheinungen ihres Untersuchungsbereichs zum Ausdruck bringen und damit dessen objektive Realität begründen.

Genau dieses Konzeption von Wissenschaft und theoretischer Vernunft ist inzwischen aber in eine Krise geraten, insofern eintrat, was Spinoza für unmöglich erklärt hatte: daß auch die Gesetze der Natur nicht für alle Fälle passen, sondern nur eine begrenzte und lokale Geltung haben. Das wurde zunächst dort erkannt, wo im Gefolge des empiristischen Ansatzes Humes der Begriff der Konvention und Gewohnheit (habit) zur Deutung der Naturgesetze herangezogen wurde. C. S. Peirce[11] hat dies ausdrücklich getan, und im Prozeßdenken dieses Jahrhunderts ist dieser Versuch konsequent ausgebaut worden. So charakterisiert A. N. Whitehead die „allgemeinen physikalischen Gesetze der inorganischen Natur" als „diejenigen weitverbreiteten Gewohnheiten der Natur", die „als durchschnittliche regulative Bedingungen wirklicher Ereignisse existieren, weil diese in ihrer Mehrheit zu Verknüpfungsweisen neigen, die diese Gesetze exemplifizieren".[12] Und Ch. Hartshorne betont, daß „the ‚laws of nature' are only the habits of the species of which nature is composed. Physics investigates the behaviour of the most universally distributed species – eletrons, photons, atoms, molecules, crystals. The laws of physics are the behaviour patterns, the habits of these species, no more and no less."[13]

Doch nicht nur in der Philosophie, sondern auch in den Natur- und Sozialwissenschaften selbst wächst inzwischen die Einsicht, daß das Streben nach universal geltenden Gesetzen verfehlt ist. Selbst erfolg-

---

[11] Vgl. *R. Sheldrake,* The Laws of Nature as Habits: A Postmodern Basis for Science, in: D. R. Griffin (Hg.), The Reenchantment of Science: Postmodern Proposals (Albany 1988) 79–86, 80.
[12] *A. N. Whitehead,* Modes of Thought (New York 1968), 154 f.
[13] *Ch. Hartshorne,* Beyond Humanism: Essays in the Philosophy of Nature (Lincoln 1968) 139.

reiche wissenschaftliche Gesetzeshypothesen und Theorien haben immer nur beschränkte Reichweite und lokale Geltung. Sofern sie empirisch oder historisch relevant sind, beziehen sie sich auf kontingente Sachverhalte und lassen sich dementsprechend nicht apriorisch deduzieren. Mary Hesse – und mit ihr viele andere – plädiert daher für „eine relativistische Deutung von Gesetzen und Theorien, die in ihrer Wahrheit lokal auf gewisse Bereiche beschränkt und in ihrem Sinn kontext- und theorieabhängig sind".[14] Auch naturwissenschaftliches Wissen „rechtfertigt nur, von *lokalen gesetzesähnlichen Beziehungen* zwischen Gegenständen zu reden, nicht von im strengen Sinn universalisierbaren Kausalgesetzen".[15] Mehr ist auch nicht nötig, um die Geltung und Wahrheit unserer Theorien zu garantieren. Diese erstrecken sich im Bereich der Natur nicht weniger als in dem der Gesellschaft und Geschichte immer nur auf lokale und besondere Situationen, „wie weit in die Vergangenheit oder Zukunft oder in die Mikro- und Makrobereiche unserer Wirklichkeit unsere Theorien auch vorzudringen beanspruchen".[16] Ziel wissenschaftlicher Forschung ist daher nicht die Entdeckung genereller Gesetzmäßigkeiten in Natur, Geschichte oder Gesellschaft, sondern lokal geltender Regeln in bestimmten Bereichen, auch wenn diese Geltungsbereiche räumlich und zeitlich sehr ausgedehnt sein können. Damit unterscheiden sich Gesetzeswissenschaften aber nicht mehr prinzipiell, sondern nur noch graduell von Regel- oder Konventionswissenschaften: Gesetze sind ein besonderer Fall geordneter Gewohnheiten, nicht deren Gegenteil, so daß dem Gegensatz zwischen naturhafter und konventioneller Ordnung keine prinzipielle Bedeutung zukommt.[17] Entsprechend löst sich auch der strikte Gegensatz zwischen theoretischer Vernunft und konventioneller Verfahrensrationalität zugunsten eines differenzierten praktischen und kontextsensiblen Vernunftbegriffs auf. Denn Wissenschaften wie Physik, Chemie oder Biologie haben keinen prinzipiell anderen Status als Kunstlehren wie Grammatik, Rhetorik oder Historik.

5. Theologie als Kunst der Kombination

Auch der Kunst-Charakter der Theologie läßt sich im Anschluß an diese Traditionen verstehen, ohne ihrem Status als Wissenschaft Abbruch zu tun. Als Reflexion christlichen Glaubenslebens ist sie die

---

[14] *M. Hesse,* Lawlessness in Natural and Social Science (unveröffentlichter Vortrag 1989) 9.
[15] Ebd. 3.
[16] Ebd.
[17] Vgl. *M. A. Arbib / M. Hesse,* The Construction of Reality (Cambridge 1987).

Kunst des Deutens, Interpretierens, Verstehens, Prüfens, Urteilens und Entscheidens, die im Streit der religiösen und pseudoreligiösen Erfahrungen und Meinungen gegen Zweifel, Irrtum und Irrlehre diejenige Wahrheit zu finden und mit guten (d.h. auch von anderen nicht ohne Verlust der eigenen Glaubwürdigkeit ignorierbaren) Gründen stark zu machen sucht, die unter den (jeweils) gegebenen kulturellen Bedingungen die Orientierungsgewißheit, Auskunftsfähigkeit und Gestaltungskraft christlichen Glaubenslebens ermöglicht und fördert. Diese produktive Vermittlung zwischen kultureller Matrix und der Rolle christlichen Glaubenslebens in ihr leistet die Theologie in der Reflexion christlichen Glaubenslebens durch das kritische Inbeziehungsetzen und kreative Kombinieren von (Elementen von) fünf grundlegenden Referenzsystemen:
– dem christlichen Glauben, der sich in Schrift, Bekenntnis, Lehre, Theologie und Organisationsformen der christlichen Gemeinde in Geschichte und Gegenwart mannigfaltig manifestiert und in kritischer Selbstthematisierung dogmatisch identifiziert und systematisch entfaltet werden kann;
– den zeitgenössischen Lebenserfahrungen von Personen in den pluralen Kontexten unserer Gesellschaft und dem darin begründeten biographischen und konventionellen Orientierungswissen;
– dem gegenwärtig relevanten theoretischen Wissen der verschiedenen Wissenschaften und ihrer Bemühung um technisch orientierte Gewißheit;
– den gegenwärtig maßgeblichen Organisationen von Staat, Politik, Recht und Wirtschaft und ihrer spezifischen Institutionalisierung von Herrschaft, Sicherheit und Mechanismen zur Sicherstellung des Lebensunterhalts; und
– den verschiedenen Glaubenstraditionen und Kirchen des Religionssystems, die sich um lebenspraktisches Orientierungswissen in Ausrichtung auf ein als Heil bestimmtes letztes Lebensziel bemühen.

Glaube, Lebenserfahrung, Wissenschaft, Politik, Recht, Wirtschaft und Religion bilden so – das hat in Grundzügen schon Schleiermacher gesehen[18] – die funktional verschiedenen und nicht aufeinander zurückführbaren Referenzsysteme einer sich als Methode begreifenden *kombinatorischen Theologie,* die bei der reflektierenden Entfaltung des christlichen Glaubens der Pluralität alltäglicher, kultureller (wissenschaftlicher, wirtschaftlicher, politischer, rechtlicher und religiöser) und struktureller Wirklichkeiten gerecht werden will, ohne in einseitige Abhängigkeit von einem die-

---

[18] Vgl. *E. Herms,* Reich Gottes und menschliches Handeln, in: D. Lange (Hg.), Schleiermacher, Theologe-Philosoph-Pädagoge (Göttingen 1985) 163–192.

ser Bereiche zu geraten. Das kann nur gelingen, wenn sie ihren Ort nicht ausschließlich in einem dieser Bereiche hat, aber auch nicht ortlos zwischen den verschiedenen Bereichen steht, auf die sie sich kombinierend bezieht. Sie muß vielmehr einen rechtlich gesicherten gesellschaftlichen Ort haben, der ihre Freiheit und gesellschaftliche Öffentlichkeit ebenso garantiert wie ihre Kirchlichkeit und lebenspraktische Wahrheitsorientierung.

6. Freiheit, Kirchlichkeit und Wahrhaftigkeit der Theologie

Die Forderung der Freiheit theologischer Reflexion gründet gerade in ihrer Aufgabe: der Notwendigkeit, irreduzibel verschiedene gesellschaftliche Referenzsysteme bei der kritischen Auseinandersetzung mit dem christlichen Glaubensleben und seiner Wirklichkeitssicht miteinander zu vermitteln. Diese Aufgabe wird immer dann unbefriedigend gelöst, wenn Theologie unter die einseitige Dominanz eines dieser Systeme gerät und sich monoreferentiell zu entwerfen beginnt. Die Freiheit der Theologie ist daher auf vielfältige Weise in Gefahr: Kirche, Wissenschaft, Gesellschaft oder Wirtschaft können sie gleichermaßen gefährden, und es ist keineswegs so, daß die Hauptgefahr immer dort lauert, wo sie aus positioneller Perspektive vor allem vermutet wird.

Die Gefahr einseitiger Orientierung und monoreferentieller Ausrichtung bedeutet allerdings keineswegs, daß die Theologie bei ihren Vermittlungsversuchen kriterienlos oder ohne begründete Privilegierung bestimmter Leitgesichtspunkte verfahren könnte oder müßte. Als kritische Binnenreflexion christlichen Glaubenslebens, die dessen implizites Orientierungswissen argumentativ auszuarbeiten sucht, entnimmt sie diese Leitgesichtspunkte vielmehr dem geschichtlich-konventionell gegebenen Selbstverständnis des christlichen Glaubens über seinen eigenen Grund und Charakter selbst. Dieses wird von ihr nicht konstruiert und erfunden, sondern es ist ihr in Bekenntnis, Lehre und Kultus der Kirchen in einer historisch und sachlich komplexen Gemengelage vorgegeben. Insofern Theologie diese kritisch zu sichten und differenzierend zu rekonstruieren hat, lebt ihre Reflexion notwendig von der Vorgegebenheit der Kirche, ihres Glaubenswissens und dessen lebensorientierenden Leitgesichtspunkten, und besitzt so in all ihren Ausprägungen das Merkmal der Kirchlichkeit.[19] Doch es ist eines, die Kriterien und Leitgesichtspunkte theologischer Reflexion dem (immer erst kritisch

---

[19] Vgl. *Seckler,* Theologie als Glaubenswissenschaft (s. Anm. 2) 216 ff.

zu bestimmenden) Selbstverständnis des christlichen Glaubens zu entnehmen, ein anderes, sich dem partikularen Selbst- und Lehrverständnis einer kirchlichen Institution zu unterstellen. Theologie benötigt Freiheit auch gegenüber der kirchlichen Lehre. Denn wird diese Differenz ignoriert, verliert die Theologie ihr kritisches Potential gegenüber der Kirche.

Ganz Entsprechendes gilt auch für ihre anderen Bezugssysteme. Die Theologie kann das Gespräch mit den Wissenschaften nicht abbrechen oder ignorieren, ohne sich selbst zu gefährden, weil sie nicht darauf verzichten kann, ohne Einschränkung nach Wahrheit und Erkenntnis zu fragen. Wahrhaftigkeit ist ein ebenso unverzichtbares Merkmal theologischer Reflexion wie Freiheit und Kirchlichkeit: ist sie durch diese auf die Gesellschaft und Kirche bezogen, so durch jene auf die Wissenschaft und das praktische Leben. Gerät sie aber so einseitig unter das Diktat einer Wissenschaft oder Lebensorientierung, daß sie (z. B.) ihre Kirchlichkeit zu ignorieren beginnt, dann steht nicht nur ihre Freiheit, sondern auch ihre Wahrhaftigkeit gegenüber ihrer eigenen Sache in Gefahr. So sehr Theologie daher um ihrer Kirchlichkeit willen die Freiheit zur kritischen Distanz von der Kirche braucht, so sehr benötigt sie um ihrer Wahrhaftigkeit willen die Freiheit, kritische Distanz zu den Wissenschaften zu wahren.

Solche Freiheit ist nie nur durch die Individuen zu gewährleisten, die als Theologen denken und arbeiten. Sie ist vielmehr institutionell zu sichern, wenn Theologie ihre Verpflichtung zum publice docere ernstnehmen und ihre Orientierungsaufgabe erfolgreich wahrnehmen können soll. Es gehört zum Wesen der Theologie, solche Orientierung zu leisten. Diese theologische Orientierungsarbeit ist wesentlich ein öffentliches Geschäft in Kirche, Wissenschaft und Gesellschaft. Die Theologie kann daher auf gesellschaftliche Öffentlichkeit ebensowenig verzichten wie auf kirchliche und wissenschaftliche, ohne sich selbst aufzugeben. Zur Freiheit der Theologie gehört deshalb notwendig die rechtliche Absicherung ihres Ortes und ihrer Arbeit in der Gesellschaft, in der Kirche und in der Wissenschaft: Ohne rechtliche Sicherung des gesellschaftlichen, wissenschaftlichen und kirchlichen Ortes der Theologie steht auf Dauer ihre Unabhängigkeit und Freiheit gegenüber ihren Bezugsbereichen in Gefahr.

7. Probleme kombinatorischer Theologie

Die zentralen Sachprobleme theologischer Reflexion stellen sich damit auf zwei Ebenen. Einerseits ergeben sie sich aus der Nötigung, aus den genannten Referenzbereichen bestimmte Aspekte oder Elemente zu selegieren und sie in der Reflexion christlichen Glaubenslebens so kritisch aufeinander zu beziehen, daß es unter den je bestehenden Bedingungen zu einer Steigerung der Orientierungsleistung christlichen Glaubenswissens für das christliche Glaubensleben kommt bzw. kommen kann. Andererseits bestehen sie in der Aufgabe, mit Gründen Kriterien zur Selektion und Kombination dieser Momente zu spezifizieren, die dem Selbstverständnis des christlichen Glaubens selbst entnommen sind. Im ersten Fall geht es um die (Bestimmung der) theologisch zu bearbeitenden Probleme, im zweiten um die (Bestimmung der) Kriterien zur theologischen Bearbeitung dieser Probleme. In beidem zusammen gründen die Rationalitätsprobleme kombinatorischer Theologie.

Nun sind es insbesondere zwei Bezugssysteme, die (unbeschadet aller konfessionellen Differenzen) für die Ausbildung des gegenwärtigen Selbstverständnisses christlicher Theologie in der westlichen Tradition besondere Bedeutung gewonnen haben: die *Kirche* und die *Wissenschaft*. Auf die Differenzzusammenhänge theologischer Reflexion mit diesen beiden Referenzsystemen konzentrieren sich daher die folgenden Überlegungen. Das kann natürlich nicht extensiv und erschöpfend, sondern nur exemplarisch geschehen. So werde ich mich bezüglich der Kirche auf das *Lehrproblem* (Kapitel 1), bezüglich der Wissenschaft auf das *Erkenntnisproblem* (Kapitel 3) konzentrieren. Beides sind nicht die einzigen, aber in jedem Fall zentrale Problemfelder theologischer Reflexion in diesen Bereichen. Denn so wenig es christliche Theologie ohne Bezug auf die Kirche und ihre Lehre gibt, so wenig gibt es sie ohne Berücksichtigung von Wahrheit und Erkenntnis. Beide Bezüge sind für die Theologie konstitutiv. Sie haben sich in ihrer Geschichte aber als schwierig zu kombinieren und als permanente Quelle von Konflikten erwiesen. Sie werfen damit exemplarisch das zentrale Problem auf, die Frage nach der *Rationalität* des theologischen Verfahrens überhaupt: Inwiefern kann Theologie in ihrem spannungsreichen Verhältnis zu kirchlicher Lehre und wissenschaftlicher Erkenntnis den Anspruch erheben, rational zu sein? Dieser Frage soll im zweiten Kapitel nachgegangen werden. Dabei wird sich zeigen, daß Theologie mit den Wissenschaften die argumentative und diskursive Art ihrer Problembearbeitung teilt, dem kirchlich vermittelten christlichen Glauben hingegen die inhaltlichen Kriterien ihrer Problembehandlung verdankt. Beides zusammen verleiht der kombinatorischen Arbeit der Theologie ihr spezifisches Profil.

# I
Das Lehrproblem:
Wissenschaftliche Theologie
und kirchliche Lehre

1. Lehr-Differenzen

1. Daß es *kirchliche Lehre* und *wissenschaftliche Theologie* gibt, ist nicht gut zu bestreiten. Doch wie sie sachgemäß zu charakterisieren und in ihrem Verhältnis zueinander zu bestimmen sind, ist nicht nur zwischen den Konfessionen strittig. Auch in der evangelischen Theologie und Kirche wird die Frage nach dem Beitrag der wissenschaftlichen Theologie zur kirchlichen Lehre durchaus kontrovers beantwortet. Für die einen „ist die wissenschaftliche Theologie für das Christsein und für das Kirche-sein einer faktischen Kirche notwendig". Als „explizit zu vollziehende *Reflexion* allen Redens und Lehrens christlicher Wahrheit" verstanden, wird ihre Notwendigkeit von der Notwendigkeit von Theologie überhaupt aber nicht unterschieden.[1] Für die anderen ist es dagegen immer wieder gerade die *wissenschaftliche* Theologie, welche „sich von der gläubigen Gemeinde entfernt und mit kritischem Verstand die Fundamente des Glaubens zerstört" hat.[2] Ihr Beitrag besteht genau darin, das zu untergraben, was kirchliche Lehre und rechte Theologie aufzubauen suchen. Und so kommt es zu eigenartigen Allianzen derer, die aus ganz unterschiedlichen Motiven kirchliche Lehre von der wissenschaftlichen Theologie entlastet und diese aus dem Haus der Wissenschaft verbannt sehen wollen: Ist sie für die einen aufgrund ihres intimen Bezugs zur kirchlichen Lehre als Wissenschaft desavouiert, so ist sie für die anderen gerade als Wissenschaft der behindernde Störenfried kirchlicher Lehre.

Damit ist mitnichten das ganze Spektrum der Positionen auch nur angedeutet. Es unterstreicht aber, daß das Problem, das sich in die-

---

[1] *T. Koch*, Die Freiheit der Wahrheit und die Notwendigkeit eines kirchenleitenden Lehramtes in der evangelischen Kirche (ZThK 82, 1985, 231–250), 244.
[2] *G. Ebeling*, Theologie und Verkündigung. Ein Gespräch mit Rudolf Bultmann (HUTh 1) Tübingen 1962) 1. An der Aktualität des von Ebeling vor einer Generation formulierten Vorwurfs hat sich leider nichts geändert. Vgl. *J. Fischer*, Glaube als Erkenntnis. Zum Wahrnehmungscharakter des christlichen Glaubens (München 1989) 73 ff.

sem Zusammenhang stellt, nicht einfach das Verhältnis von Theologie und kirchlicher Lehre ist. Es geht vielmehr um die Frage, wie sich *wissenschaftliche* Theologie zur *kirchlichen* Lehre verhält und welchen Beitrag sie zu dieser leistet. Das aber läßt sich nur dann adäquat beantworten, wenn sowohl im Hinblick auf den Problembereich *Theologie* wie auch im Hinblick auf den Problembereich *Lehre* die durch die Adjektive ‚wissenschaftlich‘ bzw. ‚kirchlich‘ angesprochenen Differenzen beachtet werden.

Diesen Differenzen soll in diesem Kapitel ein Stück weit nachgedacht werden. Ich werde dies in drei Schritten tun, indem ich mich (1) auf die Differenz Verkündigung / Lehre konzentriere, dann (2) auf die Differenz Glaubenskommunikation / Glaubensreflexion und schließlich (3) auf die Differenz kirchenbezogener / weltbezogener Theologie.

2. Diese Konzentration auf *Differenzen* ist nicht zufällig. Sie ergibt sich vielmehr aus der grundlegenden Einsicht, daß sich die Rationalität theologischer Reflexion – wie alle Rationalität – über Differenzen aufbaut, im Umgang mit Differenzen manifestiert und durch die Kombination von Differenzen zu spezifischen Differenzmustern als theologische Rationalität organisiert. Ohne die Setzung, Kombination und organisierte Ausdifferenzierung von Differenzen gibt es keine Rationalität.

Nun existieren Differenzen oder Unterscheidungen aber nicht selbständig und von sich aus wie Dinge und Gegenstände. Sie werden vielmehr durch Zeichenprozesse konstituiert und zur Wirkung gebracht, ohne die es sie nicht gäbe. Alle Rationalität steht daher unter den Bedingungen der Semiose, d. h. der Konstitution und des Gebrauchs von Zeichen, und da Zeichen einen unaufhebbaren Bezug zu Raum und Zeit haben, damit auch unter den Bedingungen der Raumzeitlichkeit. So erfordern Unterscheidungen die Gleichzeitigkeit oder die geregelte Aufeinanderfolge der beiden Seiten des Unterschiedenen und damit das Nebeneinander oder Nacheinander von Differenzmomenten, die durch das Unterscheiden aufeinander bezogen sind. Ohne die Fähigkeit, Unterschiedenes in einem einheitlichen Medium semiotisch kopräsent zu halten oder als Sinnsequenz zu konstruieren, kann es daher keine Rationalität geben. Andererseits implizieren Unterscheidungen nicht nur den Organisationsfaktor Raum im kopräsenten Nebeneinander des Unterschiedenen, sondern auch den Organisationsfaktor Zeit als Minimalbedingung für den Übergang von einer Seite zur andern. Ohne die Berücksichtigung solcher Übergänge und damit ohne Zeit- und Raumbezüge kann es keine Rationalität geben.

Auch für theologische Rationalität sind die Zeichen-, Raum- und

Zeitbezüge der Differenzen grundlegend, um deren Klärung und Ausarbeitung sich theologisches Denken bemüht. So manifestiert sich die Rationalität christlicher Theologie im Bemühen, das im Glaubenswissen ihrer Zeit implizierte Orientierungswissen für ihre Zeit mit den Mitteln ihrer Zeit argumentativ auszuarbeiten. Dazu muß sie die Differenzen explizieren, die dieses Wissen und das darin artikulierte Wirklichkeitsverständnis des christlichen Glaubens strukturieren; und das kann adäquat nur so geschehen, daß der Zeitbezug dieses Wissens und der Zeitbezug der Explikation dieses Wissens gleichermaßen berücksichtigt werden. Ist ein Wissen doch dann orientierend, wenn es uns hilft, uns hier und jetzt in der Welt zu orten und die Welt hier und jetzt für uns zu ordnen, so daß wir gemeinsam in ihr leben und handeln können.

Nun ordnet uns christliches Glaubenswissen die Welt in Natur, Kultur und Gesellschaft, indem es auf deren Grundstrukturen als erlösungsbedürftige Schöpfung verweist, die wir in unserem gemeinsamen Leben und Handeln nur um den Preis ignorieren können, daß dieses letztlich nicht verläßlich und realitätsgerecht ist. Entsprechend ortet es uns in der Welt, indem es uns durch den gemeinsamen Schöpfungs- und Erlösungsbezug auf Gott in unserer sozial konstruierten Wirklichkeit so lokalisiert, daß wir uns im Bezug auf andere und anderes zuverlässig in ihr zurechtfinden und realitätsgerecht in ihr leben können. Das Ordnen wie das Orten des Glaubenswissens geschieht (häufig, wenn auch nicht ausschließlich) als lebenspraktische, exemplarisch in den gottesdienstlichen Vollzügen erfolgende Einweisung in den christlichen Verweisungs- und Deutehorizont unserer Erfahrungswirklichkeit. Dieser ist durch spezifische Differenzen konstituiert, die das Glaubenswissen des christlichen Wahrheitsbewußtseins prägen und in dessen Artikulationen in immer wieder neuer zeitbedingter Gestalt zur Darstellung kommen. Die Ordnungs- und Ortungsfunktion christlichen Glaubenswissens im Leben der Christen vollzieht sich so als ein Prozeß permanenter Deutung der Welt im Licht überkommener Darstellungen der grundlegenden Differenzgesichtspunkte, die im Deuterahmen des christlichen Glaubens verankert sind.

Diese fundamentalen Differenzgesichtspunkte hat die Theologie in kritischer Auseinandersetzung mit den jeweils zeitbedingten Darstellungen des christlichen Glaubenswissens in Geschichte und Gegenwart zu erheben und systematisch auszuarbeiten. Sie trägt so selbst entscheidend zur Orientierung des christlichen Lebens bei, indem sie die Grunddifferenzen klärt, auf denen die Orientierungskraft christlichen Glaubenswissens beruht, und die (schöpfungstheologischen) Zeichenbezüge und (eschatologischen) Zeitbezüge ausarbeitet, die unsere Welt prägen, wenn sie im Licht dieser Differenzen gedeutet wird.[3] Die umstrittene Rationalität der Theologie manifestiert sich so in der argumentativen Explikation und systematischen Kombination von Differenzen, die keineswegs selbstverständlich sind, sondern die sich immer wieder neu lebenspraktisch bewähren müssen, um plausibel zu werden. In dieser Aufgabe der Explikation und Kombination von Differenzen, die das christliche Glaubensleben strukturieren und die kirchliche Lehre zu formulieren versucht, besteht das Lehrproblem der Theologie, das sich ihr im Bezug auf die Kirche unabweisbar stellt.

2. Verkündigung und Lehre

Es gibt keine christliche Kirche ohne Lehre, und zwar sowohl im Sinne eines bestimmten tradierbaren Inhalts als auch im Sinne des Vorgangs seiner Tradition und Rezeption.[4] Lehre, Lehren und Lernen sind für gemeinsames Handeln unabdingbare Vollzugsmomente der geschichtlichen Kommunikationsgemeinschaft Kirche.

Das ist allerdings in zweifacher Hinsicht zu präzisieren. Zum einen sind Lehre, Lehren und Lernen wesentliche, aber nicht die einzigen Momente im Leben der Kirche: Diese ist eine Lebensgemeinschaft, keine bloße Lehr- und Lerngemeinschaft. Zum andern sind sie als solche nicht Grund der Existenz der Kirche. Konstituiert wird die Kirche als eschatologische Glaubensgemeinschaft nach reformatorischer Auffassung ausschließlich durch die anhand der Evangeliumsverkündigung in Wort und Sakrament immer wieder neu sich ereignende Selbstvergegenwärtigung des in Jesus Christus offenbar gewordenen Gottes in seinem Geist. Lehre ist daher ein zwar notwendiges, aber nicht hinreichendes Moment im Leben der Kirche, und sie ist als ein spezifisches opus hominum vom kirchenkonstituierenden opus dei präzis zu unterscheiden.

Wie dieses notwendige Moment zu bestimmen ist und welche spezifischen Aufgaben und Funktionen ihm unter den verschiedenen opera hominum in der Kirche zuzusprechen sind, darüber besteht freilich auch unter evangelischen Theologen keine Einigkeit. Polemisch oder deskriptiv, eher beiläufig oder emphatisch gebraucht, variiert der Begriff der Lehre mit Kontext und theologischer Konzep-

---

[3] Vgl. *I. U. Dalferth,* Zeit der Zeichen. Vom Anfang der Zeichen und dem Ende der Zeiten, in: W. Härle u. a. (Hg.), Festschrift für E. Wölfel (in Vorbereitung).
[4] Vgl. *S. Wiedenhofer,* Grundprobleme des theologischen Traditionsbegriffs, in: ZKTh 112 (1990) 18–29.

tion, in denen er fungiert: Er ist ein theologischer Reflexionsbegriff par excellence, mit dem ein komplexes Phänomen im Leben der Kirche auf unterschiedliche Weise zu erfassen versucht wird.

Ein Grund für diesen differierenden Gebrauch ist sicher, daß jeder Präzisierungsversuch schon im Neuen Testament an keinen einheitlichen Begriff von Lehre, sondern an eine Reihe von durchaus unterschiedlich entwickelbaren Ansätzen anschließen kann, je nachdem, ob er sich primär an der synoptischen Gleichsetzung von ‚lehren' (διδάσκειν) und ‚verkündigen' (κηρύσσειν) (Mt 4,23 u. ö.), an der paulinischen Gegenüberstellung von ‚Prophetie', ‚Dienen' und ‚Lehre' (προφητεία, διακονία, διδασκαλία [Röm 12,6ff]) oder an der in den Pastoralbriefen sich anbahnenden Konsolidierung einer ‚Glaubenslehre' (ὁ λόγος τῆς πίστεως καὶ ἡ καλὴ διδασκαλία (1 Tim 4,1.6]) und der ihr entsprechenden Ämterdifferenzierung orientiert. Präzises Profil erhält der Lehr-Begriff damit nicht ohne theologische Entscheidung. Und die könnte jeweils auch anders ausfallen.

2.1 Kerygma und Theologie

Rudolf Bultmann[5] hat diese neutestamentliche Vielfalt im Gebrauch des Lehr-Begriffs durch die funktionale Differenzierung von *Verkündigung* (bzw. *Kerygma)* und *Lehre* (bzw. *Theologie)* zu bündeln und damit faktisch auf die Leitdifferenz glaubenskonstituierender Verkündigung der Kirche und diese reflektierender theologischer Lehre zu konzentrieren gesucht. Das Kerygma ist „Anrede", die keiner Kritik unterliegt, sondern „Gehorsam fordert". Die Lehre hingegen ist die „bewußt vollzogene Explikation des glaubenden Verstehens" und hat damit immer tentativen und revidierbaren Charakter. Beide – und erst damit wird diese typologische Alternative auf den empirischen Befund anwendbar – lassen sich freilich „wohl grundsätzlich genau ... unterscheiden, nicht aber ebenso praktisch". Denn zum einen begegnet nicht nur die Theologie, sondern auch das Kerygma „immer nur in der Begrifflichkeit menschlichen Redens". Zum andern wird die Kirche zwar nicht durch die Theologie, sondern „durch das Kerygma konstituiert"[6], das aber enthält implizit[7] und indirekt[8] eine Theologie, „die als kritisch-polemische Lehre je

---

[5] *R. Bultmann,* Kirche und Lehre im Neuen Testament, in: GuV I (1929; 1933) 153 bis 187.
[6] Ebd. 186.
[7] Ebd. 175.
[8] Ebd. 173.

nach den Erfordernissen explizit werden muß"[9]. Der funktionalen Differenz von Verkündigung und Lehre entspricht daher immer auch eine inhaltliche Übereinstimmung, insofern einerseits die kirchliche Verkündigung Grund und Voraussetzung theologischer Lehre ist, diese aber andererseits die Verkündigung am biblischen Kerygma als ihrem Sachkriterium zu messen und auszurichten hat. Auf seine Weise Barths bekannte These des § 1 der KD aufnehmend, antwortet Bultmann dementsprechend auf die Frage nach dem Verhältnis und dem Beitrag der wissenschaftlichen Theologie zur kirchlichen Lehre: „Die Theologie als Wissenschaft hat die Aufgabe, *die Verkündigung sicher zu stellen.*"[10]

Bultmanns Ansatz hat eine fundamentale Differenz in den Blick gerückt und mit Recht Schule gemacht. Im Rahmen dieser funktionalen Unterscheidung und inhaltlichen Zuordnung von Verkündigung und Lehre vollziehen sich bis heute die theologischen Versuche einer Präzisierung des Begriffs der Lehre. Dabei lassen sich im wesentlichen drei charakteristische Ansätze unterscheiden, die entweder die Lehre ganz in den Horizont der Verkündigung einrücken, oder die Verkündigung ganz in den Horizont der Lehre, oder schließlich gerade die Differenz zwischen beiden zum Ausgangspunkt einer Bestimmung des Lehrbegriffs zu machen suchen. Ich belege dies an drei neueren Beispielen.

2.2 Verkündigung als Lehre

Die Dominanz des Verkündigungsbegriffs über den Lehrbegriff und damit die Konzentration auf inhaltliche Übereinstimmungen unter Zurückstellung ihrer funktionalen Differenzen belegt exemplarisch das Votum des theologischen Ausschusses der Arnoldshainer Konferenz „Was gilt in der Kirche?"[11]. Der Verkündigungsbegriff wird hier so weit gefaßt, daß der Lehrbegriff nicht nur in ihn einbezogen wird, sondern in ihm untergeht. So wird unter der „Verkündigung der Kirche" die „Bezeugung des Evangeliums im umfassenden Sinn" verstanden, also alles, was „in Gottesdienst, Unterweisung und Seelsorge, in Mission und Diakonie", aber auch in „Ordnungen und öffentlichen Äußerungen ... für Menschen hörbar und erfahrbar wird und sie zum Glauben ruft"[12]. Nicht weniger umfassend

---

[9] Ebd. 186.
[10] *R. Bultmann,* Theologie als Wissenschaft, in: ZThK 81 (1984) 447–469, 459.
[11] Was gilt in der Kirche? Die Verantwortung für Verkündigung und verbindliche Lehre in der Evangelischen Kirche. Ein Votum des Theologischen Ausschusses der Arnoldshainer Konferenz. Mit einem Anhang: Pluralismus in der Kirche. Chancen und Grenzen, 1985.   [12] Ebd. 13.

wird von der Lehre gesprochen. „Kirchliche Lehre", so heißt es, wird nicht nur „im Gottesdienst, im Gespräch in Gemeindekreisen, in der Bibelstunde und im Unterricht" entfaltet und vermittelt[13], sondern auch „in kirchlichen Publikationen" und „in den von der Kirche verantworteten Verkündigungssendungen in Hörfunk und Fernsehen"[14]. Zwar wird betont, daß die „Verantwortung für die rechte Verkündigung und Lehre ... Sache aller Gläubigen" sei[15], das Lehren hingegen „vor allem den ordinierten Pfarrern, den theologischen Hochschullehrern und den Kirchenleitungen einschließlich der Synoden" zukomme[16]. Doch das ständige Oszillieren zwischen Wendungen wie „rechte Lehre und Verkündigung"[17] und „rechte Verkündigung und Lehre"[18] belegt symptomatisch, daß zwar zwischen verschiedenen Verkündigungs- und Lehrinstanzen, aber nicht zwischen Verkündigung und Lehre unterschieden wird: „kirchliche Verkündigung"[19] und „kirchliche Lehre"[20] sind in diesem Text zwei Begriffe für dieselbe Sache.

Der Mangel eines distinktiven Lehrbegriffs und die Verwischung der funktionalen Differenz zwischen Verkündigung und Lehre hat zur Folge, daß auch die uns beschäftigende Frage inhaltlich offen bleibt und nur eine indirekt-pragmatische Antwort erhält: Theologische Hochschullehrer „haben auf Verkündigung und Lehre der Kirche entscheidenden Einfluß", weil sie a) die „zukünftigen Pfarrer und Religionslehrer" ausbilden und b) den „Kirchenleitungen ... Anstöße aus der Wissenschaft" geben[21]. Ihr Beitrag besteht also in der Vermittlung eines – nicht näher gekennzeichneten – spezifischen Berufswissens und in der wissenschaftlichen Beratung der Kirchenleitungen. Ebenso „dient" wissenschaftliche Theologie „dem Leben der Kirche"[22].

2.3 Lehre vs. Verkündigung

Im Gegenzug zu der von ihm offenbar nicht zu Unrecht diagnostizierten „Neigung" in der „neueren evangelischen Theologie ..., Be-

---

[13] Ebd. 65.
[14] Ebd. 66.
[15] Ebd. 44.
[16] Ebd. 44 f.
[17] Ebd. 27.
[18] Ebd. 44.28.
[19] Ebd. 64.
[20] Ebd. 66.
[21] Ebd. 59.
[22] Ebd. 61.

kenntnis, Dogma und Lehre nahe aneinander zu rücken"[23], versucht Wolfgang Huber den Lehrbegriff in klarem Kontrast zum Verkündigungsbegriff zu bestimmen. Zwar notiert er, daß „der Titel ‚Lehre'" vielfältig, nämlich „für kirchliche Unterweisung, für fixiertes Bekenntnis und für Theologie"[24] verwendet wird. Doch diese Formen sind nicht nur voneinander zu unterscheiden, sondern jeweils auch klar vom „verkündigten Wort" und vom „biblische(n) Kerygma"[25] abzugrenzen. So kommt es zum *Bekenntnis,* weil der „christliche Glaube selbst ... darauf (drängt), öffentlich bekannt zu werden"[26]. *Christliche Lehre* dagegen „entsteht durch das mit dem Glauben gestellte Erkenntnisproblem"[27] und „das mit der Existenz der Kirche gestellte Abgrenzungsproblem" und „Vermittlungsproblem"[28]. *Kirchliche Lehre* ist dementsprechend „der Versuch, den Inhalt des Kerygmas für eine bestimmte Zeit zur Sprache zu bringen", und erschöpft sich ganz in ihrer „hermeneutischen Funktion"[29]. *Theologie* schließlich kann als das „Denken, das von der Frage nach der Wahrheit der Rede von Gott bewegt wird, ... nicht die Gestalt einer Lehre annehmen, die in autoritativen Sätzen zeitlose Wahrheiten vertritt", sondern hat nur eine Funktion: „die Differenz zwischen Glauben und Lehre offenzuhalten"[30]. Sie ist ein rein kritisches Instrument der Kirche zur Kontrolle ihrer Lehre. Ein ganz ähnlicher Gedankengang führt D. Ritschl zur These vom bloß regulativen Charakter theologischer Sätze, die deshalb „eher daraufhin zu prüfen" seien, „ob sie hilfreich, nicht vordringlich, ob sie ‚wahr' oder ‚falsch' seien"[31].

Albrecht Peters hat gegenüber Hubers Versuch, „die kirchliche Lehre ganz vom biblischen Kerygma abzurücken und sie ausschließlich als einen hermeneutischen Hinweis auf dasselbe zu werten", eingewandt, daß er mit einer falschen Alternative zwischen „entweder zeitloser Identität oder zeitgebundenem Verweis auf den Ursprung" operiere, welche „den eschatologischen Horizont christli-

---

[23] *W. Huber,* Die Spannung zwischen Glauben und Lehre als Problem der Theologie, in: G. Picht (Hg.), Theologie – was ist das? (Stuttgart 1977) 217–246, 227.
[24] Ebd. 218.
[25] Ebd. 233.
[26] Ebd. 227.
[27] Ebd. 229.
[28] Ebd. 230.
[29] Ebd. 233.
[30] Ebd. 240 f.
[31] *D. Ritschl,* Zur Logik der Theologie. Kurze Darstellung der Zusammenhänge theologischer Grundgedanken (München 1984) 111 (dort kursiv).

cher Existenz" aus dem Blick verliere.[32] Daran ist sicher richtig, daß Huber im Bemühen um die Herausarbeitung der funktionalen Differenzen zwischen Verkündigung, Bekenntnis, kirchlicher Lehre und Theologie die Dimension ihrer inhaltlichen Übereinstimmungen vernachlässigt. Doch ohne deren gleichgewichtige Berücksichtigung ist unklar, wie seine Antwort auf unsere Frage, der Beitrag der wissenschaftlichen Theologie zur kirchlichen Lehre bestehe darin, „vor der Identifikation des Glaubens mit der kirchlichen Lehre zu bewahren"[33], Ritschls problematische Alternative zwischen hilfreichen und wahren / falschen theologischen Sätzen vermeiden will. Wenn Theologie „von der Frage nach der Wahrheit der Rede von Gott bewegt wird"[34], dann muß sie diese Wahrheit in wahrheitsfähigen Sätzen zur Sprache bringen und kann nicht permanent in der „Gestalt der offenen Frage"[35] verharren.

2.4 Lehre als Verkündigung und Theologie

Im Unterschied zu den beiden bisher betrachteten Ansätzen, die entweder von einem weiten Verkündigungsbegriff ausgehen und sich ganz auf die inhaltliche Übereinstimmung von Verkündigung und Lehre konzentrieren oder umgekehrt die Differenz zwischen Verkündigung und Lehre ins Zentrum stellen und Lehre als eine zwar unumgängliche, aber sekundäre Darstellungsform des christlichen Glaubens von anderen Formen abgrenzen, geht der dritte, exemplarisch von Eilert Herms[36] repräsentierte Ansatz von einem weiten Lehrbegriff aus, in den die notwendigen Differenzen zwischen Verkündigung, kirchlicher Lehre und Theologie dann eingezeichnet werden. So ist christliche Lehre „durch die Einheitlichkeit ihres Gegenstandsbezuges" definiert: Sie ist „in allen ihren Formen dasjenige menschliche Handeln, in dem die Christusoffenbarung zur Sprache kommt"[37]. Dieser inhaltlich bestimmte generische Begriff christlicher Lehre erlaubt verschiedene „Gattungen christlicher Lehre"[38] zu unterscheiden, die sich ihrerseits aber – und erst dadurch gewinnt dieser Ansatz gegenüber den zuvor betrachteten Ansätzen weiterführendes Profil – den beiden grundlegenden „Funk-

---

[32] A. *Peters,* Zusammenfassung und kritische Würdigung, in: G. Picht (s. Anm. 23) 515–534, 522.
[33] *Huber* (s. Anm. 23) 241.
[34] Ebd. 243.
[35] Ebd. 241.
[36] E. *Herms,* Die Lehre im Leben der Kirche, in: ZThK 82 (1985) 192–230.
[37] Ebd. 194.
[38] Ebd.

tionszusammenhängen der christlichen Lehre" zuordnen lassen: den nach außen an die Welt gerichteten „Aussagen der *Verkündigung*" und den „primär der Verständigung der Glaubenden mit sich selber und untereinander" dienenden „reflexiv-theoretischen Aussagen der *Theologie*"[39]. Erst diese Rückbindung der „mannigfaltigen funktionsspezifischen Ausgestaltungen" christlicher Lehre gemäß den „jeweiligen Kommunikationsbedürfnissen ... im geschichtlichen Leben der Kirche"[40] an die im Zur-Sprache-Kommen der Christusoffenbarung selbst angelegte funktionale Differenz zwischen Verkündigung und Theologie erlaubt es nämlich, auch die inhaltliche Übereinstimmung zwischen Aussagen der Verkündigung und Aussagen der Theologie so zu denken, daß man dem erweiterten Themenbestand kirchlicher Lehre gegenüber dem christlicher Verkündigung gerecht zu werden vermag. Kirchliche Lehre hat keinen anderen Gegenstandsbezug, wohl aber ein anderes Themenrepertoire als christliche Verkündigung, weil sie nicht nur den Inhalt des christlichen Offenbarungszeugnisses, sondern auch „die *Weise seines Vollzugs* und die *Bestimmung seiner Subjektive*"[41] reflektiert und im Gefolge reformatorischer Theologie zum Thema theologischer Lehrbildungen gemacht hat.

Theologische Lehrbildungen sind freilich nicht als solche schon kirchliche Lehre. Kirchlicher Lehrkonsens liegt vielmehr erst vor, wenn es zum – menschlich unverfügbaren – „Konsens über Konsensartikulationen"[42] kommt. Dazu kann es nur unter bestimmten notwendigen (nicht hinreichenden) Bedingungen kommen: Die Lehre muß ihre Übereinstimmung mit dem in der Kirche als verbindlich akzeptierten Offenbarungszeugnis in Schrift, altkirchlichem Dogma und Bekenntnissen erkennen lassen; sie muß sprachlich klar und hermeneutisch diszipliniert sein; und sie muß insbesondere wahr oder falsch sein können.[43] Gerade daraus leitet sich nun aber die spezifische Aufgabe der wissenschaftlichen bzw. akademischen Theologie ab. Ihr Beitrag zur kirchlichen Lehre besteht darin, in die Beherrschung dieser notwendigen Bedingungen konsensfähiger Lehraussagen einzuüben: Sie ist „der Ort der Überlieferung, der Entwicklung und des Erwerbs derjenigen Disziplin, von der die Konsensfähigkeit christlicher Lehre in all ihren Formen lebt"[44].

---

[39] Ebd. 195.
[40] Ebd. 194.
[41] Ebd. 197.
[42] Ebd. 211.
[43] Ebd. 228 ff.
[44] Ebd. 230.

Die Vorzüge des Hermsschen Präzisierungsversuchs liegen auf der Hand. Die Ritschl-Aporie wird im Ansatz vermieden. Vor allem aber: Die spezifische Leistung *wissenschaftlicher* Theologie wird bedacht und als die einer Meta-Disziplin bestimmt. Gerade hier aber entstehen auch Fragen. So wird durch die im Anschluß an Bultmann vorgenommene prinzipielle Unterscheidung der *nach außen* gerichteten Verkündigung und der *nach innen* gerichteten Theologie deren Funktion nur für die Selbstverständigung der Gläubigen beschrieben. Doch hat nicht die Theologie auch eine Außen-Funktion, die nicht auf die „missionarischen und apologetischen Zwecke"[45] der Verkündigung reduzierbar ist? Herms schließt das nicht aus, aber er führt es auch nicht aus. Er konzentriert sich auf die Beschreibung der Funktion der Theologie für die Kirche, fragt aber nicht nach einer möglichen Funktion der Theologie für die Welt. Das ist der Punkt, der mich interessiert. Denn könnte der Beitrag der *wissenschaftlichen* Theologie zur kirchlichen Lehre nicht auch darin bestehen, daß sie bezüglich der zeitgenössischen wissenschaftlichen Welterfassung nicht – wie als Meta-Disziplin im Blick auf die Kirche – eine Konsensfunktion, sondern eine *Kontradiktionsfunktion* ausübt, insofern sie den Wahrheitsanspruch des Evangeliums gegenüber jeder sich absolut setzenden Wirklichkeitskonzeption im menschlichen Wissensprozeß (einschließlich der kirchlichen Lehrbildungen!) einklagt und eben so eine theologisch unverzichtbare Leistung erbringt, die weder die der Verkündigung noch die der kirchlichen Theologie ist?

Das wird im Folgenden zu prüfen sein. Zunächst aber ist festzuhalten: Bultmanns These, der Beitrag der wissenschaftlichen Theologie zur kirchlichen Lehre bestehe darin, die Verkündigung sicherzustellen, hat in den drei exemplarisch betrachteten Positionen eine dreifache Präzisierung erfahren. Wissenschaftliche Theologie – so könnte man resümieren – stellt die Verkündigung sicher, indem sie
– spezifisches Berufswissen an künftige Pfarrer vermittelt und Kirchenleitungen wissenschaftlich berät;
– die Differenz zwischen Glaube und Lehre offenhält;
– die Konsensfähigkeit christlicher Lehre wahrt und fördert, indem sie auf sprachliche, hermeneutische und kritische Disziplin im assertorischen Vergegenwärtigen des überlieferten Offenbarungszeugnisses drängt.

Diese Präzisierungen stehen nicht unverbunden nebeneinander.

---

[45] Ebd. 195.

Ihre Abfolge bildet vielmehr so etwas wie einen Progreß der Präzisierung. Ohne das zuletzt Genannte wird sich auch nicht das Zweite und damit nicht das Erste bewirken lassen. Elementares Moment des Berufswissens von Pfarrern ist es, um die Differenz von Glaube und Lehre und damit Gotteswerk und Menschenwerk zu wissen; und diese Differenz wird verwischt, wo die beschriebene Disziplin im Prozeß der Vergegenwärtigung und Aneignung des Offenbarungszeugnisses mißachtet wird.

Soll dieser Präzisionsgewinn nicht wieder verspielt werden, ist die Differenz zwischen Lehre und Verkündigung festzuhalten, aber mit einer zweiten Differenz zu kombinieren, welche die Eigenart *wissenschaftlicher* Theologie im Unterschied zur Theologie überhaupt in der angedeuteten anderen Hinsicht herausarbeitet. Ich versuche das, indem ich Gesichtspunkte aus den skizzierten Ansätzen aufnehme und beide Differenzen in einem zusammenhängenden Gedankengang zu entfalten suche.

3. Glaubenskommunikation und Glaubensreflexion

3.1 Glaube, Glaubenswissen und Glaubenskommunikation

1. Fundament und Voraussetzung aller kirchlichen Lehre und Theologie ist das glaubensschaffende und kirchenkonstituierende Handeln Gottes. Dieses vollzieht sich als eschatologische *Kommunikation unter Anwesenden,* in der Gott sich selbst anhand menschlicher Glaubenszeugnisse durch seinen Geist so, wie er in Jesus Christus offenbar geworden ist, immer wieder neu vergegenwärtigt, zur Erfahrung und zur Erkenntnis bringt, indem er die Wahrheit der kommunizierten Glaubenszeugnisse evident werden läßt. Denn wie Jesus seine Botschaft vom kommenden Gottesreich seinen Zuhörern in Kopräsenzsituationen vermittelte, in denen er sie in die Lebensgemeinschaft mit sich berief und damit zu positiver oder negativer Stellungnahme provozierte, so vermittelt sein Geist Gottes Kommen anhand des christlichen Zeugnisses seines Gekommenseins in immer wieder neuen Kopräsenzsituationen, in denen Menschen in die Lebensgemeinschaft mit dem Auferstandenen berufen und damit zum Glauben provoziert werden.

Wo diese Provokation glückt, kommt es zu Glauben, weil die Wahrheit des Glaubenszeugnisses aufgrund der Selbstvergegenwärtigung des Geistes evident wird. Das aber heißt, daß sie in ein individuelles Wahrheitsbewußtsein eingeht. Glaube gibt es daher nicht ohne ein je individuell getöntes *Glaubenswissen,* das als spezifisches

Selbstwissen, Weltwissen und Gottwissen das Erleben und Handeln eines Menschen bestimmt. Als Inhalt eines Wahrheitsbewußtseins ist dieses Glaubenswissen aber intrinsisch auf ein überindividuelles Gemeinschaftswissen angelegt; und als Wissen um das Einbezogensein in die Lebensgemeinschaft mit dem Auferstandenen nötigt es zu einem spezifischen Lebensvollzug in der Gemeinschaft mit anderen. Gemeinsames Glaubenswissen und gemeinsame Glaubenspraxis und damit theoretischer und praktischer *Glaubenskonsens* lassen sich aber nur über die Kommunikation konsensfähiger Glaubensartikulationen erreichen. Eben deshalb drängt der als opus dei konstituierte, in ein spezifisches Wissen eingegangene und zu einer spezifischen Praxis nötigende Glaube auf *Kommunikation* und damit auf Darstellung in den opera hominum menschlicher Lebensvollzüge.

Darstellungen leben von der Differenz zwischen Darstellung und Dargestelltem, und Kommunikationen mißlingen, wo diese Differenz mißachtet wird. Für Glaubenskommunikationen bedeutet dies ein Doppeltes:

Zum einen ist das in ihnen *Dargestellte* und *Kommunizierte* nicht der Glaube als solcher, der sich als Werk Gottes menschlichem Zugriff entzieht, sondern ein je spezifisches Glaubenswissen, also die Art und Weise, in welcher der Glaube dem individuellen und gemeinschaftlichen Wahrheitsbewußtsein von Menschen aufgrund der geistgewirkten Evidenz fremden Glaubenszeugnisses präsent ist und ihr Selbstwissen, Weltwissen und Gottwissen prägt. Eben deshalb sind Glaubenskommunikationen einzelner Christen und der christlichen Gemeinde nicht nur sachlich mannigfaltig und qualitativ verschieden, sondern auch immer wieder neu notwendig und nicht einfach in einmal gefundener Gestalt immer wieder repetierbar.

Zum anderen sind Glaubenskommunikationen als *Darstellungen* entweder nichtsprachlich oder sprachlich oder beides, begegnen also als *Glaubenshandeln* oder als *Glaubensrede*. Beide können individuell oder gemeinschaftlich vollzogen werden, obgleich es ohne spezifische gemeinschaftliche Vollzüge auch keine individuellen Vollzüge geben könnte. Unter den Glaubenskommunikationen besitzt Glaubensrede gegenüber Glaubenshandeln einen Vorsprung an eindeutiger Verständlichkeit, insofern sie sich von anderen Arten des Handelns aufgrund ihrer Sprachlichkeit, von anderen Arten der Rede dagegen semantisch durch ihren *Inhalt* und pragmatisch durch die für das Zur-Sprache-Bringen dieses Inhalts typischen *Situationen* unterscheiden läßt. Beides, ihre Inhalts- und ihre Vollzugsdimension ist zu beachten, wenn christliche Glaubenskommunikationen verstanden werden sollen.

Um sie als *christliche* Glaubenskommunikationen verstehen zu können, ist nun aber im besonderen darauf zu achten, daß ihr Inhalt ebenso wie ihre Vollzugssituation durch eine spezifische, für sie konstitutive Grunddifferenz zwischen opus dei und opus hominum sowie durch die prinzipielle Priorität des göttlichen Handelns vor allem menschlichen Wissen und Tun bestimmt sind. So kommen als Inhalte christlicher Glaubensrede in all ihren Gestalten Gottes in Jesus Christus offenbar gewordenes gnädiges Handeln für seine Schöpfung sowie die sich für die Menschen daraus ergebenden Einsichten und Aussichten, Handlungsmöglichkeiten und Handlungsverpflichtungen zur Sprache. Das vielgestaltige Zur-Sprache-Kommen dieses Inhalts vollzieht sich aber in typischen, auf die Konstitutionssituation des Glaubens in je spezifischer Weise zurückbezogenen Grundsituationen: als Antwort des Glaubens im Gebet zu Gott; als Aussprachen des Glaubens im Bekenntnis der Gemeinde; als Anrede des Glaubens in der Verkündigung für andere.[46] Jede dieser Grundformen christlicher Glaubensrede hat im Verlauf der Geschichte unterschiedliche, den jeweiligen Kommunikationsbedürfnissen, Kommunikationsmedien und Kommunikationsstilen entsprechende Ausprägungen gefunden. Für sie alle aber ist charakteristisch, daß sie ursprünglich im Modus der Kommunikation unter Anwesenden vollzogen werden, daß sie aufgrund des in ihnen zur Sprache kommenden Glaubenswissens grundsätzlich auf gemeinschaftlichen Vollzug hin ausgerichtet sind und daß sie eben deshalb gemeinsame Zeiten und Orte in Anspruch nehmen.

Gerade das hat nun aber zwei Konsequenzen. Zum einen kommt es durch die gemeinschaftliche Ausgrenzung dieser spezifischen Kommunikationssituationen und ihrer Zeiten und Orte aus dem allgemeinen Lebenszusammenhang zur soziologisch greifbaren Ausbildung der für christliches Leben und Handeln folgenreichen Grunddifferenz von Kirche und Welt: Es bildet sich eine geschichtliche Gestalt kirchlicher Gemeinschaft. Zum andern verlangt diese als unabdingbare Voraussetzung gemeinsamen Handeln nach einem gemeinsam verbindlichen Glaubenskonsens und entwickelt damit einen spezifischen Bedarf an tradierbarer Lehre. Denn im Wechsel der Zeiten, Orte und Personen muß sie die Christlichkeit ihrer Kommunikationsvollzüge im wesentlichen *inhaltlich* gewährleisten und ist deshalb zur Überprüfung des je zu Sagenden am schon Gesagten nach akzeptierten Kriterien genötigt.

Dieser zunächst rudimentär durch Formelbildung eingeleitete,

---

[46] Vgl. *I. U. Dalferth,* Religiöse Rede von Gott (München 1981) 374ff.

durch schriftliche Fixierung beschleunigte, durch die Autorität bestimmter Schriften normierte und durch die Festsetzung bestimmter Kanones zur Interpretation dieser Schriften stabilisierte Prozeß kirchlicher Lehrbildung hat aber einen Preis: die wachsende Entbindung christlichen Glaubenswissens aus den elementaren Vollzugssituationen christlicher Glaubenspraxis und seine Reduktion auf situationsunabhängig verfügbare Inhalte. Im Gefolge der mit der Ausdifferenzierung von Kirche gegebenen Nötigung zu Lehrbildungen gewinnt damit neben christlicher Glaubenskommunikation im Modus der Anwesenheit ein Typ christlicher Glaubenskommunikation im Modus der Abwesenheit zunehmend an Gewicht: die *Theologie*[47].

3.2 Theologie als Reflexion christlicher Glaubenskommunikation

Theologie ist die *Reflexion christlicher Glaubenskommunikation,* und zwar in dem präzisen, sie als kritisch-normative Disziplin von der deskriptiven Religionswissenschaft klar unterscheidenden Sinn, daß sie alle Glaubenskommunikation auf die ihr zugrundeliegende Differenz von göttlicher Konstitution des Glaubens und menschlicher Kommunikation von Glaubenswissen zurückbezieht und damit immer wieder kritisch an der christologisch präzisierten Fundamentaldifferenz von göttlichem und menschlichem Handeln mißt. Ihr Gegenstand liefert ihr so zugleich Prinzip und Kriterium ihrer Arbeit. Die Reflexion christlicher Glaubensrede hat für die Theologie dabei insofern methodische Priorität, als jene aufgrund ihrer expliziten Semantik die Erarbeitung derjenigen sachlichen und methodischen Kriterien ermöglicht, die dann auch alles übrige Glaubenshandeln theologisch zu reflektieren erlauben. Formuliert werden diese Kriterien in theologischen Lehrstücken, die sich als (prinzipiell revidierbare) Resultate theologischer Reflexion von diesem Vollzug unterscheiden und die als *theologische Lehre* bezeichnet werden können, wenn es unter den Theologen zum Konsens über sie kommt. Im Vollzug und Resultat aber ist Theologie in spezifischer Weise *problemorientierte* Reflexion. Beide Merkmale, ihr *Reflexionscharakter* und ihre *Problemorientierung* sind genauer zu betrachten.

---

[47] Die Theologie – und das gilt für all ihre Spielarten – wird also „nur durch das Dasein von Kirche in der Öffentlichkeit notwendig und möglich" *(G. Ebeling,* Leitsätze zur Frage der Wissenschaftlichkeit der Theologie, in: *ders.,* Wort und Glaube III [Tübingen 1975] 137–149, 146). Ohne Kirche keine Theologie – das ist die Grundbedingung aller christlichen Theologie.

3.2.1 Reflexion und Lehre

Als *Reflexion* christlicher Glaubenskommunikation befindet sich Theologie dieser gegenüber in der Position der *Selbstbeobachtung*[48]. Das hat zwei Implikationen. Einerseits befähigt sie die in ihrer Beobachtungshaltung angelegte Distanzierung zur Ablösung vom Interaktionszusammenhang der Glaubenskommunikation unter Anwesenden und zur Ausbildung sekundärer christlicher Kommunikationsformen, die im Vergleich mit den Grundformen christlicher Glaubensrede durch situationsunabhängige Ortlosigkeit ausgezeichnet sind[49]. Andererseits bleibt sie als Selbstbeobachtung aber zugleich intrinsisch auf die primäre Glaubenskommunikation bezogen, und zwar in zweifacher Hinsicht: Zum einen ist diese das Gegenstandsfeld ihrer Reflexion. Zum andern erwächst sie selbst aus ihr. Denn alle konsensgetragene und auf Konsens zielende Kommunikation in der christlichen Gemeinde hat basalen theologischen Charakter und impliziert rudimentäre Lehrbildung, insofern sie den *Rückbezug auf die eigene Identität* erfordert. Die aber ist nicht anders gegeben als im Licht der doppelten Differenz einerseits von göttlichem Offenbarungshandeln und menschlichem Zeugnishandeln, durch die sie konstituiert ist, und andererseits von christlicher Gemeinde und Welt, die durch sie konstituiert ist. Je klarer diese doppelte Differenz im Rückbezug auf die Identität der christlichen Gemeinde in den Blick gefaßt wird, zu einer desto eindeutigeren Ausdifferenzierung von Theologie kommt es.

Dieser Prozeß setzt sich allerdings nicht selbst in Gang. Zu expliziter Theologie und elaborierterer Lehrbildung kommt es vielmehr, wo entweder das Auftreten von Differenzen in der christlichen Gemeinschaft oder die Problematisierung der Ausdifferenzierung dieser Gemeinschaft aus ihrer Umwelt oder (wie in der Regel der Fall) beides zugleich *Probleme* aufwirft, welche die Kirche zu situationsdistanzierter Reflexion ihrer Glaubenskommunikation nötigen, um durch kritischen Vergleich, sachliche Beurteilung und normierende Wertung Problemlösungen auszuarbeiten. Insofern ist Theologie eine *im System* christlicher Grundsituationen zwar ortlose, *für* dieses System aber notwendige Funktion der Kirche, und zwar in doppelter Hinsicht: Zum einen gibt es ohne sie keine kirchliche Lehre, ohne diese aber keinen zu gemeinsamem Handeln befähigenden Konsens der christlichen Gemeinde. Zum andern aber gibt es ohne sie keine Selbstkritik kirchlicher Lehre, ohne diese aber kein pro-

---

[48] Vgl. *N. Luhmann,* Soziale Systeme. Grundriß einer allgemeinen Theorie (Frankfurt ²1985) 227 ff, 247 u. ö.
[49] *Dalferth* (s. Anm. 46) 384, 389.

duktives Offenhalten der Differenz zwischen Lehre und Glaube, menschlichem Werk und menschlich unverfügbarem Wirken des Geistes.

Theologie ist dementsprechend notwendig sowohl zur Bildung als auch zur Prüfung kirchlicher Lehre. Sie ist aber nicht identisch mit dieser. Im Unterschied zu *theologischer Lehre,* also dem Inbegriff des unter Theologen jeweils bestehenden Konsenses über Problemfelder, Methoden und Problemlösungen im Reflektieren der Glaubenskommunikation, ist *kirchliche Lehre* der *Inbegriff des in einer Kirche zu einem bestimmten Zeitpunkt bestehenden Konsenses über das in der gemeinschaftlichen Praxis in Anspruch genommene gemeinsame Glaubenswissen,* damit aber immer auch der Inbegriff des jeweils bestehenden Konsenses über die akzeptablen Lösungen explizit gewordener Probleme in der christlichen Gemeinde. Dieser *Lehrkonsens* einer Kirche ist das, was in den dogmatischen Theoriebildungen systematisch zu entfalten gesucht wird. Als „Konsens über den Glaubenskonsens"[50], wie Herms formuliert, ist dieser in kirchlicher Theologie dogmatisch entfaltete Lehrkonsens aber seinerseits auf Artikulationen des *Glaubenskonsenses* angewiesen, ohne die es nicht zum Konsens über diesen kommen kann. Er liegt damit nicht nur in Gestalt bestimmter autoritativer Texte vor (Dogmen, Lehrbekenntnisse), sondern ist auch immer auf bestimmte Texte bezogen, die theologische Reflexion voraussetzen. Der Glaubenskonsens hingegen setzt theologische Reflexion nicht voraus, sondern frei und ist niemals in ganzem Umfang fixiert, sondern immer *mehr* als in liturgischen Formeln, gemeinsamen Bekenntnissen oder formellen Dogmen explizit formuliert ist. Erstreckt er sich doch auch auf dabei notwendig vorausgesetzte und sachlich implizierte Sachverhalte, die u. U. noch gar nicht bewußt und Thema von Glaubenskommunikationen geworden sind, weil sie noch nicht problematisiert wurden. Im Unterschied zum dogmatisch explizierbaren Meta-Konsens der Lehre ist der Glaubenskonsens immer mehr als das, was sich in fixierter Form greifen läßt, und umfaßt alles, was in gemeinschaftlicher Glaubenspraxis als gemeinsames Glaubenswissen vorausgesetzt und in Anspruch genommen wird. Deshalb läßt sich zwar der Lehrkonsens, nicht aber der Glaubenskonsens der Kirche kennenlernen, indem man bestimmte Texte zur Kenntnis nimmt. Der christliche Glaubenskonsens erschließt sich nur, indem man an einer bestimmten Lebensweise partizipiert. Ich unterscheide also (1) Glaubenskonsens, (2) kirchliche Lehre (= Lehrkonsens) und

---

[50] *Herms* (s. Anm. 36) 222.

(3) kirchliche Theologie (= theologische Entfaltung der kirchlichen Lehre). Und wie der Beitrag der kirchlichen Lehre zum Glaubenskonsens in der nachträglichen Artikulation des Konsenses über den Glaubenskonsens besteht, so besteht der Beitrag der kirchlichen Theologie zur kirchlichen Lehre in der systematischen Entfaltung des Lehrkonsenses.

Nun ist in jedem Glaubenskonsens, wie wir sahen, schon rudimentär Theologie angelegt. Auch dieser läßt sich daher, falls es zu entsprechendem Konsens über akzeptable theologische Beschreibungen dieser Reflexionsdimension christlicher Glaubenskommunikation kommt, ein lehrmäßiger Ort zuweisen. Welcher Ort das ist, kann auch einigermaßen präzis angegeben werden. So wird sich kirchliche Lehre – und dogmatische Lehrbildung muß das reflektieren – bei komplexerem Stand der Lehrentwicklung auf mindestens drei Felder erstrecken, nämlich

(1) auf die sachlichen und institutionellen Lösungen, die im Blick auf konkrete Konflikte in der Geschichte der Kirche erreicht wurden (z. B. Christologie, Buße, Abendmahl, Amt);

(2) auf die dabei maßgeblichen Prinzipien und Kriterien (Schrift, Bekenntnis, altkirchliche Dogmen, Rechtfertigungsartikel); und

(3) auf die akzeptablen Strategien und Verfahrensweisen zur Lösung auftretender Konflikte im Licht jener Kriterien (Synoden, Kirchenleitung, Theologie).

Gerade hier, im *Konsens über das Erreichen von Konsens über Glaubenskonsens,* also im *Konsens über das Erreichen von Lehrkonsens,* ist die Funktion der Theologie lehrmäßig zu verankern, und zwar ganz unbeschadet aller weiteren Bestimmungen, die im Hinblick auf die noch zu erörternde Differenz zwischen kirchlicher und wissenschaftlicher Theologie ins Spiel zu bringen sind. Die Funktion von Theologie überhaupt besteht nicht darin, Glaubens- oder Lehrkonsens in der Kirche zu bewirken oder garantieren zu wollen: das ist allein Sache des heiligen Geistes. Sie besteht vielmehr darin, geschaffenen Glaubens- und Lehrkonsens auf der Basis seiner Artikulationen so präzis zu entfalten, daß mögliche Probleme vermieden und hinsichtlich aufgetretener Probleme die Möglichkeiten akzeptabler und konsensfähiger Lösungen erkundet und ausgearbeitet werden. Der Beitrag der Theologie (und damit natürlich auch der wissenschaftlichen Theologie) zur kirchlichen Lehre besteht also genau darin, durch systematische Reflexion des gemeinsamen Glaubenswissens in begrifflichen Modellen Problemlösungen zu erproben, die kirchlich konsensfähig sind, weil sie sprachlich eindeutig und inhaltlich klar die Grunddifferenzen zur Geltung bringen, von denen Glaube und Kirche leben.

3.2.2 Probleme, Themen und Leitgesichtspunkte theologischer Reflexion

Nun ist Theologie aber nicht nur Reflexion christlicher Glaubenskommunikation, sondern deren *problemorientierte* Reflexion. Ich erläutere dieses Merkmal, indem ich Problembereich, Themenbereich und Leitgesichtspunkt theologischer Reflexion genauer spezifiziere.

1. Der *Problembereich* theologischer Reflexion ist durch eine *doppelte Grunddifferenz* markiert, nämlich einmal die *Differenzen innerhalb der christlichen Gemeinde*, zum andern die *Differenzen zwischen christlicher Gemeinde und Welt*. Beide haben sowohl eine praktische wie auch eine theoretische Dimension, betreffen also sowohl Lebensvollzüge als auch das diesen zugrundeliegende Wissen. In jedem Fall aber gilt: Nicht einfach auf christliche Glaubenskommunikation, sondern a) auf die in ihr sich ausprägenden *Differenzen* christlichen Selbstverständnisses und Lebensvollzugs und b) auf die mit ihr manifesten *Differenzen* zwischen christlichen und nichtchristlichem Wirklichkeitsverständnis und Lebensvollzug hat sich die theologische Reflexion zu konzentrieren. Methodisch muß sie deshalb immer mindestens zwei kontroverse Auffassungen oder Zustände zugleich in den Blick fassen und diese kritisch kombinieren und vergleichen. Das kann sie nur, sofern sie beobachtet und nicht selbst handelt. Als Beobachtung aber unterscheidet sie sich vom Vollzug primärer Glaubenskommunikation und kann dementsprechend nicht deren, sondern nur ihre eigenen Aufgaben erfüllen. So darf sich z. B. theologische Lehre und Reflexion niemals mit der bloßen Wiederholung christlicher Glaubensrede in einem anderen Kommunikationsmodus begnügen oder gar das leisten wollen, was nur in primärer Glaubenskommunikation geleistet werden kann. Sie darf also gerade nicht, wie es H. Ott für die Dogmatik gefordert hat, „in gewisser Weise selber Predigt sein", also auch „ihrerseits predigen, ihrerseits ‚anreden'"[51]. Sie muß nicht nur anders reden, sondern in gewisser Hinsicht auch anderes, nämlich *mehr* sagen als christliche Glaubensrede, weil die Reflexion der genannten Differenzen sie zur Behandlung neuer, in der primären Glaubenskommunikation selbst nicht explizit thematisierter Themen nötigt.

Das hat Konsequenzen in beiden Richtungen. So ist z. B. die metaphorische und bilderreiche Sprache der Glaubensrede nicht als solche auch brauchbar in der Theologie, die Sprache der Predigt nicht bruchlos überführbar in die Sprache theologischer Reflexion. Es sind aber auch umgekehrt die Reflexionsbegriffe der Theologie

---

[51] H. Ott, Dogmatik und Verkündigung. Ein Programm dogmatischer Arbeit, dargestellt im Anschluß an die Fragen 1–11 des Heidelberger Katechismus (Basel 1961) 21.

nicht auch Kommunikationsbegriffe der Verkündigung und theologische Themen nicht als solche alle auch Predigtthemen. Reflexionsprobleme sind etwas anderes als Verkündigungsaufgaben, und Probleme der ‚Schule' und des ‚Forums', wie Augustin sagte, sind wohl zu unterscheiden.[52] Mit gutem Grund erwähnen Luthers Katechismen den Rechtfertigungsartikel mit keinem Wort und entfalten doch seinen ganzen Gehalt. Kurz: Theologie kommt ihrer Funktion für die Glaubenskommunikation um so weniger nach, je mehr sie sich durch Verwischen der Differenz zwischen Handeln und Beobachten von dieser sprachlich und sachlich ununterscheidbar zu machen sucht.

2. Der *Themenbereich* theologischer Reflexion läßt sich dreifach gliedern gemäß der Inhaltsdimension, Vollzugsdimension und Reflexionsdimension christlicher Glaubenskommunikation. So umfaßt er zunächst alle Aspekte der vorgegebenen Glaubenskommunikation, deren Inhalt ebenso wie ihre Vollzugssituationen. Beide Dimensionen wurden in der Geschichte der Kirche allerdings nicht gleichzeitig und gleichwertig theologisch thematisiert.[53] In den ersten Jahrhunderten waren es zunächst vor allem die mit dem Glaubens*inhalt* sich stellenden Probleme, die theologisch explizit und reflektiert wurden. Das führte zu einem Kernbestand theologischer Themen, die sich (pauschal gesprochen) im Horizont des zweiten und ersten Glaubensartikels lozieren lassen. Erst allmählich[54] traten auch die mit dem Glaubens*vollzug* sich stellenden Probleme ins theologische Bewußtsein. Damit wurden neue theologische Themen gewonnen, die sich (wiederum pauschal gesprochen) im Horizont des dritten Artikels summieren und konzentrieren.[55] Auch wenn diese neuen Themen zunächst nicht auf derselben Ebene wie die Kernthemen stehen, führen sie doch – wenn sie, wie etwa in der reformatorischen Theologie, zur Basis theologischer Lehrbildung werden – auch zu deren Neugestaltung, ja können sogar in den inhaltlichen Kernbestand einbezogen werden. Die Grenze zwischen Problemen des Inhalts und Problemen der Vollzugssituation christlicher Glaubenskommunikation muß dann allerdings neu definiert werden, und das führt – da sich diese Differenz nicht aufheben läßt – zur Ausbildung immer wieder neuer, durch Probleme der Vollzugssituation aufgegebener theologischer Themen. Das Wachsen des dritten Artikels in der Alten Kirche, die Herausbildung und fun-

---

[52] *Augustinus,* De civ. Dei VI, 5 (CChr. SL 47, 171, 28–34).
[53] Vgl. *Herms* (s. Anm. 36) 200 f.
[54] Vgl. z. B. *Augustinus,* De fide et symbolo IX (PL 40, 190 f.).
[55] Vgl. *Y. Congar,* Der Heilige Geist (Freiburg i. Br. ²1986), bes. 81 ff.

damentale Stellung des Schriftartikels in der evangelischen Lehrtradition und die Entwicklung der dogmatischen Prolegomena in der nachreformatorischen Theologie können diesen Sachverhalt auf je ihre Weise demonstrieren.

Neben die beiden mit der Inhalts- und Vollzugsdimension christlicher Glaubenskommunikation gegebenen Themenbereiche tritt nun aber noch ein dritter. Es liegt in der Konsequenz des beschriebenen Prozesses theologischer Reflexion, daß diese zur theologischen *Selbstreflexion* wird, also auch ihre eigenen Reflexionen mitzureflektieren beginnt. Wo aber theologische Reflexion in theologische Selbstreflexion übergeht, wird das Wesen und die Funktion von Theologie selbst zum theologischen Problem. Es kommt dann zu wissenschaftstheoretischer Theoriebildung innerhalb der Theologie selbst. In großem Stil geschah das in der westlichen Theologie wohl erstmals in der Scholastik und ihren verschiedenen Versuchen, die Theologie im Horizont des aristotelischen Wissenschaftsbegriffs in ihrem Verhältnis zu anderen Wissensdisziplinen systematisch zu bestimmen. Dabei standen zwar zunächst auch inhaltliche Gesichtspunkte, also die Eigenart des in theologischer Reflexion thematisierten Wissens im Unterschied zum übrigen Wissen im Vordergrund. Doch auch hier mußten auf die Dauer die Inhalts- und die Vollzugsdimension theologischer Reflexion in den Blick gefaßt werden. Entsprechend war nicht nur der Gegenstand, sondern auch das Wesen und die Funktion theologischer Reflexion und Selbstreflexion zum Gegenstand von Theoriebildung zu machen.

Genau das kann nun aber infolge der doppelten Grunddifferenz, welche den Problembereich theologischer Reflexion markiert, typologisch in zweifacher Richtung geschehen: Orientieren sich Reflexion und Lehrbildung primär an den Differenzen innerhalb des christlichen Selbstverständnisses und Lebensvollzugs, wird theologische Selbstreflexion Theologie als *kirchenbezogene Reflexion* entwerfen. Orientieren sie sich dagegen primär an den Differenzen zwischen christlichem und nichtchristlichem Wirklichkeitsverständnis und der daraus jeweils resultierenden Lebenspraxis, wird sie Theologie als *weltbezogene Reflexion* entwerfen. Damit ist der andere Grundgegensatz erreicht, den wir ins Auge fassen müssen, wenn wir das aufgeworfene Problem adäquat beantworten wollen. Doch ehe das geschieht, ist noch auf den dritten angekündigten Punkt einzugehen.

3. Daß die Frage des *Leitgesichtspunkts,* an dem sich theologische Reflexion und Selbstreflexion auszurichten und von dem her sie die in den verschiedenen Problembereichen auftretenden Kontroversen zu beurteilen und zu entscheiden haben, selbst eine theologische

Kontroversfrage ist, liegt nach dem Gesagten auf der Hand. Nicht kontrovers aber kann sein, daß sie für die drei unterschiedenen Themenbereiche theologischer Reflexion verschieden zu beantworten ist und im Sinne der reformatorischen Theologie eine je spezifische Antwort erhalten hat. Ohne meine Antwort ausführlich entfalten zu können, sei wenigstens folgendes angedeutet:

3.1 Hinsichtlich der *Inhaltsdimension* christlicher Glaubenskommunikation hat sich theologische Reflexion an der *Leitdifferenz von opus dei und opus hominis* zu orientieren, und zwar in der spezifischen Bestimmung, die diese in der Offenbarung Gottes in Jesus Christus erhalten hat und die reformatorische Theologie im Rechtfertigungsartikel zu formulieren sucht. Es gibt kein theologisches Thema, das nicht an dieser Differenz zu messen und damit von diesem Artikel her zu entfalten wäre. Sachgerecht möglich ist dies freilich nur, indem diese rechtfertigungstheologisch präzisierte Leitdifferenz in einer Serie von Folgedifferenzen entfaltet wird, welche die für die verschiedenen theologischen Problembereiche oder – wie Martin Kähler sagte – „Lehrkreise"[56] relevanten „Fundamentalunterscheidungen" wie Gesetz / Evangelium, Sünder / Gerechter, Schöpfer / Geschöpf, verborgener / offenbarer Gott usw. zur Geltung bringen. Hier ergibt sich die Möglichkeit einer qualifizierten Anknüpfung an G. Ebelings Bemühung um die „Ausarbeitung leitender Fundamentalunterscheidungen" für die dogmatische Lehrbildung[57]. Damit wird die methodische Konsequenz aus der reformatorischen Einsicht gezogen, daß Theologie kein additiv zu anderem Wissen hinzutretendes Wissen thematisiert, sondern dieses insgesamt im Licht der genannten Leitdifferenz reflektiert: Sie ist die Kunst des reflektierenden Umgangs mit einer spezifischen „Erfahrung mit der Erfahrung"[58]. Das macht sie einerseits zu einer Reflexionstätigkeit mit Universalitätsanspruch, insofern sie kein Außen mehr kennt, das sie nicht in ihrer Perspektive verarbeiten könnte. Und das macht sie andererseits zu einer komplexen und in sich differenzierten Reflexionstätigkeit insofern sie auch die Außenperspektive auf das in ihr reflektierte Glaubenswissen intern verarbeiten muß. So kann theologische Reflexion, die sich konsequent an der genannten Leitdifferenz orientiert, nicht mit einem Neben- oder

---

[56] *M. Kähler,* Die Wissenschaft der christlichen Lehre von dem evangelischen Grundartikel aus im Abrisse dargestellt (Neukirchen-Vluyn ³1905, Nachdr. 1966) 80.
[57] *G. Ebeling,* Studium der Theologie. Eine enzyklopädische Orientierung (UTB 446) (Tübingen 1975) 172.
[58] *E. Jüngel,* Gott als Geheimnis der Welt. Zur Begründung der Theologie des Gekreuzigten im Streit zwischen Theismus und Atheismus (Tübingen ⁵1986) XIII. 40 u.ö.; *ders.,* Unterwegs zur Sache (BEvTh 61) (München 1972) 8.

Nacheinander nichttheologischer und theologischer Perspektiven auf Mensch, Welt und Gott operieren, wie es in der vorreformatorischen Theologie im Rahmen des Natur-Gnade-Modells der Fall war. Sie kann nur das differente Beieinander zweier theologischer Perspektiven zur Geltung bringen, von denen die eine die Möglichkeit und Faktizität nichttheologischen Selbst-, Welt- und Gotteswissens theologisch reflektiert, wie es das reformatorische Gesetz-Evangelium-Modell tut, das als interne Rekonstruktion der externen Perspektive (Gesetz) in der internen Perspektive (Evangelium) begriffen werden kann.[59] Die Folge ist eine Umstellung vom theologischen Denkstil der *Analogie,* die das Nebeneinander externer und interner Perspektive in ihrem Bezug aufeinander verständlich zu machen suchte, auf den Denkstil der *Dialektik,* die das spannungsvolle Zugleich beider Betrachtungsweisen in ihrer Differenz voneinander zur Geltung bringt[60]. Gerade das aber geschieht in interner Perspektive und damit selbst im Licht der Leitdifferenz von opus dei und opus hominis, die dementsprechend mit der Differenz von Gesetzesperspektive und Evangeliumsperspektive kombiniert wird. Die Internität dieser dialektischen Kombination manifestiert sich darin, daß sich zwar die Gesetzesperspektive, nicht aber die Evangeliumsperspektive für opus dei und opus hominis gleichermaßen durchführen läßt: Unter der Evangeliumsperspektive kommt das opus hominis nur als Nicht-Werk in den Blick. Das Resultat ist die für die reformatorische Theologie charakteristische Bestimmung des inhaltlichen Reflexionsbereichs der Theologie als „homo reus et perditus et deus iustificans vel salvator"[61] und die daraus resultierenden doppelten Aussagenreihen über Mensch, Welt und Gott, die über entsprechende Fundamentalunterscheidungen und deren Gewichtung gemäß der sachlichen Priorität des Evangeliums gegenüber dem Gesetz zusammengehalten werden.

3.2 Hinsichtlich der *Vollzugsdimension* christlicher Glaubensrede hat sich theologische Reflexion an der Leitdifferenz von Kirche und Welt zu orientieren, und zwar in der spezifischen Bestimmung, die diese im Licht des Rechtfertigungsartikels erhält. Das heißt auf jeden Fall, daß sie im Sinne des soeben Gesagten in *zwei doppelt differenzierten Differenzreihen* entfaltet werden muß, welche die inhaltliche Leitdifferenz göttlichen und menschlichen Handelns in ihrer

---

[59] Formen und Probleme dieser Perspektivenmodelle habe ich genauer diskutiert in *I. U. Dalferth,* Theology and Philosophy (Oxford 1988) 61–148.
[60] Vgl. *I. U. Dalferth,* Esse est operari. The anti-scholastic theologies of Farrer and Luther (Modern Theology 1) (1985) 183–210, 196 ff.
[61] WA 40/II, 327, 11–328, 2.

dialektischen Ausdifferenziertheit unter dem Differenz-Gesichtspunkt von Gesetz und Evangelium im Blick auf die Kirche / Welt-Differenz zum Zuge bringen. Ich beschränke mich auf einige Andeutungen:
So ist die Kirche / Welt-Differenz einmal als opus dei, zum andern als opus hominis zu reflektieren. Der opus-dei-Aspekt nötigt, sie als Differenz von Neuschöpfung und Schöpfung zu entfalten, und zwar jeweils differenziert nach dem Unterschied von Gericht (Gottes Zorn) und Gnade (Gottes Liebe).[62] Die Welt kommt so als Schöpfung unter dem Differenzpunkt von Tod und Leben in den Blick, die Kirche (im Kontrast zur Welt und nicht nur als Teil der Welt, der sie immer auch ist) als Neuschöpfung unter dem Differenzpunkt von Sterben und Auferstehen mit Christus. Der opus-hominis-Aspekt nötigt die Kirche / Welt-Differenz als Differenz von christlicher Gemeinde und Gesellschaft zu entfalten, und zwar jeweils differenziert nach dem Unterschied von Sündhaftigkeit und Gerechtigkeit. Die Welt kommt so als Gesellschaft unter dem Differenzpunkt von sündigem Zwang und geschöpflicher Freiheit in den Blick, die Kirche (im Kontrast zur Gesellschaft und nicht nur als Teil derselben, der sie immer auch ist) als Gemeinde unter dem Differenzpunkt von menschlicher Religionsgemeinschaft (corpus mixtum) und eschatologischer Glaubensgemeinschaft (congregatio sanctorum). Jede dieser doppelt differenzierten Differenzreihen nötigt wieder zur Entfaltung in einer Serie von Folgedifferenzen, durch die sie zugleich verzahnt und unterschieden werden.

Entscheidend aber ist – das belegen schon diese kurzen Andeutungen –, daß sich in diesem zweiten Themenbereich theologischer Reflexion und Lehrbildung im Unterschied zum ersten theologische Reflexion nicht nur an innertheologischen Differenzen orientiert, sondern beständig genötigt ist, Differenzen rein theologischer Natur (die aus der theologischen Bestimmung der Kirche / Welt-Differenz resultieren wie Schöpfung / Neuschöpfung, Sterben / Auferstehen mit Christus, Sündhaftigkeit / Gerechtigkeit usf.) mit auch nichttheologisch evidenten Differenzen (die aus der nichttheologischen Bestimmung der Kirche / Welt-Differenz folgen wie Tod / Leben, Gesellschaft / Gemeinschaft, Zwang / Freiheit usf.) *theologisch* zusammenzuhalten und zu kombinieren. Gerade weil die Vollzugsdimension christlicher Glaubenskommunikation sachgerecht zu reflek-

---

[62] Wie die Kombination der Differenz Gesetz / Evangelium mit der Differenz Schöpfung / Erlösung (Neuschöpfung) die Struktur der Institutio Calvins prägt, hat G. Ebeling, Cognito Dei et hominis (erstmals 1966), wieder abgedruckt in: *ders.*, Lutherstudien I (Tübingen 1971) 221–272, 253 ff gezeigt.

tieren heißt, diese zugleich als menschliches Werk *und* als Wirken des Geistes zu begreifen, muß Theologie sich immer zugleich auf theologische *und* nichttheologische Sachverhalte einlassen. Oder im Anschluß an die vorher verwendete Terminologie formuliert: Theologische Reflexion im Horizont der Leitdifferenz von Kirche und Welt ist zu einem *zweifachen* Umgang mit der externen Perspektive auf das christliche Glaubenswissen genötigt. Zum einen, indem sie in der vorher erläuterten Weise die externe Perspektive intern als Perspektive des Gesetzes im Unterschied zur Perspektive des Evangeliums rekonstruiert. Zum andern aber, indem sie die externe Perspektive in ihrer Eigenständigkeit *theologisch* respektiert und mit ihr als intern zwar einholbarem, aber nicht aufhebbarem Korrelat der eigenen internen Perspektive rechnet. Es gilt dann zwar immer noch, daß sie kein Außen kennt, das sie nicht in ihrer Perspektive verarbeiten könnte. Aber es gilt ebenso, daß dieses Außen dadurch in keiner Weise aufgehoben oder aufgelöst wird, sondern im Gegenteil damit zu rechnen ist, daß es selbst entsprechend komplexe Perspektiven auf das Glaubenswissen und seine theologische Reflexion zu entwickeln vermag. Es wird also theologisch in Rechnung gestellt, daß sich interne und externe Perspektiven unaufhebbar wechselseitig bedingen. Der Universalitätsanspruch theologischer Reflexion und Lehre wird damit nicht zurückgenommen, wohl aber von dem Mißverständnis entlastet, ein Absolutheitsanspruch oder ein Ausschließlichkeitsanspruch zu sein. Nicht von ungefähr wurde – theologiegeschichtlich betrachtet – ein entsprechender Reflexionsstand in Europa erst nach den Erfahrungen einander entgegengesetzter Absolutheitsansprüche und ihrer verheerenden Folgen im 16. und 17. Jahrhundert und der daraus resultierenden Aufklärungskritik an der Theologie erreicht. Denn hatte Luthers Theologie die denkerischen Mittel für den theologischen Umgang mit der Außenperspektive auf den christlichen Glauben durch deren interne Rekonstruktion im Horizont von Gesetz und Evangelium bereitgestellt, so wurden die denkerischen Mittel für den zweifachen Umgang der Theologie mit der externen Perspektive in der auf die Kommunikationsvollzüge in der Kirche und zwischen Kirche und Welt konzentrierten Theologie Schleiermachers bereitgestellt. Beide haben damit für die theologische Reflexion Unverzichtbares zur Geltung gebracht: Luther die Universalität des notwendig assertorisch zu vertretenden Wahrheitsanspruchs des christlichen Glaubens, Schleiermacher die unter Voraussetzung der Einheit der Wahrheit daraus resultierende Unerläßlichkeit seiner dialektischen Inbeziehungsetzung zu konkurrierenden Wahrheitsansprüchen im Wissensprozeß des gemeinsamen menschlichen Wahrheitsbewußtseins.

3.3 Hinsichtlich der Reflexionsdimension schließlich hat sich theologische Selbstreflexion an einer doppelten Leitdifferenz zu orientieren. Im Blick auf den Inhalt theologischer Reflexion (d. h. der Inhalts- und Vollzugsdimension christlicher Glaubenskommunikation) ist es die *Leitdifferenz von Glaubenskommunikation und Glaubensreflexion.* Sie war Gegenstand der in diesem Teil vorgetragenen Überlegungen. Im Blick auf die Vollzugssituation theologischer Reflexion hingegen hat sie infolge der beschriebenen Ortlosigkeit derselben auf deren Schwerpunktbildungen im Problem- und Themenbereich zu achten und sich dementsprechend an der *Leitdifferenz von kirchenbezogener und weltbezogener Theologie* auszurichten. Da unter deren Folgedifferenzen auch die zwischen kirchlicher und wissenschaftlicher Theologie ihren Ort hat, müssen diese Leitdifferenz und ihre Implikationen in einem dritten Teil noch genauer betrachtet werden.

4. Kirchenbezogene und weltbezogene Theologie

4.1 Problem-Differenzen

Um Mißverständnisse zu vermeiden, sei zunächst betont: Differenzen trennen nicht. Sie verbinden vielmehr, indem sie unterscheiden. Kirchliche und wissenschaftliche Theologie sind als *Theologie* beide Gestalten der beschriebenen Selbstreflexion christlicher Glaubenskommunikation und damit Funktion der Kirche und nicht zum Teil etwa Zweig der Religionswissenschaft. Sie sind aber jeweils spezielle (und keineswegs die einzigen) Ausdifferenzierungen dieser Funktion, die dadurch zustande kommen, daß im Problemfeld der Theologie problemspezifische Differenzen etabliert werden, deren Bearbeitung durch Spezialisierung an relativ eigenständige Disziplinen delegiert wird.

Der Unterschied zwischen kirchlicher und wissenschaftlicher Theologie liegt also nicht im Inhalt, den sie reflektieren (d. h. der Inhalts-, Vollzugs- und Reflexionsdimension von Glaubenskommunikation und den entsprechenden Lehrbildungen), auch nicht in den Kriterien, unter denen sie ihn reflektieren (den beschriebenen Leitdifferenzen), und auch nicht in den Methoden, nach denen sie ihn reflektieren: Auch kirchliche Theologie gibt es nur als methodisch disziplinierte, selbstkritische Reflexion, der kein anderes Methodenarsenal zur Verfügung steht als der wissenschaftlichen Theologie. Sie unterscheiden sich vielmehr in einer ersten Näherung durch die *Grunddifferenz,* die sie als Bezugspunkt im Problembereich ihrer Reflexion privilegieren, und damit durch die *Probleme,* um deren Lösung sie sich bemühen. Zwar spielen in beiden sowohl die Differenzen innerhalb der christlichen Gemeinde als auch die Differenzen zwischen Gemeinde und Welt eine Rolle. Kirchliche Theologie aber reflektiert diese primär bezüglich der Differenzen innerhalb des Lebensvollzugs und Selbstverständnisses der christlichen Gemeinde, wissenschaftliche Theologie hingegen bezüglich der Differenzen zwischen christlichem und nichtchristlichem Lebensvollzug und Wirklichkeitsverständnis. Mit der Wahl dieses Bezugspunktes und der daraus resultierenden Strukturierung und Gewichtung des Problemfelds konzentrieren sie sich aber auch auf je bestimmte Probleme, Themen, Aufgaben und Adressatengruppen. Das führt mich zum zweiten Punkt.

4.2 Kirche und Welt als Referenzsysteme theologischer Reflexion

David Tracy hat in seiner Analyse der Rolle christlicher Theologie in einer pluralistischen Kultur drei primäre Adressatengruppen theologischer Arbeit unterschieden, die zwar kaum je für sich, fast immer aber in schwerpunktmäßiger Gewichtung ins Auge gefaßt werden: die *Gesellschaft,* die *Akademie* (bzw. Wissenschaften), die *Kirche.* Und er hat zu Recht darauf hingewiesen, daß die Konzentration auf eine dieser drei „Öffentlichkeiten" Stil und Thematik einer Theologie entscheidend prägt.[63] Diese deskriptiven Beobachtungen können im Licht der hier versuchten problemorientierten Rekonstruktion der Differenz kirchlicher und wissenschaftlicher Theologie durch Rückbindung an zwei distinktive Funktionen von Theologie überhaupt präzisiert werden:

So dient Theologie einerseits der *Selbstverständigung der Gläubigen untereinander,* und zwar sowohl im Blick auf Primärprobleme im Bereich der Inhalts- und Vollzugsdimension christlicher Glaubenskommunikation als auch im Blick auf Sekundärprobleme im Bereich theologischer Glaubensreflexion. Sofern sie sich auf diese Funktion konzentriert, ist sie kirchliche oder *kirchenbezogene Theologie,* und zwar in der Doppelgestalt praktischer und dogmatischer Theologie, je nachdem, ob Probleme des Handelns oder des Wissens der christlichen Gemeinde im Vordergrund ihrer Reflexionsarbeit stehen.

Theologie dient andererseits aber auch der *Verständigung der Gläubigen mit den Nichtgläubigen,* und zwar sowohl im Blick auf ge-

---

[63] *D. Tracy,* The Analogical Imagination. Christian Theology and the Culture of Pluralism (London 1981), Kap. 1.

meinsame Probleme im Bereich menschlicher Lebenspraxis in Gesellschaft, Politik, Wirtschaft, Sozialbereich, Kultur als auch im Blick auf Grundprobleme im Bereich der theoretischen Erfassung der Lebenswirklichkeit in den Wissenschaften. Sofern sie sich auf diese Funktion konzentriert, ist sie *weltbezogene Theologie,* und zwar entweder als handlungsorientierte sozialethische Theologie oder als wissenschaftsorientierte wissenschaftliche Theologie.[64]

Das aber heißt: *Nicht nur die Verkündigung, sondern auch die Theologie selbst ist ein Kontaktinstrument der Kirche mit der immer nur in einer Pluralität von Perspektiven gegebenen Welt.* Denn die Kirche/Welt-Differenz ist keine Dichotomie zwischen zwei monolithischen Bereichen, sondern ein auf verschiedenen Funktionsebenen sich unterschiedlich gestaltender Problemzusammenhang, der Kirche und Welt in je anderer Weise unterscheidet und aufeinander bezieht. Die Theologie hat deshalb nicht nur „ die erinnernde Darstellung der geschehenen Offenbarung *für die Gemeinde selber"* zur Aufgabe. Und die Verkündigung in ihrer Ausdifferenzierung in die seelsorgerlichen Handlungsfelder homiletischer, katechetischer und diakonischer Natur ist nicht die einzige Vollzugsweise von Kirche, welche „die Funktion erfüllt, den Gegenstand des christlichen Offenbarungszeugnisses *vor der Welt* und für sie verständlich zur Sprache zu bringen"[65]. Eben das kommt in bestimmter Hinsicht auch der Theologie zu.

Soll damit aber die Differenz zwischen Glaubenskommunikation und Glaubensreflexion nicht verwischt werden, muß sich der Welt-Kontakt der Kirche über Verkündigung und über Theologie unterschiedlich vollziehen. Das ist auch der Fall. So will *Verkündigung* zum Glauben provozieren, indem sie das Glaubenszeugnis so klar und verständlich zur Sprache bringt und so überzeugend lebt, daß es durch das Wirken des Geistes als wahr einleuchten und als Lebenspraxis überzeugen kann. Der Welt-Kontakt der Kirche im Modus der Verkündigung richtet sich dementsprechend an *Personen,* und der Grundcharakter der Verkündigung ist ihre zur Einstimmung auffordernde *Konsensfähigkeit:* Sie will zum Amen provozieren.

Theologie hingegen will das Glaubenswissen der Welt gegenüber reflektierend entfalten. Als sozialethische Theologie tut sie das, indem sie die lebenspraktischen Konsequenzen des Glaubens-

---

[64] Vgl. *R. M. Brown,* Vorläufige Modelle einer „Theologie zwischen den Kulturen". Ein nord/südamerikanischer Zwischenbericht (VF 26) (1981) 25–43, bes. 37 ff. Die Theologie der Chicago School of Theology ist ein exemplarischer Fall weltbezogener Theologie, vgl. *C. A. Arnold,* Near the Edge of Battle. A Short History of the Divinity School and the „Chicago School of Theology" 1866–1966 (Chicago 1966).
[65] *Herms* (s. Anm. 36) 195 (Hervorhebung von mir).

wissens im Kontext der gesellschaftlichen Wirklichkeit ihrer Zeit in Handlungsszenarien durchdenkt und als konkrete Handlungsoptionen zur Geltung bringt. Der Welt-Kontakt der Kirche im Modus der sozialethischen Theologie richtet sich dementsprechend auf *Handlungszusammenhänge,* und der Grundcharakter sozialethischer Theologie ist deren in den verschiedenen Handlungsfeldern zu bestimmtem und nicht beliebigem Handeln auffordernde *Konfliktfähigkeit:* Sie will die Möglichkeiten und Unmöglichkeiten christlichen Handelns unter den jeweils gegebenen Bedingungen entfalten.

Als wissenschaftliche Theologie schließlich artikuliert sie den Wahrheitsanspruch christlichen Glaubenswissens im Kontext des Wahrheitsbewußtseins ihrer Zeit so, daß dessen Vereinbarkeit oder Unvereinbarkeit mit anderen Wahrheitsansprüchen unmißverständlich deutlich wird. Der Welt-Kontakt der Kirche im Modus der wissenschaftlichen Theologie richtet sich also auf den *Wissenszusammenhang,* und der Grundcharakter wissenschaftlicher Theologie ist deren in bestimmter Weise in den Streit um die Wahrheit eingreifende *Kontradiktionsfähigkeit:* Sie will unter Wahrung der Einheit von Wahrheit christliches Glaubenswissen in Auseinandersetzung mit dem Wissen der Zeit pointiert zur Geltung bringen.

Der Welt-Kontakt der Kirche vollzieht sich also über konsensfähige Verkündigung, konfliktfähige sozialethische Theologie und kontradiktionsfähige wissenschaftliche Theologie und damit in den verschiedenen, nicht aufeinander reduzierbaren Dimensionen personalen Seins, gesellschaftlichen Handelns und menschlichen Wissens. Dabei wird nicht nur das mit ‚Welt' Gemeinte in je anderer Weise in den Blick gefaßt, sondern es werden auch jeweils spezifische und nicht durch einander ersetzbare Leistungen erbracht. So zielt Verkündigung – unter Wahrung der prinzipiellen Differenz zwischen opus dei und opus hominis – auf die Konstitution des Glaubens und ist damit eine Funktion der Selbstreproduktion von Kirche. Sozialethische Theologie hingegen zielt auf die Ausarbeitung der Handlungsdifferenzen zwischen der Praxis des Glaubens und der des Nichtglaubens und ist insofern eine Funktion des Lebensvollzugs der Kirche im Handlungszusammenhang der Welt. Wissenschaftliche Theologie schließlich zielt auf die Ausarbeitung der Differenzen zwischen dem Wissen des Glaubens und dem des Nichtglaubens und ist insofern eine Funktion der Partizipation der Kirche am Wissens- und Wahrheitsprozeß der Welt.

4.3 Dogmatische und wissenschaftliche Theologie

Als spezifischer Modus des Welt-Kontakts der Kirche unterscheidet sich wissenschaftliche Theologie also von kirchenbezogener Theologie überhaupt und damit auch von dogmatischer Theologie im besonderen. Zwar geht es in beiden um die Reflexion und damit argumentative Vergegenwärtigung assertorisch vertretenen Glaubenswissens im Horizont gegenwärtigen Wahrheitsbewußtseins.[66] Beide aber reflektieren dieses aufgrund ihrer Orientierung an unterschiedlichen Grunddifferenzen im Bezug auf unterschiedliche Problemstellungen und Aufgabenfelder und auf unterschiedliche Weise.

1. So konzentriert sich dogmatische Theologie auf die für das gemeinsame kirchliche Handeln relevanten Wahrheitsprobleme und damit einerseits auf die diachronen Differenzen zwischen gegenwärtigem Glaubenswissen und dem kirchlichen Konsens in der Vergangenheit, andererseits auf die entsprechenden synchronen Differenzen innerhalb einer Kirche und zwischen den Kirchen. Nicht in Frage steht ihr aber die prinzipielle *Wirklichkeit* dessen, wovon sie handelt, und damit der *Wahrheitsanspruch* christlichen Glaubenswissens *überhaupt*. Ihre Probleme ergeben sich vielmehr aus den unterschiedlichen Ausprägungen christlichen Glaubenswissens in Vergangenheit und Gegenwart, die sie um der Einheitlichkeit und Kohärenz des christlichen Wahrheitsbewußtseins und um ihrer Folgen im kirchlichen Handeln willen nach allen Regeln theologischer Kunst kritisch aufeinander beziehen und an den für die einzelnen Themenbereiche maßgeblichen Leitdifferenzen messen muß. Dazu aber ist sie nur als zugleich *historisch* und *ökumenisch* arbeitende *systematische* Theologie in der Lage. Denn aufgrund ihrer wahrheits*kohärenz*orientierten Aufgabenstellung ist sie nicht nur auf Aggregation, sondern systematische Synthese hin angelegt: Sie kann ihre Probleme nur behandeln, sofern sie diese auf ein gegliedertes Lehrganzes zu beziehen weiß, in welchem – wie unzulänglich auch immer – die Kohärenz christlichen Wahrheitsbewußtseins durch systematische Verknüpfung der einzelnen Lehrmomente zur Darstellung kommt.[67]

Dogmatische Theologie muß sich daher als *Glaubenslehre* entwerfen, welche die im Glaubenskonsens einer Kirche gewußte Wirklichkeit zusammenhängend zur Sprache bringt. Sie tut das, indem sie in

---

[66] Vgl. *G. Ebeling,* Der Theologe und sein Amt in der Kirche (erstmals 1969; wieder abgedruckt in: *ders.,* Wort und Glaube III [s. Anm. 47] 522–532), 530.
[67] Vgl. *I. U. Dalferth,* Existenz Gottes und christlicher Glaube. Skizzen zu einer eschatologischen Ontologie (München 1984) 27 ff.

nicht nur regulativen, sondern wahrheitsfähigen Sätzen, die in einem spezifischen lehrmäßigen Zusammenhang stehen, den christlichen Glaubenskonsens im Rahmen des bestehenden kirchlichen Lehrkonsenses so artikuliert, daß konsensfähige Lösungen für die in der Gemeinde aufgetretenen Probleme sichtbar werden. Das aber heißt: Nicht einfach der einzelne Lehrsatz, sondern der *Lehrzusammenhang* steht in ihrer Arbeit im Vordergrund. Denn Ziel ihrer Reflexion ist in all ihren Vollzügen, die Konstitution und Kommunikation von Glauben zu ermöglichen und zu fördern, also – mit Bultmann gesprochen – die Verkündigung sicherzustellen. Das aber kann sie nur durch *Eindeutigkeit* und damit durch die zusammenhängende und konsensfähige Darstellung der im Glauben gewußten Wirklichkeit, welche die Kohärenz und Einheitlichkeit christlichen Wahrheitsbewußtseins unter Beweis stellt.

Eben das geschieht nun aber immer problemorientiert, also bezüglich bestimmter, im Handlungs- und Kommunikationszusammenhang der Kirche sich stellender Aufgabenfelder, die über die vier von Herms genannten grundsätzlichen Anforderungen hinaus je spezifische Anforderungen an die *zusammenhängende* Darstellung konsensfähiger Glaubenslehre stellen. Drei typische Problemstellungen dieser Art, mit denen es kirchenbezogene Theologie permanent zu tun hat, hat Stephen Sykes hervorgehoben, nämlich das Elementarisieren, Priorisieren und Kontinuieren. So ist

(1) „*simplification, or abbreviation*"[68] unerläßlich in der katechetischen Kommunikation von Glaubenswissen. Man kann nur lernen, was sich memorieren läßt. Glaubenslehre in memorierfähiger Katechismusform zu präsentieren (Kleiner Katechismus) und Katecheten in die Grundzusammenhänge christlicher Glaubenslehre einzuüben (Großer Katechismus) sind so ein traditionelles Aufgabenfeld kirchenbezogener Theologie. Nachkommen kann sie dieser Aufgabe aber nicht ohne

(2) „*the creation of priorities*"[69]. Daß theologische Reflexion darauf nicht verzichten kann, belegt nicht nur die lange Tradition theologischer Bemühungen um Fundamentalartikel, sondern auch die Architektonik aller systematischen Entwürfe christlicher Glaubenslehre von Gregors von Nyssa „Oratio Catechetica" bis zu Karl Barths „Kirchlicher Dogmatik" und Gerhard Ebelings „Dogmatik des christlichen Glaubens". Schließlich ist

---

[68] *S. W. Sykes,* The Identity of Christianity. Theologians and the Essence of Christianity from Schleiermacher to Barth (London 1984) 221 ff.
[69] Ebd. 223 ff.

(3) „*the problem of continuity*"[70] ein weiteres, permanent aktuelles Grundproblem kirchenbezogener Theologie. Auch dieses hat zu charakteristischen Formen der Lehrbildungen geführt, die sich exemplarisch etwa in den reformatorischen Lehrbekenntnissen fassen lassen.

Konzentrieren, Prioritäten Setzen und Kontinuität Sichern sind so typische Aufgabenfelder kirchenbezogener Theologie, die sich nicht um die Wirklichkeit des von ihr zur Sprache Gebrachten sorgt, sondern um die Kohärenz und Konsensfähigkeit ihres Lehrzusammenhangs im Horizont des christlichen Wahrheitsbewußtseins bemüht ist.

2. Wissenschaftliche Theologie dagegen steht eher vor den Problemen des Pointierens, Differenzierens und hypothetischen Präsentierens des christlichen Wahrheitsanspruchs überhaupt: Sie präsentiert als ponderable Möglichkeit, was dogmatische Theologie als erfahrene Wirklichkeit lehrt. Da sie nicht primär auf den Handlungszusammenhang der Kirche ausgerichtet ist, sondern auf den Beobachtungs- und Reflexionszusammenhang des Wissens überhaupt, zielt ihre Grundbewegung (pauschal gesprochen) nicht auf die Synthesis eines (in seinem Wahrheitsanspruch im Prinzip unbestrittenen) konsensfähigen Lehrzusammenhangs, sondern auf die analytische Entfaltung ponderabler Möglichkeiten in kontradiktionsfähigen Sätzen, nicht auf die kohärente Summierung des Glaubenswissens in kirchlich konsensfähigen Glaubensformeln und Lehrformen, sondern auf die Steigerung der Kontradiktionsfähigkeit des christlichen Wahrheitsanspruchs durch seine Zuspitzung in begrifflich präzisen und differenzierenden theologischen Sätzen und Gegen-Sätzen.[71] Die Art dieser Zuspitzung ergibt sich dabei weniger aus dem Lehrzusammenhang, in dem diese Sätze ihrer Thematik nach gründen, als vielmehr aus den Problemen, mit denen wissenschaftliche Theologie sich infolge ihrer Grundorientierung an der Kirche/Welt-Differenz konkret konfrontiert sieht und die immer dem Spannungsfeld zwischen christlichem und nichtchristlichem (weltlichem) Wissen entstammen.

Eben das aber hat zwei Konsequenzen. Da diese Probleme vom Theoriestand weltlichen Wissens immer mitbedingt sind, muß sich zum einen wissenschaftliche Theologie mit dessen Änderung auch selbst immer wieder neu entwerfen und ist deshalb stärkeren Veränderungen ausgesetzt als dogmatische Glaubenslehre: Der oft be-

---

[70] Ebd. 227 ff.
[71] Vgl. *E. Jüngel*, Glauben und Verstehen. Zum Theologiebegriff Rudolf Bultmanns (Heidelberg 1985) 20.

klagte Wechsel theologischer ‚Modethemen' ist nicht nur eine Verfallserscheinung theologischer Reflexion. Zum andern aber ist sie aufgrund dieser Problemrelativität immer zu selektiver Bearbeitung eines bestimmten Problemzusammenhangs genötigt, wie exemplarisch die Darwinismusdebatte, die Kosmologiediskussion oder die Auseinandersetzung um die Gentechnologie belegen. Das erfordert nicht nur eine je spezifische Sachkompetenz, sondern auch die Fähigkeit und Bereitschaft zu theologischer Spezialisierung und Pointierung, die immer auch die Gefahr theologischer Einseitigkeit mit sich bringt. Schöpfungstheologische Argumentationszusammenhänge werden dann z. B. in einer Weise entwickelt, die nur mit Mühe den Zusammenhang mit den übrigen Teilen des christlichen Lehrganzen erkennen läßt. Für dogmatische Glaubenslehre ist das untragbar. Wissenschaftliche Theologie dagegen kann – unter Voraussetzung eines solchen kirchlichen Lehrganzen – auf solche problembedingte Einseitigkeit nie ganz verzichten, weil sie sonst nicht in konkrete Auseinandersetzungen eintreten kann. Ihr Ziel ist nicht wie das der dogmatischen Theologie, durch konsensfähige Lehrbildungen einen Beitrag zur kirchlichen Lehre zu leisten. Ihr Ziel ist vielmehr, in all ihren Vollzügen dem universalen Wahrheitsanspruch des christlichen Glaubens im Kontext des wissenschaftlich durchgeformten Wahrheitsbewußtseins ihrer Zeit Gehör zu verschaffen. Und das kann sie nur, indem sie in präziser, problembezogener Zuspitzung christlichen Glaubenswissens in die Auseinandersetzung mit dem wissenschaftlichen Wissen ihrer Zeit und den von diesem implizierten Annahmen über die Wirklichkeit überhaupt eintritt, um so durch Eliminierung von Scheingegensätzen und Identifizierung der wirklichen Konflikte die von ihr unterstellte *Einheit der Wahrheit* im Blick auf Kontradiktion und Konsistenz christlicher und nichtchristlicher Wahrheitsansprüche zu erproben. Kurz: Geht es dogmatischer Theologie um die *Kohärenz* christlicher Wahrheitsansprüche, so geht es wissenschaftlicher Theologie um die *Konsistenz* christlicher und nichtchristlicher Wahrheitsansprüche. Während erstere auf die Ermöglichung einheitlichen Glaubenswissens aus ist, zielt letztere auf die Ermöglichung einheitlichen Wissens überhaupt. Nur erstere, nicht aber letztere leistet daher einen Beitrag zur kirchlichen Lehrbildung.

4.4 Die Wissenschaften als Referenzsysteme wissenschaftlicher Theologie

Die beschriebene problemspezifische Ausdifferenzierung der Theologie in kirchenbezogene (dogmatische) und weltbezogene (wissenschaftliche) Theologie kann konkret in unterschiedlichen Formen realisiert sein. Sie kann einerseits durch eine Differenzierung der Rollen vollzogen werden, die Theologen ausüben. Diese arbeiten dann z. B. in kirchlichen Amtsfunktionen in der Pfarrerausbildung und in der Beratung von Kirchenleitungen als dogmatische und praktische, in der akademischen Forschung und im interdisziplinären Gremienbetrieb als wissenschaftliche Theologen. Doch dieses Modell ist – wie sowohl die Separierung von Pfarrer und Theologe und der ihnen zugeordneten Ausbildungsgänge als auch die Spezialisierung akademischer Theologie belegt – seit längerem im Begriff, durch ein anderes abgelöst zu werden, in welchem die beiden Funktionen nicht rollenmäßig, sondern positionell unterschieden werden. Daß Pfarrer nicht als solche auch wissenschaftliche Theologen sind, obwohl sie, um ihren Beruf kompetent ausüben zu können, dogmatische und praktische Theologen sein müssen, daß also die durch das Studium erworbene Befähigung zum öffentlichen Predigtamt nicht dasselbe ist wie die Befähigung zum akademischen Lehramt, das sind weithin für selbstverständlich erachtete Sachverhalte. Wissenschaftliche Theologie nötigt zu einer Spezialisierung, die eine akademische Schulung notwendig macht, in der es um eine andere als die zum Pfarrberuf notwendige Kompetenz geht und die sich auch nicht in der Befähigung zur Vermittlung dieser Kompetenz an Theologiestudenten erschöpft. Soll sie doch nicht zum kirchlichen Handeln, sondern zum theologischen Beobachten kirchlichen Handelns geschickt machen, und zwar – als *wissenschaftliche* Theologie – insbesondere im Hinblick auf die dabei auftretenden Differenzen und Konflikte zwischen Kirche und Welt. Diese können zwar auch – die Kreationismusdebatte belegt es ebenso wie der Streit um die Befreiungstheologie oder die Rüstungsdebatte – innerhalb der christlichen Gemeinde auftreten, so daß Differenzen innerhalb der Gemeinde aus unterschiedlichen Stellungnahmen zu Problemen entstehen, die im Bereich der Differenz zwischen Kirche und Welt ihren Ort haben. Und entsprechend hat die theologische Beobachtung kirchlichen Handelns immer auch in der Funktionsform dogmatischer Theologie zu geschehen und ist als solche keineswegs an den akademischen Kontext gebunden. Geschieht sie aber nur so, dann ist damit aufgrund der Kohärenz-Orientierung dogmatischer Theologie die Gefahr verbunden, das christliche Wahrheitsbewußtsein in problematischer incurvatio in se zu provinzialisieren, seine prinzipielle und konkrete Problematisierung im Grenzbereich zwischen Kirche und Welt herunterzuspielen und theologische Arbeit auf die partikulären Kohärenz- und internen Konsensprobleme der christlichen Gemeinde zu beschränken.

Genau vor diesem Partikularismus bewahrt wissenschaftliche Theologie, indem sie die Universalität des christlichen Wahrheitsanspruchs im zeitgenössischen Wissens- und Wissenschaftskontext zur Geltung bringt und nicht nur die *Kohärenz* christlicher, sondern die *Konsistenz* christlicher und nichtchristlicher Wahrheitsansprüche thematisiert. Das tun zu wollen ist nicht Ausdruck eines übersteigerten „Superioritätsbewußtsein[s] der Theologie", wie Wolfgang Marhold meint.[72] Es ist vielmehr eine im christlichen Wahrheitsbewußtsein selbst angelegte Aufgabe, der sich die Theologie unter den gegenwärtigen Bedingungen nicht anders effektiv stellen kann als dadurch, daß sie institutionell, physisch und argumentativ im Haus der Wissenschaften ihren Platz beansprucht. Sofern sie das tut, ist sie – ob an der Universität oder anderswo praktiziert – *wissenschaftliche* Theologie. Denn (um es noch einmal zu sagen) nicht ihr Ort, sondern die Probleme, mit denen sie sich befaßt, machen sie zur wissenschaftlichen Theologie, zu derjenigen Disziplin also, die dem im christlichen Glauben selbst angelegten Anspruch auf die Einheit der Wahrheit im Hinblick auf die sich daraus ergebenden Konsequenzen für die Einheitlichkeit des Wissens gezielt nachgeht.

Der – deshalb nur uneigentlich so zu nennende – ‚Beitrag' der wissenschaftlichen Theologie zur kirchlichen Lehre besteht dann aber darin, daß sie eine infolge der Wissensspezialisierung und Verwissenschaftlichung unserer Welt von der dogmatischen Theologie schon lange nicht mehr adäquat auszuführende, aber notwendige Aufgabe übernimmt: die christlichen Lehraussagen nicht nur auf ihre Übereinstimmung mit den „inhaltlichen Intentionen des überlieferten Offenbarungszeugnisses" zu prüfen, sondern sie „auf die Verfassung der erkennbar gegenwärtigen Weltwirklichkeit überhaupt" zu beziehen.[73] Das aber ist heute nur möglich, wenn man in das Gespräch mit dem wissenschaftlichen Wissen der Zeit eintritt – und eben das gezielt und umfassend zu tun, ist die Funktion wissenschaftlicher Theologie. Sie leistet damit keinen direkten Beitrag zur kirchlichen Lehre und deren systematischer Entfaltung in der dogmatischen Theologie: Die Probleme wissenschaftlicher Theologie

---

[72] *W. Marhold*, Theologie und Erfahrungswissenschaften (PTh 74) (1985) 367–383, 371.
[73] *Herms* (s. Anm. 36) 230.

sind in der Regel keine Kandidaten kirchlicher Lehrbildungen. Sie konfrontiert vielmehr das dort zusammenhängend formulierte Glaubenswissen der Kirche unter Voraussetzung der Einheit der Wahrheit in solcher Weise mit dem Wissenszusammenhang wissenschaftlicher Wirklichkeitserfassung, daß beide, kirchliche Glaubenslehre und wissenschaftliche Wirklichkeitserfassung, vor falschen Partikularitäten oder einseitiger Absolutsetzung ihrer jeweiligen Perspektiven bewahrt bleiben. In diesem Sinn aber ist die Existenz wissenschaftlicher Theologie unerläßlich und im wohlbegründeten Interesse der dogmatischen Theologie selbst.

Ich fasse zusammen: Um das Verhältnis von wissenschaftlicher Theologie und kirchlicher Lehre zu klären, habe ich (1) zwischen Glaubenskommunikation und Glaubensreflexion, (2) zwischen kirchlicher Lehre und Theologie und (3) zwischen kirchenbezogener dogmatischer und weltbezogener wissenschaftlicher Theologie differenziert. Das geschah nicht beliebig, sondern jeweils unter dem Gesichtspunkt der zentralen zur Verhandlung stehenden Probleme. Denn es sind die Probleme sowie die Kriterien und Standards ihrer Bearbeitung, die die Theologie insgesamt gegenüber anderen Disziplinen auszeichnen und die zugleich die einzelnen theologischen Reflexionstätigkeiten voneinander unterscheiden. Ob und inwiefern diese rational genannt zu werden verdienen, ist damit aber noch keineswegs entschieden. Denn obgleich es ohne den Umgang mit Differenzen und deren Kombination zu Differenzmustern der geschilderten Art keine Rationalität gibt, ist diese damit allein noch nicht hinreichend bestimmt. Wir müssen uns daher in einem zweiten Schritt gezielt der Frage nach der Rationalität theologischer Reflexion zuwenden.

II
Das Rationalitätsproblem: Perspektivität und Reflexion als Grundprobleme theologischer Rationalität

Theologie ist ein rationales Unternehmen. Das ist eine triviale These. Da sie aber umstritten ist, haben Theologen wie für so viele andere Selbstverständlichkeiten auch für diese zu argumentieren.

Das geschähe nun allerdings auf wenig rationale Weise, wenn nicht beachtet würde, daß sich der Streit um die Rationalität der Theologie auf zwei verschiedene Fragen konzentrieren kann. Auf der einen Seite wird ihre Rationalität überhaupt in Frage gestellt: das ist die radikalere Frage. Auf der anderen Seite geht es um die spezifische Eigentümlichkeit ihrer Rationalität: das ist die komplexere Frage. Die erste Frage ist radikaler, weil sich im Fall einer negativen Antwort die zweite erübrigt. Die zweite ist komplexer, weil sie mehr verlangt als nur eine positive Antwort auf die erste. Gegenstand meiner folgenden Überlegungen ist diese zweite und komplexere Frage nach der *Eigentümlichkeit theologischer Rationalität.* Da sie aber eine positive Antwort auf die Frage nach der *Rationalität der Theologie* impliziert, werden sich meine Ausführungen folgendermaßen gliedern:

1. In einem ersten Schritt werde ich nach der *Rationalität* der Theologie fragen: Inwiefern ist Theologie ein rationales Unternehmen? Gegenstand der Erörterungen wird dabei der *Rationalitätsbegriff* sein.

2. In einem zweiten Schritt wird nach der spezifischen Eigenart *theologischer* Rationalität zu fragen sein. Gegenstand der Erörterung werden hier die *distinktiven Probleme und Argumentationsstandards christlicher Theologie* sein.

3. In einem dritten Schritt werde ich schließlich die beiden methodischen Grundprobleme theologischer Rationalität explizieren: *Reflexion* und *Perspektivität*. Ziel meiner Erörterungen ist nicht, diese Probleme zu lösen, sondern sie so deutlich wie möglich herauszuarbeiten. Sie lassen sich gar nicht lösen, ohne in neuer Form wieder aufzutreten. Eben deshalb bezeichne ich sie als Grundprobleme.

1. Die Rationalität der Theologie

1.1 Das Problem

Theologie als eigenständige intellektuelle Disziplin ist eine griechische Entdeckung. Ihre Anfänge hängen aufs engste zusammen mit dem Aufstieg der philosophisch-wissenschaftlichen Vernunft bei den Vorsokratikern. Und obgleich ihr Verhältnis zu Philosophie und Wissenschaft im Laufe ihrer Geschichte manches Auf und Ab erlebt hat, ist sie ein rationales Unternehmen geblieben.

Die Rationalität der Theologie wird zuweilen mißverstanden oder fälschlicherweise bestritten. Theologie, so wird gesagt, verliere ihre religiöse Bedeutsamkeit, wenn sie sich rational entwerfe. Unter Verweis auf Kierkegaard wird die Irrationalität des Sprungs des Glaubens hervorgehoben und die Überrationalität des göttlichen Geheimnisses betont, von dem die Theologie zu handeln beansprucht. Christliche Theologie überschreite notwendig die Grenzen menschlicher Vernunft, weil sie einen Glauben zu explizieren habe, der Skandal für die Juden und Unsinn für die Griechen sei. Wenn schon nicht wider-vernünftig, sei sie doch über-vernünftig. Zu ähnlichen Schlußfolgerungen kommen andere aus ganz anderen Gründen. Für sie gehört die Theologie zu einer praerationalen Vergangenheit. Sie sei ein Atavismus in der wissenschaftlichen Kultur unserer Zeit, ohne Basis in der Realität und unvereinbar mit den Standards unserer wissenschaftlichen Vernunft, mit deren Hilfe wir das Gültige vom Ungültigen und das Legitime vom Illegitimen zu unterscheiden pflegen.

Keiner der beiden Einwände ist wirklich stichhaltig und überzeugend. Rational ist nicht nur das, was Produkt der Vernunft oder nur der Vernunft ist; und religiöser Glaube schließt nicht per se rationale Erhellung aus. Selbst wenn es wahr wäre, daß „Religion grundsätzlich irrational ist", weil „sie in ihren schlimmsten Ausprägungen unter der Vernunft steht, in ihren besten dagegen weit über ihr", so würde dadurch doch keineswegs ausgeschlossen, daß „sie rational untersucht werden kann, soll und muß, da ‚die Vernunft Gottes Maßstab auf Erden' ist"![1] Theologie ist Denkarbeit, und die muß nicht irrational sein, um religiös adäquat und dem Geheimnis des Glaubens gemäß sein zu können. Sie hört aber auch nicht auf, rational zu sein, wenn sie es ablehnt, rationalistisch zu verfahren oder die (natur)wissenschaftlichen Verfahrensweisen als einzigen Standard der Rationalität zu akzeptieren. Der Disput dreht sich damit offen-

---

[1] R. C. Zaehner, The Comparison of Religions (Boston 1962) 12.

sichtlich um das, was rationalerweise eigentlich als rational bezeichnet werden kann. Acht Punkte möchte ich kurz hervorheben.

1.2 Aspekte der Rationalität

1. Nicht nur das ist rational, was wir beweisen können. Wir mögen nicht in der Lage sein zu beweisen, daß es ein Leben nach dem Tod gibt, aber dennoch gute Gründe haben, daran zu glauben. Das schließt nicht aus, daß dieser Glaube falsch sein könnte. Ein rationaler Glaube ist nicht notwendig wahr und ein falscher Glaube nicht notwendig irrational.[2]

2. Nicht nur das ist rational, was wir selbst entdeckt haben oder selbst begründen können. Ansichten, die wir von anderen übernommen haben, sind nicht notwendig irrational, und egozentrische Vernunft ist weder die einzige noch die eigentliche Quelle rationalen Glaubens. Wissen ist ein soziales Produkt und Rationalität nicht gebunden an subjektiv unbezweifelbare Grundlagen des Wissens im Sinn neuzeitlicher Erkenntnistheorie, die Informationen aus zweiter Hand methodisch problematisiert und im kognitiven Solipsismus zu enden droht.[3]

3. Rationalität ist kein Vorrecht der Wissenschaften oder gar der Naturwissenschaften. Selbst wenn wir nur durch die ratio, unsere Fähigkeit zu denken, ausgezeichnet wären (was nicht der Fall ist), würde sich unsere Rationalität nicht im wissenschaftlichen Wissen erschöpfen. Die Vernunft, so betont Jonathan Barnes, „ist ein Allesfresser. Sie weidet nicht ausschließlich in (natur)wissenschaftlichen Gefilden", und es gibt keinen Grund, unsere „Denk- und Vernunftkräfte" auf eine „monotone (natur)wissenschaftliche Diät" zu beschränken.[4] Wissenschaftliche Rationalität mit ihren Grundsätzen generalisierbarer Erfahrung und mathematischer Konstruktion und ihren Verfahren der Hypothesenbildung und deren experimenteller Überprüfung ist eine wichtige, aber auf keinen Fall die einzige Form der Rationalität.

4. Die Rationalität unserer Glaubensansichten hängt nicht an dem, *was* wir glauben, sondern an der Art und Weise, *wie* wir es glauben. So halten wir einen Glauben für rational, der sich im Licht kritischer Diskussion bewährt.[5] Worin eine solche Bewährung besteht und wie sie vorzunehmen ist, hängt an der Art des zur Verhandlung stehenden

---

[2] *I. U. Dalferth*, Religiöse Rede von Gott (München 1981) 507–516.
[3] *N. Rescher*, The Coherence Theory of Truth (Oxford 1973), Kap. 13.
[4] *J. Barnes*, The Presocratic Philosophers (London ²1982) 4.
[5] *K. R. Popper*, Objective Knowledge. An Evolutionary Approach (Oxford 1972) 22.

Glaubens. Was für die Physik gilt, gilt nicht notwendigerweise auch für die Theologie und umgekehrt. Aber es gilt sowohl für die Theologie wie für die Physik, daß nicht gleichzeitig eine Glaubensansicht und ihr kontradiktorisches Gegenteil vertreten werden können oder daß Informationen nicht ignoriert werden dürfen, von denen man weiß, daß sie für den zur Verhandlung stehenden Sachverhalt relevant sind. Glaubensansichten jeder Art können eben rational oder nicht rational vertreten werden – rational, wenn Argumente, Gründe und Belege für sie angeführt werden, nicht rational, (a) wenn dies nicht geschieht, (b) wenn es im Widerspruch zu den Regeln der Logik und den Grundsätzen der Argumentation geschieht oder (c) wenn es im Gegensatz zu den für Glaubensansichten dieser Art relevanten Begründungs- und Rechtfertigungsmethoden geschieht.

5. Etwas (sich oder anderen gegenüber) mit Gründen zu vertreten oder zu bestreiten ist unmöglich, ohne gewisse Grundbedingungen und formale Standards der Rationalität zu beachten. Zu diesen gehören nicht nur die Regeln der Logik, die Prinzipien der Identität und des zu vermeidenden Widerspruchs und die Grundsätze diskursiver Argumentation, sondern alles, was zum geordneten Gebrauch von Zeichen überhaupt notwendig ist. So baut sich alle Rationalität von elementarer bis zu hochstufiger Ebene über Differenzen auf; sie manifestiert sich auf jeder Ebene im Umgang mit Differenzen; und sie organisiert sich auf jeder Ebene durch die Kombination von Differenzen zu spezifischen Differenzmustern als lokale Rationalität einer bestimmten Art. Ohne die Setzung, Kombination und Ausdifferenzierung von Differenzen gibt es keine Rationalität. Alle Differenzen oder Unterscheidungen aber werden durch Zeichenprozesse konstituiert. Rationalität insgesamt steht daher unter den Bedingungen der Semiose, d. h. der Konstitution und des Gebrauchs von Zeichen, eben damit aber auch unter den Bedingungen von Raum und Zeit. Erfordern Unterscheidungen doch einerseits die Gleichzeitigkeit der beiden Seiten des Unterschiedenen und damit das Beieinander (Nebeneinander oder Nacheinander) von Differenzmomenten, die durch das Unterscheiden aufeinander bezogen sind. Ohne die zeichenkonstituierende Fähigkeit, Unterschiedenes in einem einheitlichen Medium semiotisch kopräsent zu halten, kann es daher keine Rationalität geben. Andererseits implizieren die durch Zeichenakte konstituierten Unterscheidungen nicht nur den Organisationsfaktor Raum im kopräsenten Nebeneinander des Unterschiedenen, sondern auch den Organisationsfaktor Zeit als Minimalbedingung für den Übergang von einer Seite des Unterschiedenen zur andern. Ohne die Berücksichtigung solcher Übergänge und damit ohne Zeit- und Raumbezüge kann es daher auch keine Ratio-

nalität geben. Rationalität ist keine zeitlose Qualität, und auch argumentative Rationalität ist immer situationsbezogen.

6. Ohne Zeichengebrauch gibt es keine Argumentation und damit auch keine Rationalität. Allerdings ist damit noch nicht die Tiefendimension der Rationalität erfaßt: Nicht nur *daß*, sondern *welche* Gründe angeführt werden, ist im konkreten Fall entscheidend; und nicht in jedem Fall ist dasselbe als Grund akzeptabel. Damit aber stellt sich die Frage, was denn überhaupt ein Grund ist und was in einem gegebenen Fall überhaupt als Grund dafür oder dagegen angeführt werden kann. Beide Fragen nötigen, auf zwei Unterscheidungen einzugehen, die in den jüngsten Auseinandersetzungen um das Problem der Rationalität eine erhebliche Rolle gespielt haben.

7. Zunächst: Da Rationalität keine Eigenschaft bestimmter kognitiver Inhalte ist, sondern der Art und Weise, in der wir Inhalte dieser Art vertreten, ist zwischen *theoretischer* und *praktischer Rationalität* zu unterscheiden.[6] In der ersten geht es um die Begründbarkeit eines (doxastischen) Glaubensinhalts, in der zweiten um die Vernünftigkeit eines Glaubensaktes. Beides kann, muß aber nicht zusammenfallen. Die theoretische Rationalität einer Glaubensansicht steht und fällt mit den im Prinzip für alle, die sich auf eine freie, kritische und diskursive Verständigung einlassen, gleichermaßen verbindlichen Argumenten für ihre Wahrheit oder Falschheit; und der Begriff der Rationalität wird enger oder weiter sein je nach dem, ob wir von diesen Argumenten erwarten, daß sie den Anforderungen eines Beweises[7], der strikten Wahrscheinlichkeit[8], der kumulativen Plausibilisierung im Sinn Basil Mitchells[9] oder der vorläufigen Bewährung im Sinne Poppers[10] genügen. Die praktische Rationalität eines Glaubens dagegen bemißt sich daran, ob man gute Gründe hat, diesen Glauben zu vertreten, selbst wenn man ihn nicht zu begründen vermag.[11] Das aber kann von Person zu Person differieren, weil praktische Rechtfertigungsgründe – mit Schleiermacher formuliert – immer einem individuellen Handeln, nicht

---

[6] *I. U. Dalferth*, Religiöse Rede von Gott (s. Anm. 2) 495 ff.
[7] Ebd. 520 ff.; *G. Mavrodes*, Belief in God. A Study in the Epistemology of Religion (New York 1979) 22 ff.; *T. Penelhum*, Problems of Religious Knowledge (London 1971) 21 ff.
[8] *R. Swinburne*, The Existence of God (Oxford 1979); *J. L. Mackie*, The Miracle of Theism. Arguments for and against the Existence of God (Oxford 1981).
[9] *B. Mitchell*, The Justification of Religious Belief (London 1973).
[10] *K. R. Popper*, Logik der Forschung, (Tübingen ²1966).
[11] *Mavrodes* (s. Anm. 7) 2 ff.; *ders.*, Introduction, in: *ders.* (Hg.), The Rationality of Religious Belief, Englewood Cliffs (NJ 1971) 1–25, 11 f.; *ders.*, Rationality and Religious Belief – A Perverse Question, in: C. F. Delany (Hg.), Rationality and Religious Belief (Notre Dame – London 1979) 40 ff.

einem identischen Wissen gelten. Theoretische Begründungsgründe eines Glaubens können zwar immer auch praktische Rechtfertigungsgründe abgeben. Aber das Umgekehrte gilt nicht: selbst wenn wir aufgrund des uns verfügbaren Wissens gute Rechtfertigungsgründe haben mögen, zu glauben, daß Paulus in Rom den Märtyrertod gestorben ist, ehe er nach Spanien reisen konnte, kann dies doch falsch sein. Umgekehrt mögen wir nicht beweisen können, daß Gott existiert, und doch vernünftig sein, wenn wir es glauben. Wir können dies aus verschiedenen, ja unvereinbaren Rechtfertigungsgründen glauben, ohne uns deshalb gegenseitig die Vernünftigkeit unseres Glaubens absprechen zu müssen. Aber wir können nichts als eine zwingende und überzeugende Begründung für ihn anführen, ohne zu unterstellen, daß diese im Prinzip für alle verbindlich sein müßte und in einem argumentativen Diskurs zur Anerkennung seiner Wahrheit bzw. Wahrscheinlichkeit führen würde. Sowohl im Fall theoretischer wie praktischer Rationalität gilt allerdings, daß Rationalität keine Qualität des in Frage stehenden Glaubens, sondern der Beziehung des Glaubenssubjekts zu seinem Glauben ist[12]: Ein Glaube ist rational, wenn er rational vertreten wird; er wird rational vertreten, wenn wir Gründe für ihn haben; und *ein* Grund, wenngleich keineswegs der einzige, ist, daß wir ihn begründen können.

8. Rationalität ist dementsprechend nicht nur von einer Art, und der epochale Versuch der europäischen Moderne, ein einheitliches, umfassendes und normatives Vernunftkonzept zu entwerfen, das die Allgemeinheit, Notwendigkeit und universale Gültigkeit wahren Wissens propagiert und „alle anderen Formen der Rationalität als Derivate erscheinen"[13] läßt, mußte scheitern, weil diese Idealisierung intrinsisch aporetisch war. So meint „Vernunft" nicht mehr (aber auch nicht weniger) als eine spezifische Weise, je bestimmte Probleme durch diskursive Argumentation zu lösen, also je bestimmte Gründe für Meinungen und Ansichten so ins Feld zu führen, daß diese als wahr oder wahrscheinlich anerkannt werden können. Und da eine philosophische Theorie der Vernunft nicht selbst eine Weise solchen diskursiven Problemlösens ist, sondern die Analyse der Bedingungen seiner Möglichkeit, kann sie die ihr faktisch vorgegebenen Inanspruchnahmen von Vernunft nicht auf einen einheitlichen, notwendigen und allgemeingültigen Begriff der Rationalität reduzieren, sondern muß deren faktisch vielfältige Arten und Gestalten gelten lassen. Denn hängt die konkrete Rationali-

---

[12] *J. Kellenberger*, The Cognitivity of Religion. Three Perspectives (Berkeley – Los Angeles 1985) 21 ff.
[13] U. Anacker, Vernunft, in: HPhG (München 1974) 1597–1612, 1597.

tät eines Glaubens an den Gründen, mit denen wir ihn vertreten, dann wird sie je nach Art dieser Gründe anders ausfallen. Und wenn, wie häufig behauptet wird, etwas aufgrund interner oder externer Gründe geglaubt werden kann, dann ist zwischen *interner* und *externer Rationalität* zu unterscheiden. Diese Unterscheidung ist zwar leicht formuliert, aber schwierig zu erklären. Deshalb müssen wir sie etwas gründlicher betrachten.

1.3 Interne und Externe Rationalität

Die Unterscheidung zwischen interner und externer Rationalität ist im Gefolge Wittgensteins zum Gegenstand heftiger philosophischer Kontroversen geworden. Sie entstammt der Einsicht in die Verschiedenheit wissenschaftlicher, moralischer, religiöser, politischer und anderer Glaubensansichten und der entsprechenden Verschiedenheit der für sie jeweils gültigen Begründungs- und Rechtfertigungskriterien, die sich nicht in einem einheitlichen Vernunftkonzept integrieren lassen. Wissenschaftliche Ansichten etwa sind dann rational, wenn sie hypothetisch und auf Widerruf, aber nicht dogmatisch vertreten werden. Religiöse Glaubensansichten dagegen werden nicht provisorisch, sondern vorbehaltlos vertreten. Sie sind – darauf hat Wittgenstein[14] hingewiesen – nicht mehr oder weniger wahrscheinlich oder mehr oder weniger begründet im wissenschaftlichen Sinn. Der apologetische Versuch, sie als wissenschaftlich respektabel zu erweisen, ist völlig irregeleitet. Nicht einmal ihre Unbezweifelbarkeit, so Wittgenstein, würde ausreichen. „Selbst wenn es ebenso viel Beweismaterial gibt wie für Napoleon. Weil die Unbezweifelbarkeit nicht ausreichen würde, um mich mein ganzes Leben ändern zu lassen." [15] Wittgenstein folgerte daraus, daß religiöse Glaubensansichten weder vernünftig noch unvernünftig seien: sie seien nicht die Art von Glauben, auf die sich der Prädikator „vernünftig" anwenden ließe.

Diese Folgerung ist aber offensichtlich zu weitgehend. Was gezeigt wurde, ist allenfalls, daß sie nicht vernünftig im *wissenschaftlichen Sinn* sind. Aber es liegt keineswegs auf der Hand, daß dies die einzige Art von Vernünftigkeit ist. Peter Winch[16] und D. Z. Phillips haben deshalb Wittgensteins Ansicht modifiziert. Ihnen zufolge

---

[14] L. *Wittgenstein,* Vorlesungen und Gespräche über Ästhetik, Psychologie und Religion, hg. v. C. Barrett (Göttingen ²1972) 87.
[15] Ebd. 92.
[16] *P. Winch,* The Idea of a Social Science and its Relation to Philosophy (London 1958); *ders.,* Understanding a Primitive Society, in: D. Z. Phillips (Hg.), Religion and Understanding (Oxford 1967) 9–42.

können religiöse und andere Arten von Glaubensansichten in der Tat rational oder irrational sein. Aber die Kriterien der Rationalität, mit deren Hilfe wir diese Unterscheidung setzen, sind Teil eben der Lebensform, zu der auch die in Frage stehende Glaubensansicht gehört. So schreibt Phillips: „Wenn Gläubige gefragt werden, warum sie an Gott glauben, können sie eine Reihe verschiedener Antworten geben. Sie sagen vielleicht ‚Ich habe den lebendigen Gott erfahren‘, ‚Ich glaube an den Herrn Jesus Christus‘, ‚Gott hat mich von meinen Sünden erlöst‘ oder ‚Ich kann einfach nicht anders als an ihn zu glauben‘. Philosophen haben solchen Begründungen nicht sehr viel Aufmerksamkeit geschenkt. Die sogenannte Schwierigkeit hat weniger mit dem Inhalt dieser Antworten zu tun als vielmehr mit der Tatsache, daß diese Antworten von Gläubigen gegeben werden. Die Antworten kommen von innerhalb der Religion, sie setzen den Orientierungsrahmen des Glaubens voraus, und sie können daher nicht als Rechtfertigungsgründe für den Glauben behandelt werden"[17]. Das heißt, die Rationalität oder Irrationalität religiöser Glaubensansichten entscheidet sich an Kriterien, die *innerhalb* der in Frage stehenden Religion ihre Gültigkeit haben und nicht an übergeordneten oder ‚objektiven‘ Normen z. B. der Wissenschaften. Diese internen Kriterien einer Religion gilt es anhand ihrer tatsächlichen Praxis zunächst einmal herauszufinden, ehe man über die Rationalität oder Irrationalität ihrer Glaubensansichten urteilt.

Resultat dieser Art von Argumentation ist eine Ausdifferenzierung des Rationalitätsproblems in zwei unterschiedliche Formen. Einerseits tritt es als Frage nach der *Rationalität oder Irrationalität eines bestimmten gegebenen Glaubens* auf, und diese kann nur nach internen Kriterien der Lebensform, zu der dieser Glaube gehört, beantwortet werden. Andererseits gibt es die fundamentalere Frage der *Rationalität oder Irrationalität dieser ganzen Lebensform*. Für Phillips – und hier folgt er Wittgenstein – sind Fragen dieser Art illegitim, weil wir uns immer nur auf interne Kriterien einer Lebensform beziehen können, die sich zwar beschreiben und explizieren lassen, aber ihrerseits nicht wiederum durch externe Kriterien gerechtfertigt werden können.

K. Nielsen und J. Kellenberger haben dagegen eingewandt, „daß es solche Fragen doch geben kann, da es einige Lebensformen gibt – zum Beispiel diejenigen, in denen es um Kobolde und Feen geht –, die als irrational verworfen sind"[18]. Das ist zweifellos richtig. Aber

---

[17] *D. Z. Phillips* (s. Anm. 15) 63.
[18] *K. Nielsen,* Wittgensteinian Fideism (Philosophy 42) (1967) 191–209, 207; *J. Kellenberger* (s. Anm. 11) 13.

es muß Philipps nicht widersprechen. Es unterstreicht vielmehr seinen Punkt, daß der Unterschied zwischen ‚rational' und ‚irrational' immer mittels Kriterien gesetzt wird, die ihren Ort *innerhalb* einer bestimmten Lebensform haben: Wenn der Glaube an Feen als irrational verworfen wird, dann eben innerhalb beispielsweise einer wissenschaftlichen oder christlichen Lebensform, d. h. nicht in seinem eigenen Sinn, sondern in dem der wissenschaftlichen Vernunft oder des christlichen Glaubens. Das setzt zwar einen Perspektivenwechsel in jene anderen Lebensformen voraus. Doch solange wir Gründe für die Annahme haben, daß unsere wissenschaftlichen oder christlichen Kriterien der Rationalität für die Beurteilung der betreffenden Glaubensansicht von unserem Standpunkt aus relevant sind, ist das vollkommen rational. Um eine ganze Lebensform und die zu ihr gehörenden Glaubensansichten mit Gründen verwerfen zu können, benötigen wir keine fundamentaleren externen Kriterien der Rationalität, mit deren Hilfe wir nicht nur einzelne Glaubensansichten, sondern ganze Lebensformen bewerten können. Es ist völlig hinreichend, in unserer Perspektive Gründe für die Annahme zu haben, daß die entsprechenden Glaubensansichten in den Bereich der wissenschaftlichen Vernunft oder des christlichen Glaubens fallen. Das heißt: Wir benötigen in den Lebensformen, von denen aus wir über solche ‚fremden' Glaubensansichten urteilen, Glaubensansichten zweiter Ordnung, die uns den zur Verhandlung stehenden Glauben und seine Zuordnung zu den von uns vertretenen Beurteilungskriterien zu bewerten erlauben.

Nun ist es ein wesentliches Moment unserer kognitiven Struktur als freie und rationale Handlungswesen, solche Glaubensansichten zweiter Ordnung auszubilden. Nur mit ihrer Hilfe können wir uns in der Vielzahl der Lebensformen orientieren, in denen wir existieren. Dies explizit zu tun und sich über diesen Prozeß Klarheit zu verschaffen, ist genau das unter dem Titel „Rationalität" zur Verhandlung stehende Problem. Die uns umgebende Welt ist so komplex und die uns zugänglichen Informationen sind so vielfältig, daß wir diese Komplexität reduzieren und uns die Informationen auswählen müssen, die für uns wichtig sind, um überleben und in unserer Welt handeln zu können. Nicht allein die Unzugänglichkeit von Informationen, sondern mehr noch die Überschwemmung mit zuviel Informationen ist ein Grundproblem unserer Zeit. Um es bewältigen zu können, müssen wir Differenzen setzen, Unterscheidungen markieren und so Perspektiven auf die Welt entwickeln, die einige Informationen auswählen und andere ignorieren. Die so selegierten Informationen integrieren wir in kognitiven Modellen unserer Welt, die weniger komplex sind als diese und uns genau deshalb Orientierung für unser Handeln in der Welt zu gewähren vermögen. Allerdings tun wir dies nicht nur in einer, sondern in einer Vielzahl nicht notwendig homogener Weisen, so daß wir gleichzeitig in einer Vielzahl verschiedener Weltperspektiven existieren.

Die darin angelegte Möglichkeit existenzieller Schizophrenie vermeiden wir, indem wir Glaubensansichten zweiter Ordnung entwickeln, die uns in die Lage versetzen, auf rationale (d.h. von Gründen geleitete) Weise Informationen auszuwählen, kognitive Welt-Modelle aufzubauen und aufeinander zu beziehen, Handlungsverläufe zu wählen und unsere verschiedenen Lebensformen zu vernetzen. Einige unserer Perspektiven auf die uns umgebende Welt sind dabei partiell und so spezifisch, daß sie nur ganz besondere Informationen auswählen. Andere teilen wir zu einem größeren oder kleineren Grad mit anderen, so daß wir uns in einer gemeinsamen Welt orientieren können. In diesem Netz wechselseitig abhängiger Glaubensansichten und Handlungsweisen wirken sich Veränderungen im einen Bereich früher oder später auch in anderen Bereichen aus, wie wir alle aus eigener Erfahrung und aus der Geschichte wissen. Und diese Veränderungen betreffen nicht nur einzelne Ansichten, sondern auch unsere Standards, Normen und Kriterien.

Wird dieser Prozeß bewußt und reflektiert vollzogen, führt dies zur (nie abgeschlossenen und geschichtlich veränderlichen) Ausdifferenzierung von Kriterien innerhalb unserer Lebensformen, zur Klärung ihrer Gültigkeitsbereiche und zur kritischen Klassifizierung der Probleme unseres Denkens und Handelns in diese Bereiche, kurz: zur *Segmentierung der Rationalität*. Dennoch wenden wir Kriterien des einen Bereichs weiterhin auf Glaubensansichten aus einem anderen Bereich an, wenn wir das für das zur Verhandlung stehende *Problem* für relevant erachten. Ob und inwiefern das der Fall ist, ergibt sich aus der Bewertung dieser Probleme und der auf sie angewandten internen Kriterien eines bestimmten Lebenskontexts im Licht grundlegenderer Orientierungsgesichtspunkte. Diese sind aber keine externen Kriterien jenseits aller Lebensformen, sondern in denjenigen Lebensformen verankert, die für unsere Sicht der Welt und das Verständnis unseres Orts in ihr zentral sind, weil sie unsere ganze Person in der Gesamtheit ihrer Verhältnisse involvieren.

Kurz: Sieht man von rein formalen Erfordernissen der Konsistenz und Nichtwidersprüchlichkeit ab, die deshalb in allen Lebensformen und Perspektiven gelten, weil sie sich aus dem Gebrauch von Zeichen in Argumentation und Kommunikation ergeben, ist die *Vorstellung absolut verstandener externer Rationalitätskriterien in der Tat abzulehnen*. Die Unterscheidung zwischen ‚rational' und ‚irrational' wird immer bezüglich des kognitiven Rahmens einer Perspektive getroffen, und dieser Rahmen ist nicht für jeden Sachverhalt und nicht für jede Person derselbe. Die Relativität aller Rationalität zu behaupten muß allerdings nicht heißen, einem amorphen Pluralismus und Relativismus zu huldigen, demzufolge alles möglich ist. Rationalität ist nicht an nur eine Lebensform gebunden. Aber unsere Lebensformen sind auch nicht voneinander isoliert, und – vor allem – nicht jede Lebensform ist in gleicher Weise zentral für uns. In jedem Bereich und auf jeder Ebene des Lebens gibt es vielmehr Raum für Wahl, Entscheidung und Argumentation. Rational zu leben heißt dementsprechend, sich permanent im Prozeß des Unterscheidens gültiger und haltbarer Glaubensansichten und Handlungsweisen von ungültigen und unhaltbaren zu befinden. Wir tun dies jeweils anhand der internen Kriterien unserer verschiedenen Lebensformen, die ihrerseits historische Produkte und damit veränderlich sind, wie in den vergangenen Jahren vor allem Rorty und Putnam herausgestellt haben. Aber um unserer personalen Identität und der Einheitlichkeit unseres Handelns willen achten wir zugleich auf die (nie gesicherte) Konsistenz unseres jeweiligen individuellen und gemeinsamen Systems von Glaubensansichten und auf die Kohärenz unserer Lebensformen in den verschiedenen Lebenszusammenhängen, in denen wir existieren. Das heißt, wir privilegieren bestimmte Rahmen oder Perspektiven, die unsere Identität und unseren Ort in der Welt normieren; und dies ist dann kein willkürlicher Akt, wenn diese Perspektiven universal und reflexiv sind, d.h. die ganze Welt ordnen und uns selbst in dieser Welt orten.

Aus all dem ergibt sich, daß die Unterscheidung interner und externer Rationalität *mehrdeutig* ist und die ganze darauf konzentrierte Debatte dementsprechend konfus. Etwas aufgrund interner Gründe zu glauben, kann eine Reihe verschiedener Dinge meinen, die nicht alle gleichermaßen akzeptabel sind. Mindestens drei Fälle sind zu unterscheiden: Eine Person mag ihren Glauben aus Gründen vertreten, die Teil eben dieses Glaubens selbst sind[19]; oder aus Gründen, die Teil desselben Glaubenssystems oder derselben Lebensform sind; oder aus Gründen, die Teil des Glaubenssystems oder der „noetischen Struktur" derselben Person sind.[20]

Der erste Fall ist überhaupt kein Fall rationalen Glaubens, da er die entscheidende Differenz zwischen einem Glauben und den

---

[19] *N. E. Root,* Beginning all over again, in: A. R. Vidler (Hg.), Soundings. Essays Concerning Christian Understanding (Cambridge 1962) 1–19, 13.
[20] *A. Plantinga,* Is Belief in God rational?, in: C. F. Delany (Hg.), Rationality and Religious Belief (Notre Dame – London 1979) 7–27, 12f.

Gründen für diesen glauben verwischt: Wäre der Glaube an Jesus Christus der einzige ‚Grund' für diesen Glauben, dann wäre es ein willkürlicher, irrationaler, ja trivialer Glaube. Das ist anders im zweiten Fall. Es ist vollkommen rational, einen Glauben auf der Grundlage anderer Glaubensansichten zu vertreten, die zu derselben Lebensform gehören: Christen glauben an die Auferstehung von den Toten aufgrund ihres Glaubens an die Auferstehung Jesu Christi, und daran ist nichts Irrationales.

Ähnlich ist es im dritten Fall: Ein Glaube wird rational vertreten, wie Alvin Plantinga argumentiert hat[21], wenn er durch Grundüberzeugungen (basic beliefs) gestützt wird, die das Glaubenssystem bzw. die noetische Struktur der entsprechenden Person fundieren. Das von ihm nicht zureichend reflektierte Problem ist freilich, daß die Glaubenssysteme verschiedener Personen sehr unterschiedliche Grundüberzeugungen beinhalten können. Wenn der Glaube an Gott in meinem Glaubenssystem grundlegend ist, kann ich meinen Glauben an die Auferstehung Jesu Christi, aber auch meinen Glauben, daß morgen die Sonne wieder aufgehen wird, damit rechtfertigen. Das wird nicht der Fall sein bei einer Person, die nicht an Gott glaubt. Während diese jedoch aus anderen Gründen an den morgigen Sonnenaufgang glauben dürfte, ist dies höchst unwahrscheinlich auch so im Blick auf die Auferstehung Jesu Christi. Folglich kann für mich etwas zu glauben rational sein, was für eine andere Person nicht rational ist.[22]. Und selbst wenn es auch für sie rational wäre, könnte es für uns beide aus ganz verschiedenen Gründen so sein. Das aber heißt, daß über die Rationalität eines Glaubens nicht nur relativ zu einem bestimmten System von Glaubensansichten und Handlungsweisen (einer Lebensform) zu befinden ist, sondern auch relativ zu einer bestimmten Person.

Beide Aspekte der Rationalität fallen nicht notwendig zusammen. Die Rede von internen Gründen eines Glaubens kann sich deshalb auf Kriterien der Rationalität beziehen, die innerhalb einer bestimmten *Lebensform* wirksam sind – und so wird dies gewöhnlich von Phillips und anderen Neo-Wittgensteinianern verstanden. Sie kann sich aber auch auf Kriterien der Rationalität beziehen, die innerhalb des Systems von Glaubensansichten und Handlungsweisen einer bestimmten *Person* wirksam sind – und das ist etwas ganz anderes. Im ersten Fall gehören die als Rechtfertigungsgründe fungierenden Grundüberzeugungen oder basic beliefs zu einer Lebens-

---

[21] Ebd.; *A. Plantinga*, Is Belief in God Basic? (Nous 15) (1981) 41–51; cf. *G. Gutting*, Religious Belief and Religious Skepticism (Indiana 1982) 79–82.
[22] *J. Kellenberger* (s. Anm. 11) 102f.

form, im zweiten zu einer Person. Während aber die Glaubensansichten einer Lebensform über Konsens organisiert und damit in der Regel relativ homogen sind, so daß Grundüberzeugungen in ihnen nicht völlig verschieden sind von den übrigen Ansichten dieses Systems, gilt das so nicht auch von Personen, die gleichzeitig in einer Vielzahl verschiedener Lebensformen existieren. Eine Person kann auf der Grundlage ihrer noetischen Struktur Gründe für den Glauben an ein Weiterleben nach dem Tod haben, die nicht nur nicht christlich sind, sondern zu den für den christlichen Glauben akzeptablen Gründen im Widerspruch stehen (z. B. Reinkarnation). Was aus christlicher Perspektive daher ein externer Grund zu sein scheint, kann aus der Perspektive der betreffenden Person ein interner Grund sein und umgekehrt. Kurz: Die *interne Rationalität eines Glaubenssystems* ist nicht zu verwechseln mit der *internen Rationalität des Systems eines Glaubenden*. Beide stehen zur Debatte, wenn es um die Rationalität einer Glaubensansicht geht. Im Unterschied zum konsensgetragenen Glaubenssystem einer Gruppe von Personen bedarf allerdings das iniduelle Glaubenssystem einer Person in der Regel keiner besonderen wissenschaftlichen Explikation. Nicht die einzelnen Gläubigen, wohl aber die Kirchen benötigen Theologie, um die interne Rationalität ihres Glaubenssystems konsensfähig zu artikulieren.

1.4 Argumentative Rationalität

Aus all dem folgt, daß es viele Formen der Rationalität gibt, da das menschliche Leben und Denken keine monolithische Aktivität ist. Alle Formen der Rationalität aber sind durch doppelte Relativität einerseits auf bestimmte Lebensformen, andererseits auf die Glaubens- und Handlungssysteme bestimmter Personen gekennzeichnet. Beides kann nur abstrakt je für sich thematisiert werden. Doch in beiderlei Hinsicht gibt es kein Denken ohne wenigstens eine rudimentäre Form der Rationalität in Gestalt einer sich anbahnenden Unterscheidung zwischen Glaubensansicht und Glaubensgrund, die sich diskursiv zur Geltung bringen läßt. Und diese rudimentäre Rationalität beginnt sich zu entfalten und zu entwickeln in einer Atmosphäre der Argumentation und Diskussion, in der wir nicht nur unsere Glaubensansichten, sondern auch die Gründe für und gegen unsere Glaubensansichten kommunizieren und kritisch zu bewerten lernen.

Diese argumentative Form der Rationalität mit der Kerndifferenz zwischen *Glaubensansichten* und den *Gründen für oder gegen Glau-*

bensansichten ist grundlegend für die Theologie.[23] Wenn ich Theologie als ein rationales Unternehmen charakterisiere, dann heißt das, daß sie es mit Argumenten zu tun hat, mit Problemen, die sie durch Reflexion und die Angabe von Gründen dafür und dagegen zu lösen sucht, daß sie Begriffsarbeit ist und sich in Urteilen vollzieht, die nach der Kohärenz und Konsistenz eines Gedankensystems verlangen. In diesem Sinn war Theologie schon immer rational: Sie präsentiert reflektierten Glauben, nicht undiskutierbare Dogmen, die Gläubige glauben sollen und Gottlose ignorieren können. Sie verfährt argumentativ, und sie sucht durch Gründe zu überzeugen. Sie ist ein intellektuelles Unternehmen, charakterisiert durch die Probleme, die sie zu lösen sucht, die Argumente, die sie vorbringt, die Gründe, die sie anführt, und die Standards, an denen sie sich dabei orientiert. Wie sie sich durch ihre Probleme und die materialen Standards ihrer Behandlung von anderen intellektuellen Unternehmungen unterscheidet, so ist sie durch ihre argumentativen Verfahrensweisen auf diese bezogen. Ihre Rationalität ist damit der Struktur nach die aller intellektuellen Unternehmungen. Sie konzentriert sich aber auf ein spezifisches Problemfeld, orientiert sich an spezifischen Behandlungsstandards und verwendet charakteristische Rechtfertigungsmuster, die zusammengenommen theologischer Rationalität die ihr eigentümliche Färbung und spezifische Problematik verleihen.

Die wirklichen Fragen, die in der Auseinandersetzung um theologische Rationalität zur Debatte stehen, wurzeln damit in den *distinktiven Problemen und Argumentationsstandards der Theologie,* nicht in ihrer kaum ernsthaft bestreitbaren argumentativen Rationalität als solcher. Auf diese Eigenart ihrer *internen* Rationalität ist daher in einem zweiten Gedankengang genauer einzugehen.

2. Theologische Probleme und argumentative Standards der Theologie

2.1 Die Pluralität der Theologie

Was sind die Probleme, durch deren argumentative Behandlung sich Theologie von anderen rationalen Unternehmungen unterscheidet? Und an welchen spezifischen Standards orientiert sie sich dabei? Das heißt: was unterscheidet eine theologische Begründung oder

---

[23] Vgl. *M. Seckler,* Theologie als Glaubenswissenschaft, in: Handbuch der Fundamentaltheologie, Bd. 4 (Freiburg i. Br. 1988) 179–241, 212 ff.

Rechtfertigung einer Glaubensansicht von einer nichttheologischen? Beide Fragen erlauben keine einlinige Antwort, und zwar aus mindestens drei Gründen.

Zum einen hat sich die Theologie im Verlauf ihrer Geschichte mit einer Vielzahl verschiedener Probleme befaßt, die keineswegs alle von Theologen anderer Zeiten und Traditionen auch als theologische Probleme akzeptiert wurden oder worden wären. Je nach zugrundeliegendem *Problembestand* lassen sich daher verschiedene *Typen* der Theologie unterscheiden (hellenistische, jüdische, christliche Theologie), für die die Frage nach der Eigenart ihrer theologischen Rationalität unterschiedlich zu beantworten ist.

Zum andern hat die Rationalität der Theologie sehr unterschiedliche Formen angenommen je nach dem, ob diese bei der Behandlung ihrer Probleme auf exklusiv theologischen Standards der Argumentation insistierte („Schrift", „Offenbarung") oder ob sie sich an den Grundsätzen rationalistischer Metaphysik („Vernünftigkeit") oder empirischer Wissenschaft („generalisierbare Erfahrung") orientierte. Selbst innerhalb desselben Typs der Theologie können deshalb je nach *Standards* der Argumentation verschiedene *Formen* der Theologie (Offenbarungstheologie, natürliche Theologie, rationale Theologie) mit entsprechend unterschiedlich geprägter Rationalität unterschieden werden.

Zum Dritten kann sich Theologie als Reflexionstätigkeit nicht damit begnügen, ihr vorgegebene Probleme zu behandeln: sie hat auch zu entscheiden, welche Probleme sie als theologische Probleme akzeptieren soll. Und sie kann sich auch nicht damit begnügen, ihr vorgegebene Standards in ihrer Argumentation anzuwenden: sie hat sich zu entscheiden, welche Standards sie anwenden will. Sie hat also, gerade weil sie ein rationales Unternehmen ist, normative Fragen bezüglich ihrer Probleme und Behandlungsstandards zu stellen. Die aber sind von Theologen verschiedener Traditionen und Zeiten verschieden beantwortet worden. Sofern die Wahl bestimmter Typen und Formen der Theologie daher *bewußt* und *mit Gründen* vollzogen wird, können verschiedene *Konzeptionen* der Theologie mit unterschiedlich ausgeprägter Rationalität unterschieden werden.

Die faktische Pluralität von Theologiekonzeptionen und die Relationalität aller normativen Antworten auf die genannten Fragenkreise wirft zusätzliche Arten von Problemen für die Theologie auf. Es genügt jetzt nicht mehr, materiale theologische Probleme in der Orientierung an gegebenen theologischen Standards zu lösen, sondern es ist zu rechtfertigen, welche Probleme als theologische thematisiert und welche Standards als theologische akzeptiert werden. Das aber erfordert eine Klärung und Rechtfertigung der Kriterien, die dabei zur Anwendung kommen. Theologische Auseinandersetzungen drehen sich dementsprechend nicht mehr nur um Fragen erster Ordnung (Ist die Welt von Gott geschaffen? Was sagt uns die Schrift über die Schöpfung? etc.), sondern auch um Fragen zweiter Ordnung (Was heißt es denn, wenn man sagt, die Welt sei von Gott geschaffen? Inwiefern ist das eine theologische Frage? Und warum soll man sich zu ihrer Beantwortung gerade an der Schrift orientieren?) Und das heißt: Theologie kann kein rationales Unternehmen sein, ohne von einer faktisch rational verfahrenden zu einer selbstkritisch rational verfahrenden Disziplin zu werden.

Das Aufkommen selbstkritischer Rationalität in der Theologie war ein historischer Prozeß, der aufs engste mit der allgemeinen Entwicklung der westlichen Kultur verbunden war. *Während Theologie immer rational war, war sie nicht immer selbstkritisch rational.* Je mehr sie das wurde, desto mehr stellte sie in Frage, was in der traditionellen Theologie weithin selbstverständlich galt, und desto weniger konnte sie Fragen der Rechtfertigung und Begründung ihrer Behauptungen, Problemstellungen und Verfahrensweisen ignorieren. Das hat theologische Arbeit nicht nur schwieriger gemacht, sondern auch neue Bereiche theologischer Reflexion erschlossen. Die beherrschende Stellung methodologischer Reflexion in der Theologie der Neuzeit ist genau darin begründet. Die häufig geäußerte Kritik, solche Theologie sei nur noch mit sich selbst beschäftigt und versäume ihre eigentliche Aufgabe, nämlich die Auseinandersetzung mit substantiellen theologischen Problemen von direkter Relevanz für das Leben der christlichen Gemeinde, ist zwar als Warnung ernst zu nehmen, darf aber nicht darüber hinwegtäuschen, daß der Prozeß von der Reflexion zur Selbstreflexion unumkehrbar und aufgrund der intrinsischen Logik argumentativer Rationalität unvermeidbar ist. Wenn es in der Theologie vor allem um die argumentative Behandlung von Problemen geht, dann ist das Problem, um welche Probleme es gehen soll und nach welchen Standards sie zu behandeln sind, entscheidend.

Nun böte sich freilich eine elegante Lösung des Problems theologischer Rationalität, wenn das, was ich bisher unterstellt habe, nicht der Fall wäre: daß es theologische Probleme gibt und daß sich Theologie an spezifischen Standards ihrer Behandlung orientiert. Immer wieder wird daher argumentiert, die Probleme, mit denen sich Theologen beschäftigten, seien entweder unverständlich und damit unlösbar oder, sofern sie verständlich sind, nicht spezifisch theologisch und könnten deshalb von der Theologie auch nicht gelöst werden. Unter dem philosophischen Mikroskop erwiesen sie sich als Resultat begrifflicher Verwirrung oder lösten sich in ein Konglomerat historischer, philosophischer, psychologischer und soziologischer Probleme auf, die in jenen Disziplinen, nicht aber in der Theologie zu behandeln seien. Sind die Probleme der Theologie aber nichts als unanalysierte Komplexe bloßer Scheinprobleme bzw. nichttheologischer Probleme und gibt es auch keine spezifisch theologischen Standards ihrer Behandlung, dann – so heißt es – läßt sich Theologie ganz auf andere Wissenschaften oder Philosophie reduzieren und kann damit nicht mehr beanspruchen, eine autonome und intellektuell respektable Disziplin mit eigenständiger Rationalität zu sein.

Dieses Reduktionsargument ist nicht schon dadurch widerlegt, daß man wie R. Swinburne[24], K. Ward[25] und S. Davis[26] theologische Behauptungen und Argumente als vollkommen kohärent und verständlich zu erweisen sucht, weil es nicht sinnlos sei anzunehmen, daß die Wirklichkeit so ist, wie sie sein müßte, wenn diese wahr wären. Die Verständlichkeit theologischer Probleme und Behauptungen ist eine notwendige, keine hinreichende Bedingung zur Widerlegung des Reduktionsarguments. Darüber hinaus muß gezeigt werden, daß theologische Probleme, jedenfalls zum Teil, von der Art sind, daß sie sich nicht auf nicht-theologische Probleme reduzieren lassen, daß es also genuin theologische Probleme und genuin theologische Standards ihrer Behauptung gibt. Beides ist genauer zu erörtern.

2.2 Theologische Probleme

Die theologische Tradition hat Probleme, die sie für genuin theologisch hielt, vor allem von Ansätzen der philosophischen Theologie, der Erfahrungstheologie und der Offenbarungstheologie her entfaltet.

Ansätze philosophischer Theologie gewinnen ihre Probleme auf dem Weg metaphysischer Reflexion. Diese stellt Fragen, die nicht nur allgemeiner und fundamentaler sind als alles, was in den Einzelwissenschaften behandelt wird, sondern die Strukturmomente des Rahmens dieser und aller übrigen menschlichen Unternehmungen thematisieren. Die so in den Blick gefaßten Probleme sind grundlegend, permanent und unvermeidbar. Sie sind keine Scheinprobleme, weil in ihnen die Grammatik der Unterscheidung von Sein und Schein verankert ist. Sie können aber auch in keiner Einzelwissenschaft gelöst werden, weil sie dort immer schon als gelöst vorausge-

---

[24] *R. Swinburne,* The Coherence of Theism (Oxford 1977).
[25] *K. Ward,* Rational Theology and the Creativity of God (Oxford 1982).
[26] *S. Davis,* Logic and the Nature of God (London 1983).

setzt und in Anspruch genommen werden müssen. Sie widerlegen dementsprechend das Reduktionsargument.

Erfahrungstheologien gewinnen ihre Probleme auf dem Weg religiöser Reflexion. Sie explizieren und beschäftigen sich mit Fragen, die in individuellen oder gemeinsamen religiösen Erfahrungen bzw. Erfahrungskonfigurationen und der darauf gegründeten Praxis religiöser Gemeinschaften aufgeworfen werden. Probleme dieser Art stammen aus einem spezifischen Erfahrungs- und Lebensbereich, der sich anthropologisch, historisch und soziologisch beschreiben läßt, der aber noch nicht hinreichend erschlossen ist, wenn er nur unter historischen, psychologischen oder soziologischen Gesichtspunkten thematisiert wird. Sie sind keine Scheinprobleme, sondern gründen in erfahrbarer Wirklichkeit, widersetzen sich aber einer nur nichttheologischen Behandlungsweise, weil sie durch spezifisch religiöse Erfahrungen provoziert sind, in denen sich der Konstitutionsgrund aller Erfahrung manifestiert. Eben deshalb widerlegen sie das Reduktionsargument.

Offenbarungstheologien schließlich gewinnen ihre Probleme auf dem Weg der Reflexion vorgegebener Offenbarungsansprüche, die sie kritisch zu explizieren und zu begreifen suchen. Ihre Probleme ergeben sich aus der behaupteten Selbstoffenbarung Gottes in spezifischen historischen und prophetischen Ereignissen. Und sie verstehen diese Probleme nicht als Rätsel, die sich früher oder später lösen lassen, sondern als genuine Geheimnisse, die uns total und umfassend beanspruchen, die wir aber niemals vollständig zu begreifen in der Lage sind. Auch Probleme dieser Art sind unter Voraussetzung göttlicher Offenbarung nicht einfach als Scheinprobleme abzutun und aufgrund ihres göttlichen Ursprungs und Inhalts irreduzibel. Auch sie sprechen damit gegen das Reduktionsargument.

Alle drei Problemstränge sind in der Geschichte der christlichen Theologie immer wieder in verschiedener Weise kombiniert und verknüpft worden. Doch der Skeptiker wird sich durch den Verweis auf sie nicht ohne weiteres beruhigen lassen. Offenbarungstheologien, so mag er erwidern, basieren nicht auf wirklichen, sondern auf nur vermeintlichen Problemen. Im schlimmsten Fall beschäftigen sie sich mit verwirrten oder bloß eingebildeten Fragen, im besten mit Problemen, die sich in nichts von denen der Erfahrungstheologien unterscheiden. Denn wenn es so etwas wie Offenbarung überhaupt gäbe, müßte sie notwendig in und durch menschliche Erfahrung stattfinden, so daß religiöse Erfahrung alles sei, auf das sich Offenbarungstheologie berufen könne. Erfahrungstheologien andererseits bezögen sich zwar in der Tat auf ein weitverbreitetes Phänomen menschlicher Kultur und Geschichte. Die dadurch aufgeworfenen

Probleme verlangten jedoch nach einer wissenschaftlichen Beschäftigung mit der Religion, nicht aber nach einer theologischen oder gar dogmatischen Behandlung und Beantwortung. Der metaphysische Ansatz schließlich werfe, sofern er sich überhaupt um verständliche Probleme bemühe, keine theologischen Probleme auf. Sollte die Welt wirklich ein Letztprinzip ihrer Existenz und Ordnung erfordern, dann erfordere sie eben dieses Prinzip und nicht Gott. Gott ist religiös durch die ihm zuteil werdende Verehrung definiert, und es wäre pervers, ein Prinzip zu verehren, da Prinzipien weder Loyalität noch Dank oder Anbetung verdienen. Sofern metaphysische Fragen daher verständlich seien, seien sie nicht oder noch nicht theologische Fragen, sofern es sich aber um theologische Probleme handle, seien sie nicht verständlich.

Selbst wenn diese Argumente zwingend und überzeugend wären, belegten sie nicht, daß sich in den drei skizzierten Ansätzen keine genuin theologischen Probleme finden könnten. Für christliche Theologie jedenfalls sind all diejenigen metaphysischen, religiösen, offenbarungsbezogenen und sonstigen Fragen genuin theologische Probleme, die sich beim Versuch stellen, den Glauben an Jesus Christus gemeinsam und individuell zu leben und zu durchdenken, und zwar auch dann, wenn diese Probleme unabhängig von diesem Versuch auch von anderen Wissenschaften behandelt werden können. Denn dieser Glaube manifestiert sich im christlichen Glaubensleben in einem Orientierungswissen, das in keiner externen wissenschaftlichen oder theoretischen Perspektive zureichend erfaßt werden kann. Umfaßt es doch ein Selbstwissen, Weltwissen und Gottwissen der glaubenden Personen, das diese im Bezug auf Gott absolut ortet und ihre Welt von Gott her umfassend ordnet. Und die Theologie ist die systematische Explikation dieses Orientierungswissens in der internen Perspektive des Glaubens – intern deshalb, weil sie im Rekurs auf den Grund des Glaubens (Gottes Handeln in seiner Offenbarung in Jesus Christus) die Standards zu spezifizieren sucht, an denen die geschichtlichen Manifestationen des Glauben im christlichen Glaubensleben, Glaubenswissen und Glaubenshandeln kritisch zu messen sind.

Die Gegenargumente des Skeptikers machen allerdings auf einen wichtigen Aspekt der drei genannten Problemkreise aufmerksam: sie verdanken sich *ganz unterschiedlichen Perspektiven*. Offenbarungstheologische Probleme stellen sich innerhalb der internen Perspektive der Glaubenden selbst; Probleme der religiösen Erfahrung in der externen Perspektive eines (z. B. wissenschaftlichen) Beobachters von Religion und Religionen; und metaphysische Probleme treten nicht nur in der Religion auf, sondern in allen menschlichen

Unternehmungen und im Blick auf alles, was es gibt oder geben kann. Die drei Ansätze traktieren also nicht nur verschiedene Arten von Problemen, sondern Probleme ganz unterschiedlicher Perspektiven. Kein Wunder, daß ihre Verbindung zu internen Spannungen und Konflikten in der Theologie führt.

2.3. Theologische Standards

Wir sahen, daß die argumentative Rationalität der Theologie mit der Grunddifferenz zwischen Glaubensansichten und den Gründen für oder gegen diese Ansichten steht und fällt. Die präzise Fassung dieser Grunddifferenz nötigt nicht nur dazu, die Probleme zu spezifizieren, über die sich christliche Theologie definiert, sondern auch die Standards zu explizieren, an denen sie sich bei der Behandlung dieser Probleme orientiert. Nun reflektiert sie als christliche Theologie all ihre Probleme in der internen Perspektive des Glaubens. Deshalb gewinnt sie auch ihre Reflexions- und Argumentations-Standards nicht in der Orientierung an externen Gegebenheiten, sondern wesentlich im Rekurs auf den Grund des Glaubens selbst.

In der christlichen Theologie ist es schon früh zu einem spezifischen Konsens darüber gekommen, was dies konkret besagt. Ist sie doch seit ihren Anfängen und in all ihren Hauptformen wesentlich *Christologie:* der Glaubensbezug zu Jesus Christus markiert Ort und Grundorientierung ihres Nachdenkens über den christlichen Glauben und sein Wirklichkeitsverständnis in all seinen Dimensionen. So bezeichnen Christen mit ‚Jesus Christus' den Ort, an dem sich die fundamentale Durchbrechung aller Strukturen unserer Welt- und Lebenserfahrung ereignete und immer wieder ereignet, der sich der christliche Glaube verdankt. Und sie bezeichnen damit zugleich den Ort, von dem aus sie die gesamte Wirklichkeit immer wieder neu zu deuten suchen, ohne diesen Standpunkt selbst in neue Sprach- und Erfahrungsstrukturen je zureichend einholen zu können. Kurz, ‚Jesus Christus' markiert die zur Weltdeutung nötigende, selbst aber niemals zureichend in diese Deutung einholbare konkrete Transzendenz unserer Erfahrungswelt, der sich das Selbst-, Welt- und Gotteswissen des christlichen Glaubens verdankt.

Diese christozentrische Grundorientierung hat die interne Rationalität christlicher Theologie von Anfang an in spezifischer Weise geprägt. Zum einen brachte sie die Einzigartigkeit der eschatologischen Gotteserfahrung des christlichen Glaubens in Kreuz und Auferstehung Jesu Christi in Gegensatz zum Polytheismus der mythischen und politischen Kulte ihrer Zeit: nicht von ungefähr zogen sich Christen den Vorwurf des Atheismus zu. Zum andern hatte sie aus dem jüdischen Glauben ein Gottesverständnis übernommen, das Gott als den welttranszendenten und doch zugleich in der Geschichte seines Volkes handelnden Schöpfer begriff, der sich nicht auf ein Ordnungsprinzip des Kosmos reduzieren ließ. Gott ist der souverän Handelnde und mit allen Eigenschaften des frei Handelnden ausgezeichnet: er ist im höchsten Sinn Person. Mit diesem personalen Gottesverständnis aber geriet der christliche Glaube in grundsätzlichen Gegensatz zur kosmologisch-metaphysischen Theologie griechisch-hellenistischer Provenienz: Gott als Prinzip und Gott als Person erschienen unvereinbar. Das um so mehr, als im christlichen Glauben auch das personale Gottesverständnis der jüdischen Tradition insofern noch einmal transzendiert und pointiert wurde, als das Gottsein dieses Gottes vom eschatologischen Heilsereignis der Auferweckung des gekreuzigten Jesus Christus her gedacht und so auf das engste mit der Geschichte nicht nur eines bestimmten Volkes, sondern einer ganz bestimmten geschichtlichen Person verknüpft wurde. Der christliche Versuch, Gott von hier aus als Person zu denken, nötigte dazu, Jesus Christus als göttliche Person und damit den einen Gott in sich personal differenziert zu denken.

Der zeitgenössischen Philosophie mußte die christliche Rede von einem solchen Gott zwangsläufig als eine weitere Version mythischer Theologie erscheinen. Christliche Theologie hatte sich daher von Anfang an nach drei Seiten zu profilieren: Einerseits mußte sie gegenüber den philosophischen Theologiekonzeptionen ihr Verständnis Gottes als einer kosmostranszendenten, aber sowohl als Schöpfer des Kosmos, wie auch in der Kosmos-Schöpfung handelnden Person wahren. Andererseits mußte sie gegenüber den traditionellen Mythologien und ihren mysterienreligiösen und dann vor allem gnostischen Nachfolgeformen die Einzigartigkeit, Einheit und Universalität Gottes zur Geltung bringen. Drittens mußte sie gegenüber dem jüdischen Gottesglauben auf der eschatologischen Endgültigkeit seines Handelns in der Auferweckung Jesu Christi und damit der alleinigen Maßgeblichkeit der christlichen Offenbarung insistieren. Die Eigenart christlicher Theologie und ihrer internen Rationalität zeigte sich somit in ihrem Gegensatz sowohl zur antiken Mythologie als auch zur antiken Theologie hellenistischer und jüdischer Provenienz. Mußte sie doch Gott als handelnde Person denken, ohne zur Mythologie zu entarten. Sie mußte ihn als Schöpfer und Erhalter des Kosmos denken, ohne ihn auf ein metaphysisches Prinzip zu reduzieren. Und sie mußte ihn als eschatologischen Retter denken, der im Christusgeschehen in einer nicht nur für ein bestimmtes Volk, sondern für alle Menschen verbindlichen Weise endgültig und nicht überbietbar gehandelt hat. Das gelang ihr nur, weil sie von Anfang an christozentrisch konzipiert, also im Kern *Christologie* war. Der Bezug auf Jesus Christus wurde dementsprechend zum maßgeblichen Kriterium, an dem sich entschied, welche Probleme genuin theologisch und nach welchen Standards sie adäquat zu behandeln sind: Christologische Reflexion erschloß die Probleme christlicher Theologie und gab zugleich die Standards ihrer sachgemäßen Behandlung an die Hand.

Christliche Theologie entwarf sich so von vornherein in der internen Perspektive des Glaubens, der sich unter Voraussetzung und in der Orientierung an der Offenbarung Gottes in Jesus Christus in theologischer Reflexion über sich selbst Klarheit zu verschaffen sucht. Schon in den Anfängen der Ausbildung einer eigenständigen christlichen Theologie verständigte sich die christliche Kirche dementsprechend auf eine Reihe grundlegender Standards, deren systematische Funktion trotz aller Kritik an ihren historisch bedingten Fassungen für theologische Rationalität bleibende Bedeutung hat:

Erstens wurde ein Kanon exemplarischer Schriften akzeptiert, in denen die grundlegenden Erfahrungen des gemeinsamen Glaubens der christlichen Gemeinden paradigmatischen Ausdruck gefunden haben und die daher als Norm und Quelle aller Kriterien für das eigentümlich Christliche fungieren *(Schrift)*.

Zweitens verständigte man sich auf eine summarische Regel des in der Schrift artikulierten Glaubens, die dazu anleiten sollte, die Schrift in Übereinstimmung mit dem in der christlichen Gemeinschaft erfahrenen, gelebten, bekannten und gelehrten Glauben zu interpretieren *(Bekenntnis)*.

Drittens entwickelte man auf dieser Grundlage eine christologische Grammatik christlicher Rede von Gott, Welt und menschlicher Existenz, deren Grundzüge in den trinitarischen und christologischen Dogmen von Nizäa und Chalcedon niedergelegt sind *(Dogma)*.

Der erste Standard (Schrift) diente und dient dazu, bei aller diachronen und synchronen Vielfalt christlichen Lebens die *Identität* des christlichen Glaubens und damit auch die sachliche *Kontinuität* der das christliche Glaubensleben reflektierenden Theologie festzustellen. Christlicher Glaube gewinnt seine Identität wesentlich aus der Verbindlichkeit des Vergangenen, genauer: aus der bleibenden Bezogenheit auf Jesus Christus. Was das heißt und wie das zu verstehen ist, wird durch die Schriften des Neuen und Alten Testaments exemplarisch zum Ausdruck gebracht und durch den Gebrauch der Schrift in der Kirche permanent in Erinnerung gehalten. Gibt es daher Streit darum, was im Leben oder Lehren christlich oder nicht

christlich genannt zu werden verdient, gehört der Rekurs auf die
Schrift zu den unaufgebbaren Standards theologischer Urteilsfindung.
Solchen Streit kann es allerdings nur geben, wenn tatsächlich
christlich gelebt und gelehrt wird. Die theologische Reflexion des
christlichen Glaubens erschöpft sich daher nicht im Rekurs auf die
Vergangenheit. Würde dieser seine Identität nur im Rückgang auf
die einmal geschehenen Ereignisse gewinnen, deren Erinnerung die
Schrift wachhält, stünde er permanent in der Gefahr, entweder in
bloße historische Erinnerung oder, um das zu vermeiden, in unhistorische
Moralisierung abzugleiten. Das ist, besonders seit der Aufklärung,
oft genug geschehen. Die Schrift wird dann aus bloß
antiquarischem Interesse studiert, christlicher Glaube als dogmatisches
Festhalten an unglaublichen und mirakulösen Ereignissen der
Vergangenheit begriffen (bloß historische Wahrheit) oder aber der
gute Mann aus Nazareth in immer wieder neuen Weisen als Vorbild
einer wahrhaft menschlichen Lebensweise propagiert und christlicher
Glaube dementsprechend als Nachahmung dieses Vorbilds verstanden
(moralische Wahrheit).

Doch Historisierung und Moralisierung verfehlen gleichermaßen
den eschatologischen Kern des Glaubens. Der Glaube lebt nicht nur
von dem, was geschehen ist, sondern von dem, was geschieht. Und
er ist auch nicht nur die Nachahmung des Vorbilds Jesu, sondern
das Einbezogenwerden in einen göttlichen Geschehenszusammenhang,
dessen Selbstdurchsichtigkeit in Jesus Christus manifest und
für uns zugänglich wurde. Beides hat die Theologie zu berücksichtigen.
Sie kann sich deshalb nicht nur über die Exegese der biblischen
Schriften entwerfen, also rein in der Auslegung der Texte des Neuen
und Alten Testaments begründen. Aber ebensowenig kann sie nur
nach den sittlichen oder moralischen Implikationen des Glaubens
fragen, also auf eine in Jesus historisch fundierte christliche Lebensethik
reduziert werden. Als Historik (der christlichen Kirche) und
als Ethik (des christlichen Lebens) ist Theologie unterbestimmt, so
gewiß beides zu ihren Aufgaben gehört. Deshalb tritt in ihrer Arbeit
neben den Standard der Schrift immer und wesentlich auch der
Standard des *Bekenntnisses*. Dieses bringt zum Ausdruck, daß und
wie der Glaube hier und jetzt und heute in der christlichen Gemeinschaft
erfahren, gelebt und verstanden wird. Ohne Berücksichtigung
des Bekenntnisses wäre der Rekurs auf die Schrift vielleicht historisch
aufschlußreich, aber ohne theologische Pointe. Und umgekehrt
wäre der Rekurs auf das Bekenntnis ohne Berücksichtigung
der Schrift in Gefahr, über der Partikularität der dort ausgesprochenen
Erfahrungen den gemeinsamen konsensfähigen Gehalt des

christlichen Glaubens aus den Augen zu verlieren. Während daher die *Schrift* die Kritieren an die Hand gibt, die das *eigentümlich Christliche* zu identifizieren erlauben, ist das *Bekenntnis* Ausdruck der *individuellen Übernahme* und *Anwendung dieser Kritierien in der* immer wieder neu zu etablierenden *Binnenperspektive gelebten Glaubens*. Beide Standards werden gleichermaßen benötigt: Das Bekenntnis bewahrt den Rekurs auf die Schrift vor der Auflösung in die Berufung auf bloße Historie oder bloße Moral, und die Schrift bewahrt die Berufung auf das Bekenntnis vor der Auflösung in die Vielfalt individueller Erfahrung.

Das *Dogma* schließlich sucht diese Dialektik zwischen vergangenem, für alle Christen gültigem Geschehen und gegenwärtiger, jeweils nur für bestimmte Christen gültiger Erfahrung in der Identitätsbildung des Glaubens auf der Ebene des Glaubenswissens und der Glaubensreflexion zur Geltung zu bringen. Es formuliert keine ewigen Wahrheiten, sondern Regeln, wie wir Gott, Jesus Christus, die Welt und die menschliche Existenz im Leben und Denken zu thematisieren haben, wenn wir sie so thematisieren wollen, wie sie durch das Christusgeschehen bestimmt wurden und das Glaubensleben der christlichen Gemeinde bestimmen. Dogmen sind diejenigen grundlegenden Orientierungsstandards in der Binnenperspektive des Glaubens, auf die sich die christliche Gemeinde in bestimmten historischen Situationen interner Divergenzen und Konfusionen verständigt hat, weil sie christliches Denken, Reden und Handeln verläßlich dazu anleiten können, bei allen unaufhebbaren und unbestreitbaren Differenzen zwischen Christen in der Orientierung am neutestamentlich bezeugten Grund des Glaubens (Gottes Heilshandeln in Jesus Christus) die Kontinuität und Übereinstimmung mit dem Denken, Reden und Handeln anderer Christen zu anderen Zeiten und an anderen Orten zu wahren.

Wie sich daher Schrift und Bekenntnis als theologische Standards gegenseitig fordern, so ist auch das Dogma wesentlich auf beide bezogen und erhält erst von ihnen her sein spezifisches Profil: Es macht explizit, was im wechselseitigen Aufeinanderbeziehen von Schrift und Bekenntnis im christlichen Leben und Denken an inhaltlichen Orientierungen im Blick auf Gott, Jesus Christus, Mensch und Welt faktisch in Anspruch genommen wird.

Diese drei Standards christlicher Theologie sind die Basis der rationalen (argumentativen) Struktur theologischer Reflexion in der Binnenperspektive des Glaubens. Entscheidend ist, daß sie alle auf unterschiedliche Weise die *Zentralität Jesu Christi* und damit Gottes Heilshandeln in der Geschichte dieser Person als den absoluten Orientierungspunkt für christliches Glauben und Denken unter Beweis stellen: Die Geschichte Jesu Christi ist das Einheitsprinzip der christlichen Bibel einschließlich des Alten Testaments; der zweite Artikel ist das Zentrum des christlichen Bekenntnisses; das Dogma stellt klar, daß die Christologie der Kern christlicher Theologie und die Grammatik christlichen Redens und Handelns in Glaube, Leben, Bekenntnis, Lehre und Theologie ist; die Christologie unterstreicht, daß im Zentrum allen christlichen Denkens über Gott, Welt und menschliches Leben Jesus Christus steht; und der Name ‚Jesus Christus‘ markiert die fundamentale (eschatologische) Durchbrechungserfahrung unserer Welt- und Selbsterfahrung, der sich der christliche Glaube verdankt und die er als Gottes eschatologisches Heilshandeln für seine Schöpfung erfährt.

Alle Rationalitätsprobleme christlicher Theologie konvergieren damit in der *Christologie*. An ihr entscheidet sich, ob Theologie mit Recht ein rationales Unternehmen genannt zu werden verdient. Die sachliche und methodische Priorität christologischer Reflexion und christologisch gerechtfertigter Argumentationsstandards prägt dementsprechend alle Reflexionsbereiche christlicher Theologie und prägt den Grundcharakter ihrer Rationalität. So bemüht sich diese einerseits, den Glauben an Gottes rettendes und offenbarendes Heilshandeln in Jesus Christus auf der Grundlage der Glaubensartikulationen der christlichen Gemeinde im Licht von Gottes Offenbarung in Jesus Christus kritisch zu explizieren, indem sie in der Orientierung an Gottes Selbstidentifikation in Jesus Christus den christlichen Glauben in der Vielheit seiner Artikulation zu identifizieren und gegenüber seinen immer auch unzulänglichen Darstellungsweisen zu eindeutigerer Gestalt zu bringen sucht. Da ihr Gottes Offenbarung selbst unverfügbar ist, orientiert sie sich dabei an den von der christlichen Gemeinde als maßgeblich akzeptierten Glaubenszeugnissen der Schrift und der Bekenntnisse, die sie ihrerseits durch den kritischen Rückbezug auf das in ihnen bezeugte und in der Gemeinde immer wieder erfahrene Heilshandeln Gottes in Jesus Christus zu legitimieren und zu interpretieren sucht. Neben dieser ersten und fundamentalen Aufgabe der Explikation des christlichen Glaubens verfolgt sie aber andererseits die nicht weniger wichtige Aufgabe, die gesamte Wirklichkeit unserer Welt und Erfahrung im Lichte des so explizierten Glaubens zu deuten. *Glaubensexplikation* und *Wirklichkeitsdeutung* sind so die beiden Grundaufgaben christlicher Theologie. Die erste nötigt diese zur Ausarbeitung der christologischen Grammatik des christlichen Glaubens; die zweite zur Deutung unserer Wirklichkeit im Licht dieser Grammatik. In diesem Sinn ist Theologie ein permanenter selbstreflexiver Prozeß der *fides quaerens intellectum* – des sich selbst (und alles übrige im Lichte des Glaubens) zu verstehen suchenden Glaubens.[27]

Der so charakterisierte Prozeß christlicher Theologie wirft nun aber zwei Grundprobleme auf, die das Wesen theologischer Rationalität und damit den Vernunftgebrauch in der Theologie entscheidend prägen: das *Problem der Reflexion* und das *Problem der Perspektivität*. Beide Probleme lassen sich als strukturelle, und d. h. nicht eliminierbare Differenzen im theologischen Prozeß fassen. Die erste gleichsam horizontale Differenz ist die zwischen *Glaube* und *Glaubensreflexion*. Die zweite gleichsam vertikale Differenz ist die zwischen *theologischen* und *nichttheologischen Perspektiven* auf den christlichen Glauben und unsere Erfahrungswelt. Alle wesentlichen Probleme theologischer Rationalität gründen in diesen beiden Differenzzusammenhängen. Ich erläutere sie in der hier unabdingbaren Kürze in einem dritten Überlegungsgang.

3. Die beiden Grundprobleme theologischer Rationalität

3.1 Das Problem der Reflexion

Den Ausdruck ‚Reflexion' verwende ich als summarische Bezeichnung unserer begrifflichen Operationen, sofern diese aufgrund ihrer Selbstbezüglichkeit um die Differenz zwischen dem Geist als einem System kognitiver Operationen und der Welt als dem Kontext dieses Systems wissen und uns eben deshalb ermöglichen, unser kognitives Sammeln und Verarbeiten von Informationen zu steuern und zu kontrollieren. So verstanden ist Reflexion ein Charakterzug menschlicher Personen und ihrer Verhältnisse zur Welt in Verhalten, Handeln und Erleben. Wir sind permanent damit beschäftigt, die Komplexität unserer Umwelt kognitiv zu reduzieren und durch den Aufbau von Weltmodellen diejenige Orientierung zu gewinnen,

---

[27] Die kritischen Anmerkungen *Ian Rohls* zu diesem Verständnis der Theologie als fides quaerens intellectum und sein alternativer Vorschlag in *Theologische Rundschau,* 55, 1990, 200–217, bes. 216 f. gehen von einem absoluten und singular gebrauchten Vernunftkonzept aus, das sich trotz aller prozessualen Umdeutungen und Fundierungsversuche in einer Theorie des Absoluten im Verlauf der Moderne als abstrakte Setzung erwiesen hat, die der Differenziertheit und Vielfalt vernünftiger Vollzüge in unterschiedlichen Lebensbereichen und der Pluralität wissenschaftlicher und nichtwissenschaftlicher Zugangsweisen zur Wirklichkeit nicht gerecht zu werden vermag: *Die* Vernunft gibt es nicht, nur ein Netz lokaler Rationalitäten, die nach dem Prinzip von Familienähnlichkeiten, wie Wittgenstein sagte, organisiert sind und nicht in abgestufter Weise ein einheitliches Vernunftkonzept mit einheitlichem Rationalitätskern manifestieren. Folglich läßt sich der Glaube auch nicht in *die* Vernunft überführen.

ohne die wir nicht handeln können. Wir erzielen das durch Prozesse des Erwerbs und der Verarbeitung von Informationen in unseren Umweltverhältnissen. Und Reflexion ist diejenige Komponente unserer geistigen Aktivitäten, durch die wir Informationen nicht nur erwerben und verarbeiten, sondern diesen Erwerbs- und Verarbeitungsprozeß selbst thematisieren und eben damit kritisch kontrollieren und steuern können.

Damit ist in keiner Weise bestritten, daß der Geist Teil unseres Organismus und daß dieser Teil der Welt ist. Aber als reflektierende Wesen unterstellen wir zwei Differenzen in unserem kognitiven Verhältnis zu unserer Umwelt. Zum einen nehmen wir eine *Innen-Außen-Differenz* zwischen unserem Geist und der ihn umgebenden Welt in Anspruch, ohne deren Beachtung wir unsere kognitiven und gestaltenden Operationen, durch die sich unser Organismus auf seine Umwelt bezieht, nicht reflexiv kontrollieren und rational steuern könnten. Zum andern setzt Reflexion als selbstbezügliche kognitive Operation eine *semiotische Differenz* zwischen dem, was reflektiert wird (Information) und der Art und Weise, in der es reflektiert wird (begriffliche Verarbeitung). Beide Differenzzusammenhänge sind im Reflexionsprozeß in spezifischer Weise kombiniert: Ohne Informationen gibt es keine Reflexionsprozesse, und der Erwerb von Informationen setzt die Differenz zwischen Innen und Außen voraus.

Nun ist Information wesentlich wahr oder falsch. Sie unterscheidet sich von Materie dadurch, daß sie semiotisch, d. h. in und durch Zeichenprozesse konstituiert ist, die Propositionen (kognitive Repräsentationen) auf Sachverhalte bezieht, die bestehen oder nicht bestehen können. Und wir erwerben, lagern, verarbeiten und vermitteln Informationen in einer Vielzahl von Weisen, die für uns menschliche Personen charakteristisch sind. So erwerben wir Informationen aus unserer Umwelt primär, wenn nicht ausschließlich, durch die beiden Grundoperationen der *Wahrnehmung* bzw. des Erlebens einerseits und der *Kommunikation* mit anderen andererseits. Beide Modi des Informationserwerbs nötigen uns zu verschiedenen kognitiven Leistungen. So müssen wir im ersten Fall Information selbst konstituieren, im zweiten Fall hingegen schon konstituierte Informationen interpretieren. Unsere Sinne vermitteln uns nichtbegriffliche Informationen, die wir im Wahrnehmen als solche selbst konstituieren. Kommunikation mittels sprachlicher und nichtsprachlicher Zeichen hingegen vermittelt uns begriffliche und nichtbegriffliche Informationen, die schon von anderen konstituiert sind und die wir nur rezipieren können, wenn wir wissen, wie diese Zeichen im Licht der Intentionen und Konventionen ihrer konkreten

Verwendung zu interpretieren sind. In beiden Fällen müssen die wahrgenommenen und interpretierten Informationen in unser eigenes Informationssystem transformiert oder übersetzt werden, damit es zu Reflexionsprozessen kommen kann. Das bedeutet immer eine Neustrukturierung dieser Informationen, die Mißverständnis, Irrtum und Illusion möglich, wenn nicht wahrscheinlich macht. Und eben deshalb sind wir auf die reflexive Kontrolle dieser Prozesse angewiesen.

Das alles gilt nicht nur für Reflexion im allgemeinen, sondern auch für theologische Reflexion im besonderen. Einerseits reflektiert sie Informationen aus der ihr vorgegebenen und von ihr unterschiedenen Glaubenskommunikation der Kirche (erste Differenz); und sie ist unabdingbar zur kritischen Kontrolle dieser Prozesse. Andererseits ist dabei das selbstkritische Bewußtsein der Differenz zwischen den eigenen Reflexionsvollzügen (Theologie) und dem, was dabei reflektiert wird (der Glaube und seine Manifestationen), stets ein wesentliches Element theologischer Reflexion. Theologie steht permanent vor der Aufgabe, den Glauben an Jesus Christus, dessen Manifestationen im Glaubensleben, seine elementare Kommunikation in der Kirche und ihre begrifflichen Reflexionen dieses Glaubens zu unterscheiden, ohne sie voneinander zu trennen. Die existentielle ‚Logik' des Glaubens ist nicht die begriffliche ‚Logik' der Theologie, und doch sind beide in spezifischer Weise aufeinander bezogen. Und dasselbe gilt für die der Theologie vorausgehenden Glaubensartikulationen erster Ordnung in der metaphorischen und parabolischen Sprache des Gebets, der Verkündigung und des Bekenntnisses, die von Gott im Modus der zweiten Person reden, und die begrifflichen Selbstexplikationen des so artikulierten Glaubens in theologischen Reflexionen zweiter Ordnung, die nur scheinbar von Gott im Modus der dritten Person reden: als Explikationen christlicher Glaubensrede sind sie nur adäquat, wenn sie auch im reflektierenden Diskurs über Gott diesen als personales Gegenüber im Modus der zweiten Person thematisieren.

Aus eben diesem doppelten Differenzzusammenhang resultiert das fundamentale *interne Rationalitätsproblem* der Theologie. Es stellt sich aufgrund der irreduziblen Differenz von vier zu unterscheidenden und aufeinander zu beziehenden Ebenen:

(1) dem (immer sich selbst gleichen) *Glauben an Jesus Christus* und seiner christologisch und rechtfertigungstheologisch explizierbaren Struktur;

(2) dem (immer wieder neu sich gestaltenden) *Glaubensleben* und seinem spezifisch personalen Charakter, der sich einerseits pneumatologisch in stets gleicher Weise der Selbstvergegenwärtigung des

Geistes anhand christlicher Glaubenszeugnisse verdankt, dessen existentielle Eigentümlichkeit andererseits im immer wieder anderen individuellen und gemeinsamen Erleben von Christen gründet und deren sprachliche und nicht-sprachliche Handlungsvollzüge in je besonderer Weise prägt;

(3) dem damit gesetzten *Glaubenswissen* und seiner soteriologischen Gewißheit, das sich einerseits im gestaltenden und symbolischen *Glaubenshandeln* einzelner und der Kirche manifestiert, andererseits in deren *Glaubensartikulation* und *Glaubenskommunikation*, in denen dieses Wissen in selbstinvolvierender Sprachlichkeit zum Ausdruck gebracht und in einer auf Konsens zielenden Weise anderen mitgeteilt wird;

(4) dem *theologischen Diskurs* und seiner begrifflichen Struktur, d. h. der kritischen begrifflichen Reflexion von Glaubensrede und Glaubenshandeln im Licht des sich im Glaubensleben manifestierenden Glaubens.

Die zentrale interne Aufgabe theologischer Rationalität ist daher, das Verhältnis zwischen der christologisch-rechtfertigungstheologischen Struktur des Glaubens an Jesus Christus, der pneumatologisch-existentiellen Struktur christlichen Glaubenslebens, der Evidenz- und Konsensstruktur christlichen Glaubenswissens und der logisch-begrifflichen Struktur christlicher Theologie sachgerecht zu bestimmen und zu gestalten. Je klarer sie das tut, desto stärkere Orientierungsfunktion und eben damit praktische Relevanz bekommt sie für christliches Leben und Denken in allen Dimensionen.

3.2 Das Problem der Perspektivität

Das zweite Grundproblem theologischer Rationalität ergibt sich aus der wesentlichen Perspektivität menschlicher Reflexion. All unsere Reflexion ist perspektivisch, und zwar in doppelter Hinsicht. Einerseits reflektieren wir Glaubensansichten, in denen Wirklichkeit immer nur selektiv erfaßt ist, weil sie auf den Standpunkt einer bestimmten Person oder Gruppe von Personen bezogen sind, einen bestimmten Bezugsbereich haben und diesen vom jeweiligen Standpunkt aus unter je bestimmten Selektionsgesichtspunkten erfassen. Andererseits vollzieht sich die Reflexion dieser Glaubensansichten selbst diskursiv durch kognitive Operationen, die über begriffliche Oppositionen, Kontraste, Negationen, und den Ausschluß von Alternativen organisiert sind, die ihrerseits zu einem bestimmten kognitiven Rahmen mit entsprechendem Standpunkt, Bezugsbereich und Selektionsrepertoire, kurz: zu einer *Perspektive* gehören.

Definiert man nun ‚Perspektive' mit Russell als „the view of the world from a given place"[28], dann liegt auf der Hand, daß es immer mehr als einen Ort gibt, von dem aus sich die Welt betrachten läßt, und daß sich von jedem Ort aus die Welt in mehr als nur einer Hinsicht betrachten läßt. Perspektiven gibt es für uns daher nur im Plural und unter der Bedingung faktisch nicht aufhebbarer Differenzen. Zwar können Standpunkte, Bezugsbereiche, Selektionsgesichtspunkte und damit auch Perspektiven (jedenfalls zum Teil) mit anderen geteilt werden. Aber die dreifache Relativität aller Perspektiven auf einen jeweils bestimmten Standpunkt, einen jeweils bestimmten Bezugsbereich und jeweils bestimmte Selektionsgesichtspunkte schließen für nicht omnipräsente und allwissende Wesen aus, daß sie all ihre Perspektiven teilen. Es gibt immer mehr als eine Perspektive, in der sich ein gegebener Sachverhalt reflektieren läßt; und solange wir nicht in Standpunkt, Bezugsfeld und Selektionsgesichtspunkten übereinstimmen, bleibt es immer eine Frage, inwiefern wir uns in unseren verschiedenen Perspektiven tatsächlich *auf dasselbe* beziehen.

Die Perspektivität all unseres Glaubens, Wissens und Reflektierens ist in den vergangenen Jahren vor allem im Gefolge Wittgensteins und seiner Überlegungen zum ‚sehen als' und ‚deuten' intensiv diskutiert worden.[29] Dieser Problemeinstieg ist sachlich und historisch naheliegend. Der Begriff ‚Perspektive' hat seinen ursprünglichen Ort im Problemfeld visueller Wahrnehmung, und er verdankt seine epistemologische Valenz dem traditionellen westlichen Versuch, Denken nach dem Modell der Wahrnehmung zu konzipieren. Die Problematik dieses Versuchs ist wohlbekannt: sie nivelliert vor allem den Unterschied zwischen Gegenstand und Sachverhalt. Will man den Perspektivenbegriff davon freihalten,

---

[28] B. Russell, The Analysis of Mind (London [10]1971) 101.
[29] J. Wisdom, Gods (Proceedings of the Aristotelian Society 45) (1944) 185–206; ders., Philosophy and Psychoanalysis (Oxford 1953); ders., Paradox and Discovery (Oxford 1965); L. Wittgenstein, Zettel (Oxford 1967); ders., Philosophical Investigations (Oxford [3]1968); ders., Philosophische Grammatik (Oxford 1969); J. Hick, Religious Faith as Experiencing-as, in: G. N. A. Vesey (Hg.), Talk of God (London 1969) 20–35; ders., Seeing-as and Religious Experience, in: ders., Problems of Religious Pluralism (London 1985) 16–27; I. G. Barbour, Myths, Models and Paradigms. The Nature of Scientific and Religious Language (London 1974); R. H. King, The Meaning of God (London 1974); G. D. Kaufmann, Relativism, Knowledge, and Faith (Chicago 1960); ders., Systematic Theology. A Historicist Perspective (New York 1968); ders., God the Problem (Cambridge, Mass. 1972); P. van Buren, The Edges of Language. An Essay in the Logic of Religion (London 1972); D. Ritschl / H. O. Jones, ‚Story' als Rohmaterial der Theologie (München 1976); D. Ritschl, Zur Logik der Theologie. Kurze Darstellung der Zusammenhänge theologischer Grundgedanken (München 1984); H. O. Jones, Die Logik theologischer Perspektiven. Eine sprachanalytische Untersuchung (Göttingen 1985); M. Budd, Wittgenstein on Seeing Aspects (Mind 96) (1987) 1–17.

muß man ihn abstrakter bestimmen, wie es schon in der Leibniz-Schule (Chladenius) bei seiner Anwendung auf das Feld der Geschichte geschah. Das heißt, er ist so zu fassen, daß ‚sehen' und andere Sinneswahrnehmungen als besondere Determinationen einer fundamentaleren und generelleren Struktur ‚Perspektive' bestimmbar werden, die ihrerseits als ein ein-mehrdeutiges kognitives Umweltverhältnis lebender Organismen zu entfalten ist. Das kann hier nicht ausführlich vorgeführt werden.[30] Aber zwei Punkte sind hervorzuheben:

(1) Perspektiven sind kognitive Selektionsleistungen lebender Organismen. Sie selegieren Informationen aus einem gegebenen Bezugsbereich (Umwelt) unter bestimmten Leitgesichtspunkten. Und das führt in diesen Organismen zum Aufbau bestimmter Informationszustände bzw. doxastischer Glaubenslagen. Jede Perspektive hat dementsprechend einen spezifischen Gehalt. Sie enthält, in Russels Worten, „its own space" bzw. ihre „private world"[31], die sich als ein Netz doxastischer Glaubensansichten des betreffenden Organismus explizieren läßt.

(2) Perspektiven sind Symbolisierungsleistungen lebender Organismen, die ihre Umwelt semiotisch erschließen und symbolisch rekonstruieren. Welt wird damit nicht einfach erfaßt, sondern nach der Grundregel ‚etwas als etwas erfassen' kognitiv konstruiert. Gemeinsame Perspektiven gibt es dementsprechend über das schon Gesagte hinaus nur bei gemeinsamen Symbolisierungsmitteln; universale Perspektiven stellen umfassende Symbolisierungs- und Interpretationsrahmen von Welt zur Verfügung; und diese sind reflexiv strukturiert, wenn sich diese Perspektiven nicht nur auf anderes, sondern auch auf sich selbst beziehen.

Selektion und Symbolisierung sind Leistungen, die immer auch anders vollzogen werden können. Die Vielheit und Verschiedenheit von Weltperspektiven gründet damit nicht nur in der Differenz von Standpunkten, sondern ebenso in der Differenz unterschiedlicher Selektion- und Symbolisierungsleistungen. Da diese faktisch unvermeidlich ist, kennen wir die Welt nur als Gemeinsames vieler verschiedener Weltdeutungen.

Daß immer mehr als eine Perspektive möglich ist, heißt aber nicht, daß beliebige Perspektiven möglich sind. Gerade weil wir alles nur *als etwas* erfassen können, stehen unsere perspektivischen Symbolisierungen unter dem Wirklichkeits- und Wahrheitspostulat.

---

[30] Vgl. die ausführlichere Analyse in *I. U. Dalferth*, Theology and Philosophy (Oxford 1988) 50 ff.
[31] *B. Russell*, Our Knowledge of the External World (London 71972) 95 ff.

So können wir nichts erfassen, was nicht unabhängig von diesem Erfassen so gegeben ist, daß es auch von anderen erfaßt werden könnte (Wirklichkeit). Und das, was wir erfassen, kann nicht als etwas Beliebiges symbolisiert werden, sondern seine Symbolisierung (Darstellung) muß dem damit Symbolisierten (Dargestellten) entsprechen (Wahrheit). Beide Dimensionen des Perspektivenproblems sind genauer zu betrachten.

3.2.1 Das Realitätsproblem

Wittgenstein hat den genannten Postulaten dadurch Rechnung zu tragen versucht, daß er zwischen dem Zustand des Sehens (z. B. Linien auf dem Papier), dem Sehen-als (z. B. diese Linien als ein Kreuz sehen) und der Tätigkeit des Deutens (z. B. dieses Kreuz als ein christliches Symbol), die immer mit einer Vermutung oder Hypothese über das Gedeutete verbunden ist, unterschied.[32] Wo nichts gesehen wird, kann auch nichts als etwas gesehen oder gedeutet werden. Aber nur wenn etwas als etwas gesehen wird, wird auch etwas gesehen.

John Hick hat diese Analyse von Sehen-als zum Erfahren-als verallgemeinert. „All human experiencing", so behauptet er, „is experiencing-as"[33] und vollzieht sich als Interpretation des Erfahrenen mit Hilfe des jeweiligen Begriffssystems, das unsere gemeinsame Sinnwelt konstituiert. In diesem komplexen Interpretationsprozeß lassen sich Interpretationsvorgänge erster und zweiter Ordnung unterscheiden. So erschließen wir uns Wirklichkeit einerseits in „an unconscious and habitual process", indem wir permanent Gegebenes unter die in unserer Sprachgemeinschaft gebräuchlichen Begriffe subsumieren und damit als etwas Bestimmtes interpretieren (‚Das ist eine Gabel'). Andererseits interpretieren wir etwas so schon Bestimmtes weiter im Sinn einer „conscious theory-construction", indem wir es in weitere, und im Fall religiöser Interpretationen in umfassende und letztgültige Sinnzusammenhänge einordnen[34], um so seine Signifikanz immer besser zu erfassen. Im Unterschied zu den basalen, subsumierenden Interpretationen können diese höherstufigen Interpretationsvorgänge aber höchst unterschiedlich vollzogen werden, so daß Interpretationen höherer Ordnung immer umstrittener sind als Interpretationen erster Ordnung. Hick rechnet also zur Erfassung der Signifikanz des Gegebenen mit einer „hierarchy of interpretations" in unseren Erfahrungsprozessen, die sich von

---

[32] Cf. *Budd* (s. Anm. 28).
[33] *J. Hick*, Seeing-as and Religious Experience (s. Anm. 28) 19.
[34] Ebd. 23 ff.

relativ unbestrittenen Deutungen („Jesus war ein lebender Organismus' [physische Beschreibung] oder „Jesus war ein palästinensischer Jude' [historische Beschreibung] bis zu höchst umstrittenen Deutungen erstreckt („Jesus war der Sohn Gottes' [christlich-orthodoxe Beschreibung]). Und je höherstufig die Interpretation ist, desto mehr Alternativen gibt es für sie und um so umstrittener ist die entsprechende Deutung: Religiös kann Jesus nicht nur als Sohn Gottes, sondern auch als Rabbi, Prophet oder Messias erfahren und beschrieben werden.[35] Kurz: Es gibt unterschiedliche Interpretationsebenen unserer Erfahrung, aber keine Erfahrung ohne Interpretation und damit kognitive Entscheidungen; und während niederstufige Interpretationen im Rahmen der Konsensstruktur unserer Sprach- und Interpretationsgemeinschaft eine hohe Plausibilität haben, sind hochstufige Interpretationen u. U. hochkontrovers, da sich der Kontext ihrer Plausibilität z. B. auf Teilbereiche der christlichen Gemeinschaft beschränkt.

Gegen Hicks Konzeption wurde von Paul Helm[36] und anderen eingewandt, daß sie nicht zwischen religiösen Glaubensansichten und Halluzinationen zu unterscheiden erlaube. Im Fall der Auferstehung Jesu etwa gehe der Streit ja nicht darum, ob ein bestimmtes Ereignis so oder anders interpretiert werden müsse, sondern ob überhaupt ein Ereignis vorliege, das sich interpretieren lasse. Ehe wir in die Interpretationsprozesse eintreten, müßten wir daher zunächst unabhängig davon den Gegenstand unserer Interpretationsbemühungen identifizieren und aufzeigen, daß überhaupt etwas gegeben und der Fall ist. Das ist richtig, doch sind die empiristischen Implikationen zu vermeiden, die Helm und Hick damit verbinden. Hick hält physische und historische Interpretationen Jesu z. B. deshalb für unproblematischer und damit für fähig, die erforderte Identifikationsleistung zu erbringen, weil und insofern sie den Tatsachen entsprechen. Religiöse Interpretationen dagegen sind kontroverser, weil sie allenfalls mögliche Interpretationen mehrdeutiger Phänomene darstellen, deren Wahrheit sich letztlich erst eschatologisch erweisen wird, wenn alle Fakten auf dem Tisch liegen. Doch wenn alle Erfahrung Interpretation einschließt, wird es niemals eine Situation geben können, in der es Tatsachen ohne Interpretation und damit ohne Streit um die richtige Interpretation gibt. Und entsprechend irreführend ist es, von Ebenen oder einer Hierarchie von Interpretationen zu sprechen. Religiöse Interpretationen Jesu setzen physische und historische nicht voraus. Sie sind keine

---

[35] Ebd. 24f.
[36] *P. Helm,* The Variety of Religious Belief (London 1973) 158ff.

Interpretationen historischer Interpretationen Jesu, sondern andere, eben *religiöse* Interpretationen Jesu. Und es ist keineswegs selbstverständlich, daß jede religiöse Interpretation von x auch eine historische Interpretation von x impliziert. Zwar dürfen sie, wenn es beide gibt, nicht inkonsistent sein, wenn sie verschiedene Interpretationen von demselben sein wollen. Aber es ist ein Mythos der aufgeklärten Vernunft, daß allein in empirischer oder historischer Perspektive, nicht aber in religiöser Perspektive das, was hier unterschiedlich interpretiert wird, identifiziert und damit die Realitätsfrage entschieden werden könne. Für den christlichen Glauben jedenfalls ist nicht die historische Beschreibung des Lebens und Sterbens Jesu das Selbstverständliche, die Interpretation der religiösen Signifikanz dieser Ereignisse dagegen das Kontroverse. Vielmehr ist das nur in religiöser Perspektive (bzw. in der Glaubensperspektive) thematische Handeln Gottes in Jesus Christus das eigentliche Ereignis, das in der historischen Perspektive nur in abstrakter, nämlich anderes ausblendender Weise in den Blick gefaßt wird. Der Glaube an Jesus Christus ist keine problematische religiöse Interpretation historischer Fakten, sondern diese sind Abstraktionen von einem komplexeren eschatologischen Ereignis: dem rettenden Handeln Gottes in Jesus Christus.

Verallgemeinern wir dies, dann heißt das: die geforderten Identifikationskriterien müssen bei theologischen Problemen in der Binnenperspektive des Glaubens selbst, nicht in irgendeiner externen Perspektive auf ihn und seine Manifestationen gesucht werden. Sie müssen theologische, nicht historische oder empirische Kriterien sein, wenn sie der eschatologischen Realität des Glaubens gerecht werden wollen.

3.2.2 Das Wahrheitsproblem
Selbst wenn man diese Ansicht nicht teilt, wird man einer Implikation der vorangehenden Überlegungen die Zustimmung nicht verweigern können: daß es Sachverhalte oder Phänomene gibt, die nur zureichend erfaßt werden können, wenn sie nicht nur in einer, sondern zugleich in verschiedenen Perspektiven erfaßt, beschrieben und reflektiert werden. Das gilt insbesondere für kulturelle Phänomene, die sich menschlichen Aktivitäten und ihren Resultaten verdanken. Sie alle lassen sich sachgemäß nur erfassen, wenn sie aus unterschiedlicher Perspektive und damit von verschiedenen Standpunkten aus und in verschiedenen Bezugsrahmen beschrieben werden: der *Binnenperspektive der Partizipanten* und der *Außenperspektive der Beobachter*. Beide Beschreibungsweisen, die (immer nur im Plural existierende) interne Partizipantenperspektive und die (eben-

falls immer nur im Plural existierende) externe Beobachterperspektive, lassen sich weder aufeinander reduzieren noch durcheinander ersetzen noch je für sich absolut setzen, ohne in Reduktionismen und Verkürzungen bei der Erfassung dieser Phänomene zu geraten.

Das gilt auch für Kirche und Theologie als geschichtliche Objektivationen des christlichen Glaubens. Sie alle lassen sich zureichend nur erfassen, wenn man sie sowohl in der Partizipanten- oder *Glaubensperspektive* wie auch in der Beobachter- oder *Vernunftperspektive*[37] reflektiert. Das kann in unterschiedlicher und durchaus divergierender Weise geschehen. Aber es läßt sich nicht vermeiden oder umgehen. Versteht man nun Theologie (im Unterschied zur Religionswissenschaft) als kritisch-reflexive Entfaltung der internen Glaubensperspektive, die auch im reflektierenden Diskurs von Gott im Modus der zweiten Person und nicht (wie in der Außenperspektive) im Modus der dritten Person spricht, dann ist derjenige theologische Entwurf stärker, der nicht nur mit beiden Perspektiven rechnet, sondern die Glaubensperspektive so entfaltet, daß es zu einer internen Rekonstruktion der externen Perspektive kommt. Und dasselbe gilt umgekehrt von Entwürfen in der Außenperspektive: sie sind stärker, wenn sie die Partizipantenperspektive nicht ignorieren, sondern in ihren externen Konzeptionen zu rekonstruieren suchen. Obgleich daher beide Perspektiven von unterschiedlicher Komplexität und interner Differenziertheit sein können, gibt es eine irreduzible Differenz zwischen (theologischer) Glaubensperspektive und (philosophischer, historischer, psychologischer, soziologischer usf.) Vernunftperspektive und ihrem jeweiligen Wirklichkeitsverständnis, einschließlich (in reflexiver Bezogenheit) ihrer selbst; zwischen den theologischen Selbstexplikationen des Glaubens, die dessen universale Signifikanz vom Standpunkt christlichen Erfahrens, Lebens und Denkens her entfalten, und den philosophischen und/oder wissenschaftlichen Erklärungsversuchen von Tatsache, Form und Inhalt christlicher Glaubensansichten und Institutionen.

---

[37] Diese Bezeichnung ist eine Kurzformel für die Beobachterperspektive auf den Glauben im Unterschied zur Binnenperspektive des Glaubens. Sie ist also nicht dahingehend mißzuverstehen, als gäbe es in der Glaubensperspektive keine Vernunft und in der Vernunftperspektive keinen (doxastischen) Glauben. ‚Vernunft', so sagte ich, charakterisiert eine spezifische Weise, Probleme durch diskursive Argumentation zu lösen und doxastische Ansichten durch die Angabe von Gründen zu rechtfertigen und zu begründen. In diesem Sinn fungiert Vernunft sowohl in der Glaubensperspektive wie auch in der Vernunftperspektive. Denn die Nötigung, Probleme diskursiv zu lösen und über Fragen rational zu argumentieren, ergibt sich sowohl für Partizipanten wie auch für Beobachter im Umgang mit dem christlichen Glauben.

Das mit dieser Differenz markierte Problem ist das fundamentale *externe Rationalitätsproblem* der Theologie. Es stellt sich in ihrem Verhältnis zu anderen Disziplinen. Aber es stellt sich auch in ihr selbst, insofern ihr Reden von Gott immer als Kombination der Rede von Gott im Modus der zweiten Person (Binnenperspektive) und im Modus der dritten Person (Außenperspektive) auftritt: sie hat keine Binnenperspektive, die nicht schon eine Außenperspektive einschlösse, da sie einen Glauben expliziert, der sich selbst nie ohne kritische Differenz zu unserer Wirklichkeitserfahrung zur Geltung bringt: es gibt ihn nicht, ohne daß er Skandal für die Juden und Unsinn für die Heiden wäre. Das externe Rationalitätsproblem hat christliche Theologie daher von ihren Anfängen an begleitet und eine Reihe typischer Ausprägungen gefunden. Ich erinnere nur kurz an fünf der wichtigsten Versuche in der westlichen Theologiegeschichte, das Verhältnis von Binnenperspektive des Glaubens und Beobachterperspektive auf den Glauben zu bestimmen. Sie alle zeichnen sich dadurch aus, daß sie einerseits in externer Perspektive den Ort und die Stellung theologischer Reflexion im Zusammenhang unserer Wissensbemühungen markieren (also in Gestalt nichttheologischer Aussagen über die Theologie und ihr Verhältnis zu anderen Disziplinen auftreten), andererseits aber auch innerhalb der Theologie zu immer wieder anderer Verarbeitung der Perspektivendifferenz geführt haben (also in theologischen Aussagen über das Verhältnis theologischer zu nichttheologischer Reflexion zum Ausdruck kommen). Ich deute nur an:

1. *Glaube und natürliche Vernunft:* Für lange Zeit wurde das Problem vor allem als Verhältnis natürlicher und übernatürlicher Perspektiven auf Glaube und Welt behandelt bzw. innerhalb der Theologie als Verhältnis von Natur und Gnade.

2. *Glaube und rationale Vernunft:* In der Aufklärungsepoche wurde dieses Modell durch das eines Verhältnisses zwischen theologischen und philosophisch-metaphysischen Perspektiven auf Glaube und Welt ersetzt bzw. innerhalb der Theologie durch das Verhältnis von natürlicher und offenbarter Theologie.

3. *Glaube und geschichtliche Vernunft:* Als mit der geschichtlichen Partikularität der christlichen Offenbarung auch die Geschichtlichkeit der Vernunft deutlicher erkannt wurde, wurde das Problem als Verhältnis zwischen theologischen und historischen Perspektiven auf Glaube und Welt bzw. innerhalb der Theologie als Verhältnis zwischen Geschichte und Dogmatik reformuliert.

4. *Glaube und Erfahrungsvernunft:* Mit dem Aufstieg psychologischer Denkformen wurde dies erweitert im Hinblick auf das Verhältnis theologischer und psychologischer Perspektiven auf Glaube und

Welt bzw., innerhalb der Theologie, im Blick auf das Verhältnis von Erfahrung und Offenbarung.

5. *Glaube und kommunikative Vernunft:* Die in unserem Jahrhundert dominante Konstellation faßt das Problem als Verhältnis theologischer und soziologischer Perspektiven auf Glaube und Welt bzw., innerhalb der Theologie, als Verhältnis zwischen der empirischen und sozialwissenschaftlichen Orientierung der praktischen Theologie und der exegetischen und dogmatischen Orientierung der systematischen Theologie.

In jeder dieser Konstellationen werden die Ausdrücke ‚Glaube', ‚Vernunft', ‚Offenbarung', ‚Erfahrung', ‚Natur' usf. in unterschiedlichen Kontrastzusammenhängen gebraucht und damit in je anderer Weise verstanden. In jeder dieser Konstellationen wird damit auch das Perspektivenproblem in anderer Weise gefaßt. Und in jeder dieser Konstellationen wurden von beiden Perspektivenpositionen aus charakteristische Lösungsmodelle entwickelt einschließlich der Grenzfälle, in denen der jeweils andere Perspektivenpol von der Glaubens- und von der Vernunftperspektive aus negiert wird. Ich kann das wiederum nur andeuten:

1. Die rein theologische Akzentuierung des ersten Modells als *Glaube statt natürlicher Vernunft* ergibt faktisch die Position der reformatorischen Theologie Luthers, in welcher die Glaubensperspektive universalisiert und die Differenz zur Vernunftperspektive als Gegensatz zwischen Gesetz und Evangelium intern rekonstruiert wird. Umgekehrt führt die rein philosophische Akzentuierung dieses Modells als *natürliche Vernunft statt Glaube* zur rationalen Vernunftkonzeption der Aufklärung, in welcher die Vernunftperspektive universalisiert und in ihr die Perspektivendifferenz als Gegensatz von Offenbarung und Vernunft rekonstruiert wird.

2. Die rein theologische Fassung des zweiten Modells als *Glaube statt rationaler Vernunft* findet sich in den suprarationalistischen und romantischen Reaktionen gegen die Aufklärung bis hin zu Kierkegaard, in denen die Perspektivendifferenz als Ausgrenzung der aufklärungsphilosophischen Vernunftperspektive fortwirkt. In seiner rein philosophischen Fassung als *rationale Vernunft statt Glaube* führt dieses Modell dagegen in die Ansätze radikaler Religionskritik, die die Glaubensperspektive nur als Verblendungsperspektive wahrzunehmen vermögen.

3. Die rein philosophische Fassung des dritten Modells als *geschichtliche Vernunft statt Glaube* findet sich in den genetischen Stufen- oder Phasenmodellen des 19. Jahrhunderts, die Religionsentwicklung als Ablösung des religiösen Mythos durch den wissenschaftlichen Logos begreifen (Comte) und in denen die Perspektivendiffe-

renz historisch auf eine überwundene Stufe menschlicher Orientierung in der Wirklichkeit reduziert wird. Seine rein theologische Zuspitzung als *Glaube statt geschichtlicher Vernunft* hingegen kann in den radikaleschatologischen Positionen des ausgehenden 19. Jahrhunderts bis hin zur Dialektischen Theologie gefunden werden, die gegenüber allen geschichtlichen Variabilitäten in der Vernunftperspektive die dazu immer nur in Diastase auftretende Ereignisidentität des übergeschichtlichen Glaubensgeschehens herausstellen.

4. Das vierte Modell ist in seiner rein philosophischen Akzentuierung als *Erfahrungsvernunft statt Glaube* das Grundmodell pragmatischer Religionstheorien, die religiösen Glauben als Fall erfahrungsbegründeten Glaubens (belief) überhaupt begreifen und die Perspektivendifferenz allenfalls als Differenz verschiedener Glaubensarten in den Blick fassen. In seiner rein theologischen Fassung als *Glaube statt Erfahrungsvernunft* liegt es hingegen den offenbarungspositivistischen Ansätzen zurunde, die Glaube im Kontrast zu aller Religion und Religiosität bestimmen und die Perspektivendifferenz als Gegensatz göttlichen Handelns im Glauben zu allem menschlichen Erfahren und Handeln fassen.

5. Das fünfte Modell schließlich liegt in seiner rein philosophischen Zuspitzung als *kommunikative Vernunft statt Glaube* den neueren Ansätzen soziologischer Religionstheorie (Berger, Luhmann, Habermas) zugrunde, in der die Perspektivendifferenz auf den Leistungsbeitrag der Religion zur kommunikativen Konstruktion unserer Wirklichkeit reduziert wird, während es in theologischer Zuspitzung als *Glaube statt kommunikativer Vernunft* fundamentalistische Ansätze der Gegenwart prägt, die sich gegenüber allen Außenperspektiven rigide und dogmatistisch auf die (damit überhaupt nicht mehr als Perspektive wahrgenommene) Glaubensperspektive versteifen.

Man braucht sich allerdings nicht an diesen Extremformen der Vermittlung von Glaubens- und Vernunftperspektive zu orientieren, um zu sehen, daß keines dieser Modelle voll befriedigt. Nicht nur deshalb, weil sich Antworten aus der einen paradigmatischen Konstellation nicht ohne weiteres auf eine andere Konstellation des Problems übertragen lassen. Sondern vor allem auch deshalb, weil alle Lösungsmodelle immer nur die Einheit-in-der-Differenz oder die Differenz-in-der-Einheit der internen und externen Perspektiven zur Darstellung bringen, die Grunddifferenz beider Perspektiven aber nicht überwinden können. Das aber heißt: das Problem der Perspektivität bzw. genauer: das Problem multipler Perspektiven auf Glaube und Welt ist ein Strukturproblem theologischer Rationalität, das sich nur so ‚lösen' läßt, daß es in anderer Form wieder auftritt.

4. Die Christologie als Problemzentrum

Reflexion und Perspektivität sind die beiden methodischen Grundprobleme theologischer Rationalität und als solche Hauptquelle der um diese geführten Auseinandersetzungen. Das um so mehr, als sie häufig undifferenziert auftreten und als ein und dasselbe Problem in den Blick gefaßt werden, da dieselbe Sprache und Begrifflichkeit sowohl in der internen Reflexion der Theologie wie auch in der externen Reflexion der Philosophie, Geschichtswissenschaft, Psychologie, Soziologie usf. verwendet werden kann und verwendet wird. Die Differenz zwischen Glaube und Reflexion wird dann verbunden oder gar identifiziert mit der Differenz zwischen internen und externen Perspektiven auf den christlichen Glauben. Die Folge ist, daß die Reflexionsformen theologischer Rekonstruktion nicht mehr unterschieden werden von entsprechenden Formen externer philosophischer oder wissenschaftlicher Konstruktion. Theologische Explikation und philosophische bzw. wissenschaftliche Erklärung des Glaubens werden damit gleichgestellt und mit gleichen Erwartungen konfrontiert. Das aber ist eine permanente Quelle der Konfusion. Zum einen werden damit theologische Antworten unmittelbar auf nichttheologische Probleme bezogen (und umgekehrt). Zum andern wird die Fundamentaldifferenz theologischer Reflexion christlicher Rede von Gott im Modus der zweiten Person und ihrer philosophischen Reflexion im Modus der dritten Person verwischt und damit die Pointe theologischer Reflexion verspielt. Und schließlich werden theologische Selbstexplikationen des Glaubens aufgrund der verwendeten Sprache und Begrifflichkeit kaum vermeidbar mit Problemen belastet, die sich nicht aus ihrer Sache ergeben. So kann christliche Theologie nicht auf die Verwendung des Wortes ‚Gott' verzichten. Aber über lange Zeit hat sie mit diesem Wort auch die damit in der westlichen Tradition verbundene, ausschließlich im Modus der dritten Person entworfene theistische Konzeption eines höchsten, allwissenden, allmächtigen und allgütigen Wesens samt all den damit verbundenen logischen und sachlichen Problemen übernommen, statt sich konsequent auf die Ausarbeitung einer der Rede von Gott im Modus der zweiten Person gerecht werdenden trinitarischen Gotteskonzeption in der Binnenperspektive des Glaubens zu konzentrieren.

Es liegt auf der Hand, daß Theologen solche Konfusionen, Verkürzungen und Verkehrungen nur kontrollieren und aufdecken können, wenn sie über Kriterien verfügen, die ihnen zwischen adäquaten und inadäquaten Rekonstruktionen des christlichen Glaubens zu unterscheiden erlauben. Wir haben gesehen, daß diese Kriterien in den christologisch fundierten Rationalitätsstandards christlicher Theologie ausformuliert sind. Die Zentralität der Christologie für die christliche Theologie und ihre Rationalität zeigt sich dementsprechend genau darin, daß die Probleme der Reflexion und Perspektivität in den christologischen Lehrbildungen der Theologie in ganz besonderer Weise virulent werden. Unsere fundamentaltheologischen Überlegungen zum Rationalitätsproblem der Theologie führen so sachlich konsequent an die Schwelle zu materialen christologischen Erörterungen: Die Christologie ist das Problemzentrum der Reflexions- und Perspektivenproblematik christlicher Theologie, und die dogmatische Lehre von Jesus Christus der fundamentale Prüfstein auch der methodischen Rationalität theologischer Reflexion. Doch das muß hier als spezifische Aufgabe der Dogmatik Problemanzeige bleiben. Nicht umgangen werden kann hingegen ein anderes fundamentaltheologisches Problem, das bei den dogmatischen Ausführungen materialer Christologie immer schon als gelöst in Anspruch genommen wird: das Erkenntnisproblem. Ihm haben wir uns im abschließenden Kapitel zuzuwenden.

III
Das Erkenntnisproblem:
Heiliger Geist und menschliche Erkenntnis

Die interne Rationalität christlicher Theologie ist nach den bisherigen Überlegungen durch zwei Grundzüge charakterisiert. Ihre *inhaltliche Bestimmtheit*, das belegen ihre zentralen Argumentationsstandards von Schrift, Bekenntnis und Dogma, verdankt sie ihrem fundamentalen Bezug auf Jesus Christus und auf das in ihm sich manifestierende Heilshandeln Gottes. Ihre *formale Vernunftstruktur* hingegen liegt in ihrem kombinatorischen Verfahren und der charakteristischen Verknüpfung unterschiedlicher Perspektiven bei ihrer argumentativen Reflexion des christlichen Glaubens. In beiden Hinsichten läßt sich die Eigenart ihrer internen Rationalität nicht entfalten, ohne auf das Erkenntnisproblem und die Wahrheitsfrage zu stoßen. So ist das epistemische Grundproblem, dem sich jede Bearbeitung der Reflexions- und Perspektivenproblematik in der Christologie und damit im Zentralbereich christlicher Theologie auf jeden Fall stellen muß, die Frage nach der Erkenntnis Jesu als des Christus. Diese Frage ist gleichbedeutend mit der Frage nach der *Funktion und Bedeutung des heiligen Geistes für den Glauben und das theologische Erkennen.* Ohne den heiligen Geist läßt sich christlicher Überzeugung zufolge Jesus als Christus weder bekennen noch erkennen. Entfaltet daher das Rationalitätsproblem seine Virulenz vor allem in der Christologie, dann verweist das damit immer auch verbundene Erkenntnisproblem theologisch vor allem in die Pneumatologie. Diesem Problemaspekt theologischer Rationalität soll in diesem Kapitel nachgegangen werden.

Ohne den heiligen Geist – das ist theologischer Konsens – gibt es weder Glauben noch Glaubenserkenntnis. Der spiritus sanctus ist Voraussetzung nicht nur der fides, sondern auch des intellectus fidei. Doch – und spätestens hier beginnt der theologische Dissens – gilt das nur für die Glaubenserkenntnis? Gibt es denn irgendeine Erkenntnis, die sich nicht dem „Geist der Erkenntnis" (Jes 11,1 f) verdankt, der uns als „Geist der Wahrheit ... in die ganze Wahrheit führen" wird (Joh 16,13)? Wenn es sie gibt, worin unterscheidet sie sich von geistgewirkter Erkenntnis oder was erlaubt überhaupt, beides *Erkenntnis* zu nennen? Wenn es sie aber nicht gibt, welchen Sinn hat es dann, in hervorgehobener Weise von *geistgewirkter* Erkenntnis zu reden und diese damit von anderen Arten der Erkenntnis abzugrenzen? Müßte dann nicht Ambrosiasters Axiom „Omne verum, a quocumque dicatur, a Spirito Sancto est"[1] nicht nur als epistemologischer Grundsatz der Pneumatologie, sondern als pneumatologisches Grundprinzip der Erkenntnistheorie vertreten werden?

Fragen dieser Art nötigen die Pneumatologie zu erkenntnistheoretischer Reflexion, und zwar sowohl in interner wie auch in externer Hinsicht. So hat sie einerseits binnentheologisch die Funktion des Geistes für fides und intellectus fidei zu entfalten. Andererseits ist sie dazu nicht in der Lage, ohne zugleich auch extern ihr Verhältnis zum Erkenntnisproblem überhaupt und zu der dieses bearbeitenden Erkenntnistheorie zu erklären. Denn wie theologisch gilt, daß sich Funktion und Bedeutung des heiligen Geistes nicht auf Glaube und Glaubenserkenntnis beschränken, so gilt epistemologisch, daß von Glaubenserkenntnis mit Recht nur geredet werden kann, wenn diese nicht toto coelo von anderer Erkenntnis verschieden ist. Ohne Berücksichtigung der externen erkenntnistheoretischen Perspektiven bleibt die pneumatologische Reflexion von Glaube und Glaubenserkenntnis daher auch binnentheologisch unbefriedigend. Das Verhältnis von heiligem Geist und Erkenntnis kann auch im Fall der Glaubenserkenntnis nur im Rahmen einer grundsätzlichen Klärung des Verhältnisses von Gottes Geist und menschlicher Erkenntnis und der diese Problemfelder bearbeitenden Disziplinen, der Pneumatologie und der Erkenntnistheorie, geklärt werden.

Vor allem auf dieses Rahmenproblem konzentrieren sich die folgenden Überlegungen. Denn die Problemstellungen und Denkmodelle, die explizit oder implizit die pneumatologische Reflexion der Glaubenserkenntnis bestimmen, sind durch diesen nicht nur theologischen, sondern immer auch erkenntnistheoretischen Rahmen wesentlich (mit)bestimmt. Bedenkt man darüber hinaus den heiligen Geist nicht nur in seiner Funktion für das Erkennen, sondern *als* (göttliches Selbst-)Erkennen, dann wird das Erkennen als solches zum Denkmodell für den Geist, so daß nach Entsprechungen zwischen Erkenntnisstrukturen und Geiststrukturen zu fragen sinnvoll wird.

Nach einer kurzen Charakterisierung des hier zugrundegelegten Verständnisses von Pneumatologie werde ich dementsprechend in einem ersten Teil in gedrängter Form zentrale Problemfelder der Er-

---

[1] PL 17,245.

kenntnistheorie skizzieren (1), ehe ich in einem zweiten Teil im Licht dieser Skizze der Frage nach dem Charakter geistgewirkter Erkenntnis im besonderen nachgehe (2).

1. Pneumatologie und Erkenntnistheorie

1.1 Pneumatologie als Lehre

Pneumatologie ist die *theologische Lehre vom heiligen Geist*. Unter *theologischer Lehre* sind die Probleme, Methoden und Resultate der Binnenreflexion christlicher Glaubenskommunikation zu verstehen, die zu einer bestimmten Zeit in der Gemeinschaft der Theologietreibenden begründete Zustimmung finden, also durch deren Konsens getragen werden. *Theologisch* (und nicht philosophisch, soziologisch, religionswissenschaftlich etc.) ist die Reflexion christlicher Glaubenskommunikation, insofern sie unter dem kritischen Leitgesichtspunkt der christologisch präzisierten Fundamentaldifferenz göttlichen und menschlichen Handelns durchgeführt wird: im Licht des Christusgeschehens ist Gottes Handeln als Schöpfungs- und Rechtfertigungshandeln des deus iustificans vel salvator zu präzisieren, unser Handeln dagegen als Sünden- und Glaubenshandeln des sündigen Geschöpfs und des gerechtfertigten Sünders. Theologische Reflexion resultiert in theologischer *Lehre,* wenn ihre Probleme, Methoden und Resultate nicht nur Lehrmeinungen individueller Theologen oder Theologinnen bleiben, sondern sich im wissenschaftlichen Diskurs der Theologie durchsetzen und im Lehr- und Ausbildungsbetrieb der Theologie Einfluß gewinnen. So verstanden umfaßt theologische Lehre den Inbegriff des zu einer bestimmten Zeit unter Theologen bestehenden Konsenses über Problemfelder, Methoden und Problemlösungen der kritisch-reflektierenden Selbstdeutung von Vollzug und Inhalt christlicher Glaubenskommunikation auf allen Ebenen des Differenzverhältnisses von Kirche und Welt.[2]

Zentraler (wenn auch nicht einziger) Deute- und Reflexionsbereich theologischer Lehre ist dabei jeweils die *kirchliche Lehre*. Diese ist der Inbegriff des in einer Kirche zu einem bestimmten Zeitpunkt bestehenden Konsenses über das Glaubenswissen, das in der gemeinschaftlichen Praxis in Anspruch genommen wird und individuell mehr oder weniger umfassend als Erkenntnis angeeignet ist.

---

[2] Vgl. oben S. 39 ff.

Theologische Lehre reflektiert und deutet dieses gemeinsame Glaubenswissen unter dem Leitgedanken, (individuell) christliche und (gemeinschaftlich) kirchliche Glaubenskommunikation und Glaubenspraxis dazu anzuleiten, in extensiver und intensiver Hinsicht mit dem dabei propagierten und praktizierten Glauben immer besser übereinzustimmen. Durch Klärung und Entfaltung der Gehalte und Implikationen christlichen Glaubenswissens sollen die Bedingungen dafür geschaffen werden, daß immer mehr Personen ein christliches Glaubensleben immer besser zu führen in der Lage sind.

So verstandene (kirchliche und theologische) *Lehre* ist nicht *Theorie*. Sie unterscheidet sich von dieser vielmehr durch ihren wesentlich *hermeneutischen, dogmatischen* und *praxisleitenden Charakter:* Sie deutet, expliziert und reflektiert zum Zweck kirchlicher und christlicher Praxisorientierung den Sinngehalt kirchlich vorgegebenen Glaubenswissens in seiner semantischen (Glaubensinhalt) und pragmatischen (Glaubensgewißheit) Dimension, bringt also nicht nur dessen *Inhalt* systematisch zur Darstellung, sondern berücksichtigt durch ihre dogmatische Darstellungsform auch den *assertorischen Charakter,* mit dem dieser Inhalt vertreten wird. Denn Gegenstand ihrer reflektierenden Selbstdeutung ist nicht der Glaube als solcher, sondern das christliche Glaubensgewissen. Dieses manifestiert sich als spezifisches Selbstwissen, Weltwissen und Gottwissen und kommt somit nur als assetorisch vertretener Inhalt individuellen und gemeinschaftlichen Wahrheitsbewußtseins im Kontext des sich wandelnden Wahrheitsbewußtseins der jeweiligen Zeit in den Blick. Nur indem Lehre immer wieder neu zu sachlich unverkürzter und semantisch klarer Aufnahme des geschichtlich vorgegebenen Glaubenswissens in das sich beständig verändernde gegenwärtige Wahrheitsbewußtsein anleitet, erfüllt sie dementsprechend ihre praxisleitende Funktion.

Eben deshalb präsentiert sie sich notwendig in *systematischer* und historisch *variabler* Gestalt: Sie muß auf geschichtlichen Wandel reagieren, wenn sie ihre Funktion erfüllen will, und ist deshalb als theologia viatorum nie definitiv zur Darstellung zu bringen. Andererseits kommt sie nicht einmal vorläufig zur Darstellung, wenn sie nicht als systematischer Zusammenhang eines dogmatischen Lehrganzen im umfassenden Kontext des gemeinsamen Wahrheitsbewußtseins einer Zeit entworfen wird. Als solcher steht sie stets unter dem doppelten Postulat der internen Kohärenz der einzelnen Komponenten oder Stücke theologischer bzw. kirchlicher Lehre und der externen Konsistenz theologischer bzw. kirchlicher Lehre und nichttheologischer lebensweltlicher bzw. wissenschaftlicher Erkenntnis. Lehre gibt es daher nur als gegliedertes Ganzes theologischer Glaubensreflexion in permanenter Auseinandersetzung mit dem Wissen ihrer Zeit.

In diesem Sinn verstandene Lehre ist keine voraussetzungslose Disziplin. Das gilt auch für die Pneumatologie. Als theologische Lehre setzt diese voraus, daß es

(1) *Glauben* und das diesen Glauben ermöglichende und bewirkende *Handeln Gottes* gibt;

(2) daß es *christliches Glaubenswissen* gibt, das sich sprachlich, nichtsprachlich und übersprachlich (symbolisch) manifestiert, also einen ihr vorgegebenen und von ihr unabhängigen Phänomen- und Problembereich, auf den sie sich bezieht und von dem her sie sich entfalten läßt;

(3) daß es *Theologie* als kritische Selbstdeutung christlichen Glaubenswissens anhand seiner Manifestationen im Hinblick auf den darin sich manifestierenden Glauben gibt;

(4) daß dies eine Lehre vom heiligen Geist *wesentlich* einschließt, insofern eine theologische Selbstdeutung christlichen Glaubenswissens ohne Pneumatologie nicht nur unvollständig, sondern unmöglich wäre;

(5) daß sich diese *nicht für sich,* sondern zur im Zusammenhang der übrigen theologischen Lehrstücke auf das vorgegebene Glaubenswissen bezieht, also keine isolierte, sondern eine wesentlich integrierte und integrierende Deuteperspektive darstellt; und

(6) daß diese Perspektive sich nicht nur auf das Glaubenswissen und den darin gewußten Glauben als solchen richtet, sondern über dieses zugleich auf die in und von ihm erschlossene Sicht der Wirklichkeit insgesamt.

Pneumatologie ist deshalb stets sowohl auf das ihr vorgegebene Glaubenswissen und seine Wirklichkeitssicht als das Gegenstandsfeld ihres Deutens bezogen als auch auf den Zusammenhang theologischer Lehrstücke und ihrer verschiedenen Deuteperspektiven als den Rahmen ihres Deutens. Beide Bezugspunkte können unterschiedlich gefaßt und gewichtet werden, wie die geschichtliche Vielfalt pneumatologischer Ansätze und Entwürfe belegt. Methodisch sind deshalb zu unterscheiden

(1) der Gegenstandsbereich theologischer Reflexion, wie er unter dem Stichwort *Pneuma* oder *heiliger Geist* in der spezifischen Deuteperspektive der Pneumatologie im Unterschied zu anderen Deuteperspektiven in den Blick gefaßt wird,

(2) die *Pneumatologie* als theologische Deutung des so thematisierten Gegenstandsbereichs, die als Lehre vom heiligen Geist unter Berücksichtigung ihres Zusammenhangs mit anderen Lehrstücken und deren Deuteperspektiven zu entfalten ist, und

(3) *pneumatologische Entwürfe,* die die Aufgaben der Pneumatologie hinsichtlich ihres Gegenstandsfeldes und hinsichtlich ihrer Verzahnung mit anderen Lehren in unterschiedlicher Weise und mehr oder weniger adäquat zu lösen suchen.
Jede dieser Hinsichten (Gegenstandsfeld, Deutung, Deutungsentwurf) kann besonders akzentuiert werden und den Charakter pneumatologischer Reflexion prägen. Pneumatologische Entwürfe können daher aus verschiedenen Gründen weit differieren. Entsprechend different kann die Erkenntnisproblematik behandelt werden. Überzeugend geschieht dies allerdings nur, wenn das Verhältnis pneumatologischer Erkenntnisreflexion zur Erkenntnistheorie ausdrücklich mitbedacht wird. Dabei geht es nicht nur um die Beziehung zweier unterschiedlicher Erkenntnisfelder, sondern um das Verhältnis zweier unterschiedlicher Reflexionszusammenhänge verschiedener Erkenntnisfelder, nämlich um das Differenzverhältnis zwischen (theologischer) *Lehre* und (epistemologischer) *Theorie.* Um dieses genauer fassen zu können, müssen wir uns den Problemstellungen der Erkenntnistheorie ausführlicher zuwenden.

1.2 Theorie menschlicher Erkenntnis

Erkenntnistheorie ist die *Theorie menschlicher Erkenntnis.* ‚Theorie' kann dabei in wissenschaftlichem oder in philosophischem Sinn verstanden werden. In wissenschaftlichem Verständnis ist sie *empirische Theorie menschlichen Wissens- und Erkenntnisgewinns,* also der Versuch, die quaestio facti unseres Wissens und Erkennens durch hypothetische Rekonstruktion und Erklärung der kognitiven Mechanismen der Genese unseres Wissens und Erkennens zu beantworten. In philosophischem Verständnis hingegen ist sie *Klärung, Kritik, Begründung und Rechtfertigung menschlicher Wissens- und Erkenntnisansprüche,* also der Versuch, die quaestio iuris unseres Wissens und Erkennens durch Aufklärung der Bedingungen der Möglichkeit wahren Wissens und gewisser Erkenntnis überhaupt systematisch zu beantworten. Im Folgenden geht es vor allem um dieses philosophische Verständnis.
Menschliche *Erkenntnis* ist geläufiger Analyse zufolge dadurch charakterisiert, daß sie *wahr* ist, daß sie *für wahr gehalten* wird und daß sie *mit Gründen* für wahr gehalten wird (justified true belief[3]). Der Bezug auf Wahrheit, Wissen, Glaube und Gründe gehört konstitutiv zu menschlicher Erkenntnis und markiert deren Selbstunter-

---

[3] R. K. *Shope,* The Analysis of Knowing (Princeton 1983).

scheidung von Scheinwissen, Nichtwissen und bloßem, unbegründetem Erkenntnisanspruch. Ich expliziere das in aller Kürze in 4 Punkten:

(1) Das Verb *erkennen* hat (u. a.) einen *personalen* und einen *propositionalen* Sinn. Sein personaler Sinn kommt in Sätzen der Form „X erkennt Y" zum Ausdruck, in denen X und Y durch Namen oder Beschreibungen von Personen zu ersetzen sind. Sein propositionaler Sinn dagegen zeigt sich in Sätzen der Form „X erkennt, daß p", in denen X durch Namen oder Beschreibungen von Personen, p durch einen Ausdruck für eine (oder mehrere) Proposition(en) zu ersetzen sind. Damit ist weder der Sinn von *erkennen* vollständig expliziert noch schließen sich die beiden genannten Explikationen aus. Während aber der personale den propositionalen Sinn impliziert, insofern man niemand erkennen kann, ohne einen Sachverhalt über ihn als wahr zu erkennen, gilt das Umgekehrte nicht.

(2) Erkenntnis impliziert *Wahrheit*. Das heißt: Aus „X erkennt, daß p" kann „p ist wahr" geschlossen werden. Entsprechend kann ein Erkenntnisanspruch nur wahr sein, wenn die zu erkennen beanspruchte Proposition wahr ist. Ist das nicht der Fall, liegt ein Irrtum oder eine Täuschung und damit in jedem Fall keine bzw. eine nur vermeintliche Erkenntnis vor.

Nun ist eine Proposition dann wahr, wenn das, was sie sagt, der Fall ist, falsch dagegen, wenn es nicht der Fall ist. Oder mit Tarski formuliert: ‚p' ist wahr dann und nur dann, wenn p. Diese Feststellung ist noch keine Festlegung auf eine bestimmte Wahrheitstheorie, etwa eine Korrespondenz- oder Kohärenztheorie. Vielmehr muß jede Wahrheitstheorie dem Tarski-Kriterium genügen, wenn sie ihr Thema nicht verfehlen will.

Orientiert man sich an dieser Minimalbedingung der Wahrheit von Propositionen, dann sind wahre Propositionen nicht auf den Bereich raumzeitlich-empirischer Aussagen restringiert. Wahr oder falsch können dann
– empirische Einzel- und Allaussagen sein (kontingente Wahrheiten a posteriori),
– kategoriale Aussagen über die Strukturbedingungen empirischer Aussagen (notwendige Wahrheiten a posteriori),
– strukturelle Aussagen über die logischen und mathematischen Formen empirischer und kategorialer Aussagen (analytische notwendige Wahrheiten a priori),
– metaphysische Aussagen über mögliche Welten und die wirkliche Welt als eine der möglichen Welten (nichtanalytische notwendige Wahrheiten a priori),
– spekulativ-theologische Aussagen über die Konstitution von

Möglichkeit und Wirklichkeit als solcher (kontingente Wahrheiten a priori).

Entsprechend können wir von empirischer, kategorialer, struktureller, metaphysischer und spekulativer Erkenntnis sprechen.

(3) Erkenntnis impliziert *Wissen* und (doxastischen) *Glauben*. Das heißt: Aus „X erkennt, daß p" kann „X weiß, daß p" geschlossen werden. Wissen seinerseits liegt nur vor, wenn das Gewußte wahr ist und vom Wissenden als wahr geglaubt (für wahr gehalten) wird. So folgt aus „X weiß, daß p" nicht nur logisch „p ist wahr", sondern auch „X glaubt, daß p wahr ist". Ein echter (und nicht nur vermeintlicher) Wissensanspruch liegt deshalb nur vor, wenn p wahr ist und wenn X glaubt, daß p wahr ist. Und entsprechend impliziert ein Erkenntnisanspruch, daß X für wahr hält, was er zu erkennen (bzw. erkannt zu haben) beansprucht.

(4) Erkenntnis impliziert *Gründe*. Das heißt: Aus „X erkennt, daß p" kann „X hat gute Gründe, p für wahr zu halten" gefolgert werden. Man kann p für wahr halten, obgleich es nicht wahr ist (auch wenn man sich dann irrt). Man kann p wissen, ohne Gründe für den Glauben, daß p, zu haben, wenn p nur wahr ist. Aber man kann p nicht erkennen/erkannt haben, wenn man keine guten Gründe hat, es für wahr zu halten. Das heißt nicht, daß jeder dieselben Gründe haben muß, daß nur bestimmte Gründe einen geglaubten Sachverhalt als Erkenntnis ausweisen oder daß es eine generelle Antwort auf die Frage geben müsse, was denn ein guter Grund sei. Das kann von Fall zu Fall (Person zu Person einerseits und Sache zu Sache andererseits) durchaus verschieden sein. Aber es ist eben der intrinsische Bezug auf Gründe für je meinen Glauben an die Wahrheit von p, der Erkenntnis von Glauben und von Wissen unterscheidet. Der Unterschied läßt sich in drei Punkten fassen:

Zum einen ist Erkenntnis im Unterschied zu Wissen eine wesentlich personrelative Kategorie. Wir können dasselbe wissen, aber die Erkenntnis der Wahrheit unseres gemeinsamen Wissens ist für jeden von uns verschieden, da sie von den konkreten Gründen abhängt, die uns jeweils vom Recht unseres Glaubens, daß p, überzeugen.

Zum andern verändert Erkenntnis nicht den Gehalt unseres Wissens und Glaubens. Wir könnten sonst niemals dasselbe erkennen, selbst wenn wir dasselbe wüßten. Nicht der Gehalt von p, sondern der Modus, in dem p geglaubt wird, unterscheidet Wissen und Erkenntnis. Wer die Wahrheit dessen erkennt, was er zuvor schon wußte, glaubt nichts anderes, sondern glaubt dasselbe anders, nämlich mit Gewißheit. Erkenntnis ist so gesehen verifiziertes und damit gewisses Wissen; und sein Wissen zu verifizieren, heißt, es sich als Erkenntnis anzueignen.

Zum dritten schließlich wird Erkenntnis als verifiziertes (gerechtfertigtes) Wissen unter anderen Bedingungen erworben als Wissen. Unseres ganzes Leben besteht in einem komplexen und vielschichtigen Prozeß des Erwerbs, der Erprobung, der Modifikation und der Korrektur doxastischen Glaubens (belief). Das hat eine Reihe von Implikationen:

(a) Doxastischer Glaube ist nur eine unserer Einstellungen (attitudes), in denen sich unser Verhältnis zu unserer Umwelt und zu uns selbst vollzieht; und zwar gehört er neben Wünschen, Hoffnung, Furcht usf. zu denjenigen Einstellungen, die einen propositionalen Gehalt besitzen (propositional attitudes), sich also durch die Form ‚Ich glaube / wünsche / hoffe / fürchte etc., daß p' repräsentieren lassen. Innerhalb dieser Gruppe zeichnet sich Glauben gegenüber anderen propositionalen Einstellungen dadurch aus, daß sein Gehalt nicht nur aus kognitiven Sinninstruktionen, sondern aus *Informationen* aufgebaut ist und damit aus *Propositionen* besteht, die nicht nur wahr oder falsch sein können, sondern wahr zu sein beanspruchen. Das muß nicht zutreffen, denn Informationen können falsch sein. Aber Informationen unterscheiden sich dadurch von Sinninstruktionen im allgemeinen (die ja keineswegs nur kognitiven, sondern auch emotiven, affektiven usf. Charakter haben können) und kognitiven Sinninstruktionen im besondern (die bloß mögliche Sachverhalte darstellen), daß sie Sachverhalte *als Tatsachen* präsentieren und damit das Wahrheitsproblem aufwerfen. Im Unterschied zu ‚Ich wünsche / hoffe / fürchte etc., daß p' beinhaltet ‚Ich glaube, daß p' die Information, daß p (nicht nur möglich, sondern) der Fall ist; und das kann (meist) auch falsch sein. Doxastischer Glaube besteht daher darin, bestimmte Propositionen, die auch falsch sein könnten, für wahr zu halten.

(b) Propositionen sind nicht nur wahr oder falsch, sondern abstrakt. Sie haben keinen Ort in Raum und Zeit und stehen in keinem Kausalverhältnis zur Wirklichkeit. Das heißt nicht, daß sie in einem besonderen Bereich existieren, sondern daß sie semiotisch konstituiert und damit durch die Differenz von Signifikant (Darstellung) und Signifikat (Dargestelltes) charakterisiert sind. Sie sind keine raumzeitlichen Gegenstände (Dinge, Ereignisse und ihre Verhältnisse), sondern semiotische Relationen, die zwar auf solche Gegenstände als ihre Zeichenträger angewiesen sind, aber die wirkliche Welt der Zeichenträger auf die möglichen Welten der Zeichen hin transzendieren, indem sie aufgrund ihrer semantisch-syntaktischen Eigenschaften Sachverhalte und damit mögliche Welten und aufgrund ihrer pragmatischen Eigenschaften unsere Einschätzung dieser Sachverhalte als Tatsachen repräsentieren können. Propositionen müssen damit als *Typen* (types) gedacht werden, die von vielen zugleich und zu verschiedenen Zeiten als dieselben geglaubt, gewußt oder erkannt werden können und die sich in verschiedensten Darstellungen (Sätzen, Bildern, Glauben, Handlungsvollzügen etc.) ausdrücken lassen. Darstellungen von Propositionen (tokens) dagegen sind raumzeitlich lokalisiert und haben Ursachen und Wirkungen. Deshalb können wir zwar nicht denselben Glauben haben, aber wir können dasselbe glauben.

(c) Die Gesamtheit dessen, was wir jeweils für wahr halten (glauben) und das unser Handeln, Verhalten und Denken bestimmt, ist nun aber immer umfassender als das, was wir bewußt für wahr halten. Doch nicht alles, was wir bewußt oder nicht bewußt für wahr halten, ist auch wahr, so daß nicht all unser Glauben auch Wissen ist. Zu jedem Zeitpunkt unseres Lebens sind wir vielmehr von einem komplexen Beieinander von Irrtum und Wissen bestimmt. Doch auch das, was wir wissen, ist keineswegs alles von uns auch als wahr erkannt, so daß wir immer mehr wissen, als wir faktisch erkannt haben. Denn erkannt haben wir nur das, was wir als Wissen verifiziert bzw. als Irrtum ausgeschieden haben und dessen Wahrheit oder Falschheit uns damit gewiß ist. Sowenig all unser Glauben Wissen ist, sowenig ist all unser Wissen gewisses Wissen und damit Erkenntnis. Und wir bemühen uns eben deshalb beständig und auf vielerlei Weisen um Erkenntnis, weil wir nur so zwischen Wissen und Irrtum in der uns bestimmenden Gesamtheit von Glaubensansichten unterscheiden und unser Handeln damit am Wissen und nicht am Irrtum orientieren können.

Diese Problemskizze verweist auf eine Reihe erkenntnistheoretischer Grundaufgaben. So sind – um nur einige zu nennen – die Hauptdimensionen unseres Glaubens und Wissens zu explizieren und in ihrer Eigenart zu bedenken; es sind die Grundsituationen zu differenzieren, in denen wir unser dementsprechendes Wissen verifizieren bzw. vermeintliches Wissen falsifizieren und damit als Erkenntnis aneignen können; und es sind überhaupt die vielfältigen Voraussetzungen zu erheben und zu klären, die erkenntnistheoretische Reflexion in Anspruch nimmt. Einige dieser Fragefelder, die auch für die Theologie besonders relevant sind, sind kurz genauer zu skizzieren.

1.3 Dimensionen des Wissens

Geläufiger Analyse zufolge hat das Glauben und Wissen des sozialen Handlungswesens Mensch mindestens vier, für unsere Fähigkeit zur Selbsterhaltung und Orientierung in der Welt wesentliche Dimensionen. Diese ergeben sich, wenn wir unser Glauben und Wissen als Problemlösepotential begreifen, das sich nach *Sachfragen, Handlungsfragen, Sinnfragen und Begriffsfragen* differenzierend beschreiben läßt:

(1) *Sachfragen* betreffen alles, was wir als wahr (ontische Sachverhalte) und als gültig (normative Sachverhalte) wissen können. Sie zielen auf das, was ist/gilt (Wirklichkeit) und was sein/gelten kann (Möglichkeit), und damit auch auf das, was unter den Bedingungen des als wirklich erkannten Seins und als geltend erkannten Sollens von uns getan werden kann (Fähigkeit). Die Antwort auf Sachfragen besteht dementsprechend einerseits in der *Erklärung* dessen, was wirklich und was möglich ist und was wir handelnd zu verwirklichen vermögen, und andererseits in der *Begründung* dessen, was wir als wirklich und möglich bzw. als im Bereich unserer Fähigkeiten liegend behaupten.

(2) *Handlungsfragen* betreffen alles, was wir tun wollen (axiologische Sachverhalte) und tun sollen (deontische Sachverhalte). Sie zielen auf das, was wir im Rahmen unseres Wirklichkeits- und Möglichkeitswissens anstreben und tun sollen (Handlungsziele) und wie wir unser Handeln zum Erreichen dieser Ziele einzurichten haben, ohne unsere gemeinsame Existenz als soziale Handlungswesen faktisch oder potentiell zu gefährden (Handlungsmaximen). Die Antwort auf Handlungsfragen besteht dementsprechend in der *Rechtfertigung* des Handelns, für das wir uns angesichts dieses Wissens jeweils entscheiden.

(3) *Sinnfragen* betreffen alles, was wir wissen können und tun wollen und sollen, aber nicht für sich genommen, sondern in seiner jeweiligen Signifikanz für uns. Sie richten sich also nicht auf eine bestimmte Klasse von Wissensgegenständen neben denen des Sachwissens und des Handlungswissens, sondern auf unser spezifisches Einbezogensein in dieses Wissen, ein Einbezogensein, das sich je und je anders darstellen kann. Indem sie fragen, welche Bedeutung das, was ist/gilt und sein/gelten kann und unter diesen Umständen von uns gewünscht wird und getan werden soll, *für uns* hat, fragen sie nach der für uns jeweils maßgeblichen *Perspektive* auf unser Sach- und Handlungswissen und damit nach dessen prinzipieller und konkreter handlungsleitender Relevanz für uns. Eben so provozieren sie uns zur Transformation unseres Wissens in *orientierendes Wissen*. Denn als *Orientierungswissen* erweist sich unser Wissen in dem Maße, als es von uns so als Erkenntnis angeeignet und gebraucht wird, daß es uns hilft, uns in der Welt zu orten und die Welt für uns zu ordnen. Es ordnet die Welt für uns, wenn es in unsere sozialen Konstruktionen der Wirklichkeit so eingeht, daß hand-

lungsleitende Grundstrukturen deutlich werden, aufgrund derer wir gemeinsam in der Welt zu handeln vermögen. Und es ortet uns in der Welt, wenn es uns in unserer sozial konstruierten Wirklichkeit so lokalisiert, daß wir uns im Bezug auf andere und anderes in ihr zurechtfinden können. Zu diesem *Ordnen* und *Orten* kommt es nur über einen Prozeß permanenter Deutung der Welt und unserer Welterfahrung im Licht unserer jeweils schon vorliegenden Erkenntnis, und solche Deutung vollzieht sich immer in der individuell und sozial spannungsvollen Dialektik gemeinsamer Bezugsrahmen einerseits und je individueller Standpunkte andererseits. Entsprechend besteht die Antwort auf Sinnfragen in der immer wieder neuen *Deutung* unseres Sach- und Handlungswissens und seiner Weltbezüge in Orientierungsrahmen, die uns in der Welt orten und uns die Welt ordnen.

(4) *Begriffsfragen* schließlich betreffen das Medium, in dem und durch das wir unsere Sach-, Handlungs- und Sinnfragen stellen und zu beantworten suchen. Insofern dies Zeichenprozesse in weitestem Sinn sind, zielen sie auf die semiotischen Instrumente unserer Reflexion und Kommunikation und deren Gebrauch und Mißbrauch und verlangen dementsprechend nach deren *Klärung*.

Sachfragen, Handlungsfragen, Sinnfragen und Begriffsfragen lassen sich aufgrund des je anderen Typs von Antworten, nach denen sie verlangen, zwar unterscheiden, aber niemals trennen. Sie markieren wesentliche Dimensionen ausdifferenzierteren Glaubens und Wissens, die weder aufeinander reduziert werden können noch je für sich allein den uns bestimmenden Zusammenhang von Glauben, Wissen und Erkenntnis insgesamt konstituieren. Entsprechend sind auch Erklärung, Begründung, Rechtfertigung, Deutung und Klärung unterscheidbare, aber nicht isolierbare kognitive Strategien zum Umgang mit unserem Glauben und Wissen, durch die wir sie in Erkenntnis zu transformieren und damit von Scheinwissen und Nichtwissen zu unterscheiden suchen. Die systematische Erhellung dieser Strategien ist eine zentrale Aufgabe der Erkenntnistheorie.

1.4 Problembereiche der Erkenntnistheorie

Auch die Erkenntnistheorie – das erhellt aus dem Gesagten – ist damit keine voraussetzungslose Disziplin. Sie geht vielmehr von einer Reihe von Sachverhalten aus, die sie in ihrer Reflexion einzuholen und zu entfalten hat. Dazu gehört vor allem Folgendes.

Einerseits wird im Hinblick auf das Gegenstandsfeld des Erkennens unterstellt, daß es überhaupt *Wissbares* und damit *Erkennbares* gibt. Wissbar ist der Inbegriff des *bezeichenbaren Möglichen* und des *erfahrbaren Wirklichen,* also alles, von dem wir (konsistent) reden und das wir entdecken können. Im ersten Fall wissen wir es als Mögliches, im zweiten als Wirkliches, und in beiden Fällen kann sich unser Wissen und Erkennen sowohl auf *notwendige* wie auch auf *kontingente* Sachverhalte erstrecken.

Andererseits wird im Blick auf das Subjekt des Erkennens davon ausgegangen, daß es menschliche *Erkenntnis* wenigstens von manchem Erkennbarem gibt. Wir meinen nicht nur zu wissen, sondern wir wissen auch mancherlei, zuweilen sogar, daß wir (etwas) wissen, so daß wir erkennen, daß wir (es) wissen. All unsere Erkenntnis baut auf Wissen auf und ist durch die drei Dimensionen objektiver *Wahrheit,* subjektiven *Glaubens* und intersubjektiver *Gründe* charakterisiert. So ist Erkenntnis Gewißheit über ein Wissen, das wir über intersubjektiv gültige und anthropologisch verallgemeinerungsfähige kognitive Operationen und Strukturen erworben haben, die Ergebnis der Evolution unseres Erkenntnisvermögens sind. Nur was mit diesen kognitiven Mitteln erworben wird – und das gilt auch für Glaubenserkenntnis und theologische Erkenntnis –, verdient Wissen und Erkenntnis genannt zu werden.

Daraus folgt keineswegs, daß Wissen und dementsprechend auch Erkenntnis in verschiedenen Sachgebieten nur auf eine und nicht *auf verschiedene Weise* erworben werden könnte. In jedem Fall aber gilt, daß all unsere Erkenntnis die Differenz von Erkenntnis und Erkennbarem und damit auch von Wissen und Wissbarem nicht hintergehen kann, so daß niemals auszuschließen ist, daß sie *noch bessere Erkenntnis* werden könnte. Das erhellt auch daraus, daß nicht alle Wissens- und Erkenntnisansprüche per se gerechtfertigt sind, sondern daß mit Irrtum und Täuschung gerechnet werden muß.

Eben das nötigt zur kritischen Kontrolle unserer Wissens- und Erkenntnisansprüche – innerhalb und außerhalb der Theologie. Das heißt, wir müssen diese *rechtfertigen,* und zwar in verschiedenen Sachgebieten auf *verschiedene Weise.* Solche systematische Kritik, Klärung, Begründung und Rechtfertigung von Wissens- und Erkenntnisansprüchen ist aber nur möglich, weil es nicht nur Erkenntnis, sondern auch Erkenntnis von der Erkenntnis und damit *reflexive Erkenntnis* gibt. Sie setzt uns in die Lage, unsere Erkenntnis kritisch (d.h. unterscheidend) zu betrachten und sie z.B. gemäß der unterschiedenen Dimensionen des Sachwissens, Handlungswissens, Sinnwissens und Begriffswissens unterschiedlich zu charakterisieren.

Auch diese sich selbst thematisierende reflexive Erkenntnis ist der Begründungs- und Rechtfertigungspflicht nicht entnommen. Der Versuch, sie einzulösen, führt auf *transzendentale Strukturen* (Kategorien), die jede Kritik, Klärung, Begründung und Rechtfertigung von Wissens- und Erkenntnisansprüchen immer schon in Anspruch zu nehmen hat. Diese Kategorien strukturieren den Gesamtbereich der für uns wirklichen und möglichen Erkenntnis als Feld zwischen zwei unhintergehbaren semiotischen Fundamentaldifferenzen, der semantischen Differenz zwischen *Erkenntnis und Erkennbarem (Wissen und Wissbarem)* und der pragmatischen Differenz zwischen *Erkenntnis und Erkennenden (Wissen und Wissenden)*. Was immer wir erkennen, gehört zum Bereich des Erkennbaren; und jede Erkenntnis ist auf eine Instanz (auf Instanzen) bezogen, der (denen) sie ihre Bestimmtheit verdankt und ohne die es sie nicht gäbe. Im Rahmen des so begrenzten Feldes läßt sich unsere Erkenntnis in verschiedener Weise näher charakterisieren und klassifizieren. So kann sie nicht nur gemäß ihrer *Gegenstände* (Sachgebiete), ihrer *Struktur* (x-stellige Relation) und ihrer *Modalität* (möglich, notwendig, kontingent) differenziert und eingeteilt werden, sondern vor allem auch (bezüglich der semantischen Differenz) gemäß der in Sach-, Handlungs-, Sinn- und Begriffsfragen sich manifestierenden theoretischen und praktischen *Erkenntnisperspektiven* und (bezüglich der pragmatischen Differenz) des in diesen jeweils semantisch oder pragmatisch *Mitgewußten* bzw. *Miterkannten*.

Erkenntnistheoretische Reflexion hat deshalb immer eine theoretische und eine praktische Komponente. In theoretischer Hinsicht ist sie der systematische Versuch der Klärung und Rekonstruktion
– der Fundamentaldifferenzen und Kategorialstrukturen, die unsere Wissensbereiche konstituieren und charakterisieren, und
– der Strategien, mit deren Hilfe wir in den verschiedenen Bereichen Wissen in Erkenntnis transformieren.

In praktischer Hinsicht hingegen ist sie der Prozeß des permanenten Prüfens der Adäquatheit, Notwendigkeit, Möglichkeit oder Wahrscheinlichkeit der Wissensansprüche, die wir im Lebensvollzug bei der Beantwortung von Sach-, Handlungs-, Sinn- und Begriffsfragen erheben. Zwei Gesichtspunkte sind dabei besonders wichtig. Einerseits müssen wir im Licht der Fundamentaldifferenzen zwischen Bezeichenbarem und Erfahrbarem, Wissen und Wissbarem, Erkenntnis und Erkennbarem nach ihrer Übereinstimmung mit den Prinzipien des für uns Wissbaren und Erkennbaren überhaupt fragen. Andererseits müssen wir sie auf ihre Kohärenz und Konsistenz mit dem Wissen hin prüfen, das wir in den verschiedenen Wissensdimensionen mit (apriorischen oder aposteriorischen) Gründen jeweils für wahr halten bzw. für gewiß erkannt haben.

Doch nicht erst die Erkenntnistheorie, sondern schon Erkenntnis als solche impliziert als gewisses Wissen ein reflexiv-kritisches Ver-

hältnis des Erkenntnissubjekts zu seinem Glauben und Wissen. Dieses manifestiert sich in drei fundamentalen Differenzen, nämlich
- in der *epistemologischen* Differenzierung von Erkenntnissubjekt und Erkenntnisgegenstand, ohne die es kein kritisches Verhältnis zu Glauben und Wissen und damit auch kein gewisses Wissen und Erkennen geben könnte;
- in der *semiotischen* Differenz von Darstellung (Signifikant) und Dargestelltem (Signifikat), durch die der Erkenntnisgegenstand als Proposition bestimmbar wird und damit als Differenzverhältnis von zeichenhafter Wirklichkeitsdarstellung und (nicht notwendig zeichenhafter) Wirklichkeit, die damit darzustellen gesucht wird; und schließlich
- in dem *reflexiven* Verhältnis des Erkenntnissubjekts zum Erkenntnisgegenstand und zu sich selbst, das es zu seinem epistemischen Verhältnis in ein epistemisches Verhältnis treten und damit erkennen läßt, ob und daß es erkennt. Was dies besagt, läßt sich paradigmatisch anhand der semantischen und pragmatischen Pointen der Differenz zwischen (A) „Ich weiß, daß p" und (B) „Ich weiß, daß ‚p' wahr ist" erläutern. In semantischer Hinsicht wird durch (B) das bei allen kognitiven Akten bestehende epistemische Verhältnis zwischen Erkenntnissubjekt und dem als Tatsache geglaubten, gewußten oder erkannten Sachverhalt p selbst thematisiert und ausdrücklich als ein Verhältnis zu einem Verhältnis, i. e. zu einem Erkenntnisgegenstand bestimmt, der durch die semiotische Differenz zwischen Darstellung und Dargestelltem konstituiert ist. In pragmatischer Hinsicht hingegen wird die Überzeugung des Erkenntnissubjekts zum Ausdruck gebracht, daß die mit (A) behauptete Übereinstimmung zwischen symbolischer Darstellung (‚p') und der Wirklichkeit, die damit darzustellen gesucht wird (p), tatsächlich zutrifft, der semiotisch präsentierte Sachverhalt also tatsächlich Repräsentation einer Tatsache und damit eine wahre Proposition ist. Beide Pointen unterstreichen die spezifische Zeichenabhängigkeit unserer Erkenntnis und den semiotischen Charakter all unserer kognitiven Akte.

1.5 Die semiotischen Grundlagen unserer Erkenntnis

Im weitesten Sinn sind all unsere kognitiven Prozesse, also all unsere Glaubens-, Wissens- und Erkenntnisprozesse *semiotische Prozesse*. Alles irdische Leben ist durch Prozesse der Zeichenbildung, Zeichenverknüpfung, Zeichentransformation und Zeichenverwendung zum Zweck des Nachrichtenaustausches zwischen Organismen und innerhalb von Organismen charakterisiert. Aktiv an solchen Prozessen partizipieren zu können, unterscheidet Lebewesen von unbelebten Dingen und Pflanzen. Den Menschen aber zeichnet aus, daß er diese Prozesse kreativ zu gestalten vermag. Denn zum einen kann unter allen Lebewesen er allein sowohl verbal wie auch nichtverbal Nachrichten konstituieren und kommunizieren, und zwar nicht nur als Verwender natürlich oder konventionell vorgegebener Codes, sondern als Schöpfer immer neuer Codes. Zum andern kann er aufgrund der Selbstthematisierbarkeit sprachlicher (und entsprechender) Zeichen nicht nur mit Sprache über Sprache kommunizieren, also auch Abstraktes, Fiktives und Abwesendes thematisieren, sondern im Unterschied zu Tieren auch Aussagen machen, Behauptungen aufstellen und bestreiten, also das Problem von Wahrheit und Falschheit aufwerfen. Das belegt sein Vermögen, sich selbst in ein Verhältnis zu diesen Konstitutions- und Kommunikationsprozessen zu setzen und so sein Denken und Verhalten kritisch zu kontrollieren, insofern es ihm zwischen Glaubens- und Wissenserwerb einerseits und Erkenntnisgewinn andererseits zu unterscheiden und damit im Gesamtzusammenhang seines Glaubens Irrtum und Wissen urteilend zu differenzieren ermöglicht.

Daß alle kognitiven Prozesse in der Gewinnung und Verarbeitung von Nachrichten bestehen und damit semiotisch konstituiert sind, hat zwei Konsequenzen. Zum einen sind sie aufgrund ihres Zeichenbezugs durch die vier Grunddimensionen des Zeichens begrenzt, nämlich das Verhältnis von Zeichen und Zeichen (syntaktische Dimension), das Verhältnis von Zeichen und Bezeichnetem (semantische Dimension), das Verhältnis von Zeichen und Zeichenbenutzer (pragmatische Dimension) und das Verhältnis von Zeichen und Zeichenträger (materiale Dimension). Zum andern sind sie in eben dieser semiotischen Begrenztheit auf *vier Möglichkeitshorizonte* und *drei Wirklichkeitshorizonte* bezogen.

Die vier Möglichkeitshorizonte unserer kognitiven Akte und ihrer Resultate Glauben, Wissen und Erkenntnis sind der mit ihrem Zeichencharakter gegebene Bezug auf den *Inbegriff möglicher Zeichen(codes)*, den *Inbegriff des Bezeichenbaren*, den *Inbegriff möglicher Zeichenbenutzer* und den *Inbegriff des Erfahrbaren:*
– Über ihre syntaktische Zeichendimension sind sie auf den *Inbegriff möglicher Zeichen(codes)* bezogen, aktualisieren also (mindestens) eine Möglichkeit aus der Gesamtheit der möglichen Zeichen- und Kommunikationsrepertoires.
– Über ihre semantische Dimension sind sie auf den *Inbegriff des Bezeichenbaren* bezogen, aktualisieren also eine – sofern sie den Gesetzen der Logik entspricht – mögliche Welt.
– Über ihre pragmatische Dimension sind sie auf den *Inbegriff mög-*

licher Zeichenbenutzer bezogen, aktualisieren also eine unter allen möglichen Zeichen- und Kommunikationsgemeinschaften.

– Über ihre materiale Dimension schließlich sind sie auf den *Inbegriff des Erfahrbaren* bezogen, aktualisieren und verwenden als Zeichenträger also eine mögliche Art der von uns rezipierbaren Energiefortpflanzung.

Jeder kognitive Akt vollzieht sich in spezifischer Verbindung dieser vier Möglichkeitshorizonte, indem er unter Inanspruchnahme bestimmter Zeichen(codes) eine mögliche Welt für einen oder mehrere konkrete Zeichenbenutzer mit Hilfe bestimmter Mittel der realen Welt aktualisiert und als propositionalen Gehalt (möglichen Sachverhalt) bzw. als Proposition (Tatsache) präsentiert. In kognitiven Akten transformieren wir also beständig Möglichkeiten in propositional strukturierte Repräsentationen von Wirklichkeit, die als konkrete Sinnentwürfe verfügbar, weil im Licht der Differenz von Wahrheit und Falschheit negierbar sind. In der Wirklichkeit wird so durch die Negation bestimmter Möglichkeiten bei der Bildung von Sinnstrukturen auf konkrete Weise Distanz zur Wirklichkeit geschaffen und damit Raum zur Freiheit eröffnet. Denn durch unsere kognitiven Akte entstehen in der realen Welt mögliche Welten, die jene nicht nur semiotisch transzendieren, ohne sie zu verlassen, sondern sie auch weniger komplex und damit überschaubarer repräsentieren und eben durch die so etablierte Differenz von Wirklichkeit und komplexitätsreduzierendem Wirklichkeitsentwurf verantwortlichen Gebrauch von Freiheit überhaupt erst möglich machen.

Die drei Wirklichkeitshorizonte unserer kognitiven Akte, durch die sie bei aller semiotischen Transzendierung des Gegebenen an Gegebenes konstitutiv gebunden bleiben, sind die dabei immer vorausgesetzte Existenz von Zeichenbenutzern (Personen), von Zeichencodes (Kultur) und von Zeichenträgern (Natur):

(1) Als *Zeichenträger* kommen alle Arten der Energiefortpflanzung in Betracht, die wir mit unseren Sinnen direkt oder über Hilfsmittel zu rezipieren vermögen. Sie sind damit immer *Naturphänomene* und repräsentieren die uns vorgegebene, nicht von uns konstituierte Ordnung der *Natur*. Als Wesen, die Zeichen konstituieren und durch Zeichen Wissen und Erkenntnis produzieren und kommunizieren, sind wir auf materiale Zeichenträger angewiesen und deshalb in unserem durch Zeichen konstituierten Wissen bleibend an die Natur gebunden.

(2) *Zeichencodes,* also das Repertoire von Zeichen und Zeichenverwendungsregeln, derer wir uns individuell oder gemeinsam bedienen, sind bei uns als sozialen Handlungswesen immer *Kulturphänomene.* Sie repräsentieren die uns zwar individuell immer auch

vorgegebenen, von uns aber auch immer (mit)konstituierten und damit prinzipiell veränderbaren und gestaltbaren Ordnungen der *Kultur*. Kulturordnungen sind immer Produkte unseres gemeinsamen Handelns und damit Ausdruck unserer Freiheit, die sich selbst Regeln gibt. Naturordnungen dagegen sind die uns vorgegebenen Rahmenbedingungen all unseres Handelns und damit Ausdruck der Notwendigkeiten, die sich in Gesetze fallen lassen. Sofern unsere kognitiven Akte Zeichen und damit die Existenz von Zeichenträgern und von Zeichencodes in Anspruch nehmen, sind sie jeweils konkrete Vermittlungen zwischen den gesetzmäßigen Ordnungen der Natur, die *vor* unserem Handeln gesetzt sind, und den regelmäßigen Ordnungen der Kultur, die *durch* unsere Handeln gesetzt sind.

(3) Konkrete symbolische Vermittlung von Natur- und Kulturordnungen können sie aber nur sein, weil sie immer auch die Existenz von *Zeichenbenutzern* voraussetzen, also die Existenz kommunizierender Personen. Nun sind menschliche Personen von Natur aus Kulturwesen, stehen also immer schon in der irreduziblen Spannung zwischen den von uns handelnd gesetzten, nach Regeln frei gestalteten *Kulturordnungen* einerseits und den dabei prinzipiell vorgegebenen, gesetzmäßigen und damit notwendigen *Naturordnungen* andererseits. Wir können diese sich immer wieder zum Konflikt der Ordnungen steigernde fundamentale Spannung nicht auflösen oder überwinden, weil wir dazu entweder die Natur (und damit uns selbst) als Produkt unseres eigenen Handelns begreifen können müßten (was unmöglich ist) oder uns als Handlungswesen, die unter identischen Umständen immer auch anders hätten handeln können, negieren müßten (was selbstwidersprüchlich ist). Die Spannung zwischen der Bindung an Naturordnungen und der Freiheit zur Kulturordnungen, an die wir auch, wenngleich auf andere Weise gebunden sind, ist eine fundamentale Strukturbestimmung menschlicher Personalität und Freiheit überhaupt, die sich in jedem Kognitions- und Kommunikationsakt manifestiert. Denn einerseits können wir nichts glauben, wissen, erkennen oder kommunizieren ohne Zeichenträger, die uns nur ihre Funktion, nicht aber ihre Existenz verdanken. Andererseits können wir es nicht ohne Zeichencodes, die uns mit ihrer Funktion auch ihre Existenz verdanken.

Die drei semiotisch differenzierten Wirklichkeitshorizonte unserer kognitiven Akte markieren die mit den Stichworten *Natur*, *Kultur* und *Person* bezeichneten Bereiche als die drei grundlegenden Wissens- und Erkenntnisfelder des Menschen. Diese erfordern je verschiedene Erkenntnisverfahren (Erklären nach Gesetzen; Verstehen von Regeln; Beobachten, Selbstbeobachten und Divinieren von Handlungen und Intentionen usf.). Sie nötigen zur Spezialisierung und Pflege theoretischer (Beschreibung und Rekonstruktion), hermeneutisch-pragmatischer (Interpretation und Konstruktion) und praktisch-reflexiver (Kommunikation und Reflexion) Erkenntnisfähigkeiten. Und sie geben Anlaß zur Ausbildung typisch verschiedener Welt- und Gottesbegriffe. So wird die Welt in der Naturperspektive als einheitlicher Ursache-Wirkungs-Zusammenhang begriffen, in der Kulturperspektive als Pluralität ineinandergreifender Sinnwelten und in der Personperspektive als personaler Interaktions- und Kommunikationszusammenhang. Entsprechend wird Gott als erste Ursache, als absoluter Sinngrund aller Ordnung oder als absoluter Bezugspunkt aller personalen Ortung gedacht.

1.6 Gewinnung und Verarbeitung von Information

In jedem dieser Wissens- und Erkenntnisfelder entsteht Glauben, Wissen und Erkenntnis über die Gewinnung und Verarbeitung zeichenvermittelter Nachrichten propositionaler Struktur (Informationen). Die Prozesse der Informationsgewinnung und Informationsverarbeitung sind dabei in ihrem Bezug aufeinander zu unterscheiden:

Wir *verarbeiten* Informationen im Rahmen unseres Denk- und Erkenntnisvermögens nach Maßgabe unserer evolutionär erworbenen kognitiven Fähigkeiten und gemäß der Konstitutionsbedingungen wahren Wissens und gewisser Erkenntnis, indem wir sie daraufhin beurteilen,

– ob sie wahr oder falsch sein können (also geglaubt werden können);
– welche Implikationen sie haben, die wahr oder falsch sein können (also welchen erschließbaren Glauben sie beinhalten);
– ob sie und ihre Implikationen wahr sind (also Wissen darstellen);
– ob wir gute Gründe haben, sie für wahr zu halten (also sie als Erkenntnis zu vertreten);
– ob und in welcher Weise sie sich in den Gesamtzusammenhang unseres Glaubens integrieren lassen, ohne dessen Konsistenz und Kohärenz zu gefährden.

Indem wir Informationen so als Propositionen konstituieren bzw. identifizieren, als wahre Proposition charakterisieren, uns ihrer Wahrheit / Falschheit als verifizierte / falsifizierte Propositionen vergewissern und sie in einen konsistenten Glaubenszusammenhang zu integrieren suchen, sind wir unablässig dabei, zwischen Glauben, Irrtum, Wissen und Erkenntnis in dem uns bestimmenden und unser Handeln regulierenden Glaubenszusammenhang zu unterscheiden.

Wir können freilich nur die Informationen verarbeiten, die wir zuvor *gewonnen* haben; und wir können Informationen nicht erschließen, ohne von schon gewonnenen Informationen auszugehen. Zur nicht schlußfolgernden, sondern fundamentalen Informationsgewinnung aber stehen uns in all den genannten Feldern im wesentlichen zwei Instrumente zur Verfügung: die *Wahrnehmung* und die *Kommunikation*. Sie unterscheiden sich vor allem durch folgendes:

Während Wahrnehmung die Operationsform situationsgebundener Informationsgewinnung ist und von der Kopräsenz von Wahrnehmungssubjekt und wahrgenommener Wirklichkeit lebt (knowledge by acquaintance), ist Kommunikation die Operationsform situationstranszendierender Informationsgewinnung, die aufgrund ihres Gebrauchs konventioneller Zeichen auch nicht wahrnehmbare Wirklichkeit kognitiv zu erfassen erlaubt (knowledge by description).

Im Unterschied zur Wahrnehmung ist Kommunikation damit grundsätzlich an den Kontext interagierender Personen gebunden. Wahrnehmung setzt Wirklichkeit voraus, die wahrgenommen werden kann. Kommunikation dagegen setzt die Wirklichkeit einer Kommunikationsgemeinschaft voraus, in der Personen durch Texte Sinninstruktionen über die Wirklichkeit austauschen.

Über Kommunikation gelangen wir so an Informationen, die nicht wir selbst, sondern andere gewonnen, und d. h. als Informationen konstituiert haben. Andererseits stellt sie uns stets vor die gerade in der Theologie nicht immer beantwortbare Frage, ob wir dabei wirklich Informationen oder nur Scheininformationen rezipieren und ob die so rezipierten Informationen wahr oder falsch sind.

Während uns Kommunikation mehr Informationen verschafft, als wir uns selbst verschaffen könnten, indem sie uns den Zugriff auf das Glauben und Wissen anderer ermöglicht, bietet uns Wahrnehmung weniger weitreichende, in der Regel aber sicherere Informationen. Umgekehrt ist Wahrnehmung aufgrund ihres spezifischen Situationsbezugs in der Lage, komplexe Informationen schnell und gleichzeitig aufzunehmen, während Kommunikation mehr Zeit verbraucht, weil sie aufgrund ihrer Verwendung konventioneller Kommunikationsrepertoires auf ein sequentielles Prozessieren von Informationen angewiesen ist.

Während wir über Wahrnehmung und ihre kognitive Interpretation in unserem jeweils schon bestehenden Erfahrungszusammenhang propositional strukturierte Informationen überhaupt erst konstituieren, rezipieren wir über Kommunikation schon konstituierte Informationen. Wahrnehmung ist damit ein elementarerer Vorgang der Informationsgewinnung, da er sich in je unserer eigenen Perspektive auf die uns präsente Wirklichkeit vollzieht. Über Kommunikation dagegen nehmen wir Informationen auf, die ihrerseits von anderen in elementaren Prozessen der Informationsgewinnung konstituiert wurden, so daß wir mit diesen Informationen auch stets die in ihre Konstitution eingegangenen Wirklichkeitsperspektiven anderer rezipieren.

Kurz: „Wahrnehmung ist, im Vergleich zu Kommunikation, eine anspruchslosere Form der Informationsgewinnung. Sie ermöglicht Information, die nicht darauf angewiesen ist, daß sie als Information ausgewählt und kommuniziert wird. Das gibt eine gewisse Sicherheit gegenüber bestimmten Irrtumsquellen, insbesondere gegenüber Täuschung und psychisch bedingter Verzerrung. Auch evolutionär gesehen ist Wahrnehmung die primäre und verbreitetste Informationsweise, und nur in wenigen Fällen verdichtet sie sich zu Kommunikation."[4]

Eben deshalb ist Wahrnehmung gegenüber Kommunikation auch die problemlosere Form der Informationsvergewisserung. Wissen wir p nur im Modus der Kommunikation, d.h. können wir uns von der Wahrheit von p weder durch eigene Wahrnehmung (Verifikation) noch durch eigene Reflexion (Begründung) überzeugen, dann können wir uns dafür, daß wir p für wahr halten, nur auf die Möglichkeit und / oder Wahrscheinlichkeit des rezipierten Zeugnisses und die Zuverlässigkeit der Zeugen für diese Art des Zeugnisses berufen. So gewonnene Erkenntnis aber ist allenfalls (relativ) gewisses, nicht aber sicheres Wissen. Wissen wir p dagegen im Modus der Wahrnehmung, dann haben wir aufgrund unserer Kopräsenz mit dem Sachverhalt, den p präsentiert, gute Gründe, p für wahr zu halten. Das schließt nicht aus, daß wir uns irren: Während aus ‚X erkennt, daß p' geschlossen werden kann ‚p ist wahr', gilt das für ‚X nimmt wahr, daß p' gerade nicht. Aber da wir zur Prüfung der Wahrheit von p entweder auf andere Propositionen rekurrieren müssen, die für wahr zu halten wir Gründe haben, oder aber auf die Verifikation von p durch eigene Wahrnehmung, gibt es für uns in diesen Prüfprozessen nur eine Alternative: Entweder müssen wir uns im konkreten Fall auf ungeprüft als wahr in Anspruch genommene Propositionen stützen oder auf ungeprüft als zuverlässig akzeptierte Wahrnehmungen, wenn anders Informationsvergewisserung überhaupt sinnvoll sein soll. Wir sind daher (außer im Fall rein formaler Wahrheiten) niemals dagegen gefeit, uns zu irren. Aber wir sind im Fall eigener Wahrnehmung in der Lage, die Prozesse der Informa-

---

[4] *N. Luhmann,* Soziale Systeme. Grundriß einer allgemeinen Theorie (Frankfurt a. M. ²1985) 560.

tionsgewinnung und Informationsvergewisserung in der Einheit einer Situation und damit unter sich wechselseitig kontrollierenden, und zwar sich schneller korrigierenden Bedingungen durchzuführen als im Fall der Kommunikation. Gewißheit aufgrund eigener Wahrnehmung pflegt für uns daher größere Überzeugungskraft zu besitzen als Gewißheit aufgrund von Kommunikation.

Die Grunddifferenz zwischen Wahrnehmung und Kommunikation ist gerade für die Erkenntnisproblematik in der Theologie folgenreich. Beide Operationen sind daher über die angeführten Andeutungen hinaus genauer zu explizieren.

1.7 Wahrnehmung und Kommunikation

Wahrnehmung bezeichnet die Operation, durch die wir in je eigener Perspektive (Wahrnehmungsfeld) auf die uns kopräsente Wirklichkeit etwas aus dieser als ein Etwas kognitiv vergegenwärtigen. Wahrnehmung läßt sich dementsprechend als semiotische Erschließung je gegenwärtiger Wirklichkeit im Wechselprozeß sich erschließender Wirklichkeit und ihrer symbolisierenden Erfassung durch das Wahrnehmungssubjekt charakterisieren. *Wirklichkeit* meint in diesem Zusammenhang dasjenige, dessen Existenz sich nicht dem verdankt, daß es wahrgenommen wird; und *gegenwärtig* (also kopräsent mit uns) ist diese genau insofern, als sie uns als Praxissituation zugänglich ist, die wir nicht nur semiotisch, sondern in Aktion und Interaktion gestalten können.

Gegenwärtige Wirklichkeit erschließt sich dem Wahrnehmungssubjekt, indem sie dieses kausal affiziert und so zur semiotischen Rekonstruktion der es affizierenden Wirklichkeit provoziert.[5] Umgekehrt erschließt sich dieses die ihm gegenwärtige Wirklichkeit durch Wahrnehmung so, daß es die Komplexität eines vorgegebenen und es affizierenden etwas dadurch reduziert, daß es dieses als ein besonderes Etwas semiotisch konstituiert und damit aus dem komplexen Hintergrund gegebener Wirklichkeit hervorhebt. Jede Wahrnehmung ist damit ein zweistelliger Selektionsprozeß, der die Struktur hat ‚etwas (Vorgegebenes) als ein (semiotisch erschlossenes) Etwas wahrnehmen' bzw. ‚etwas als Etwas identifizieren'. Das heißt, wir selegieren einerseits aufgrund unseres Affiziertseins ein Gegebenes oder eine Konfiguration von Gegebenem (ein *etwas*) und andererseits eine bestimmte Art und Weise, dieses externe etwas als ein Et-

---

[5] Vgl. *Dalferth*, Religiöse Rede von Gott (1981) 458 ff.

was in unser internes Zeichensystem zu übersetzen, um es so in der Differenz von Bezeichnung und Bezeichneten situationsunabhängig verfügbar zu machen.

Genau damit wird die kognitive Kontrolle von Wahrnehmung möglich. Denn die semiotische Konstitution des Wahrgenommenen erlaubt uns, unsere perspektivischen und die Wirklichkeit atomisierenden Wahrnehmungen in *Erfahrung* zu transformieren, indem wir das jeweils wahrgenommene Etwas seinerseits *als ein etwas* interpretieren, d.h. durch die Grundoperation der Prädikation (samt den darauf aufbauenden Begriffsoperationen) als Besonderes eines Allgemeinen synthetisierend verarbeiten. Überführbarkeit in Erfahrung und damit Integration in unseren individuellen und gemeinsamen Glaubenszusammenhang ist damit ein wesentliches Kriterium echter Wahrnehmung. Denn wie wir der Wahrnehmung unseren je eigenen kognitiven Kontakt zur Wirklichkeit verdanken, so verdanken wir der Erfahrung unsere gemeinsamen Wirklichkeitskonzeptionen: Während in der Wahrnehmung etwas als ein Etwas wahrgenommen (identifiziert) wird, wird dieses wahrgenommene Etwas in der Erfahrung als etwas erfahren (interpretiert) und damit unter generellerem Aspekt verarbeitet. Das aber heißt, daß nicht nur jede Wahrnehmung immer schon in ein System von Erfahrungen eintritt, insofern sie unter bestimmten allgemeinen Gesichtspunkten interpretiert wird und eben so einen Beitrag zur Bestätigung oder Modifikation dieses Systems leistet. Dieses Erfahrungssystem wirkt vielmehr seinerseits durch die in ihm angelegten Interpretationsperspektiven auf die Wahrnehmungsprozesse zurück, so daß der Wahrnehmung-Erfahrung-Zusammenhang als ein dynamisches, sich stets veränderndes Geschehen begriffen werden muß. Identifikation (Bezeichnen) und Interpretation (Prädizieren) sind dabei die grundlegenden semiotischen Operationen, mit denen wir unser Erfahrungs- und Glaubenssystem aus Wahrnehmungen, Interpretationen von Wahrnehmungen (Erfahrungen), Interpretationen von Interpretationen von Wahrnehmungen usf. permanent aufbauen, modifizieren, verändern und erweitern.

Kommunikation im weitesten Sinn ist der Austausch von Sinninstruktionen durch Zeichen zwischen Kommunikationspartnern. Kognitive Kommunikation im engeren Sinn ist der Austausch von Informationen durch Texte zwischen Kommunikationspartnern mit der Absicht, das Glauben, Denken und Handeln des jeweils anderen in bestimmter Weise durch konkrete Sinnangebote zu beeinflussen. Im Unterschied zur Wahrnehmung ist *Kommunikation* damit ein dreistelliger Selektionsprozeß, der sich als Einheit aus Sinninstruktion (Information), Text (Mitteilung) und Verstehen bestimmen läßt.[6] So gibt es (1) keine Kommunikation ohne *Sinninstruktion;* die aber erfordert die Selektion bestimmter Elemente aus dem verfügbaren Sinnrepertoire und deren Reduktion auf einen je bestimmten Sinn über die Determination ihres Sinnpotentials durch wechselseitige Kontextbildung. (2) Es gibt keine Kommunikation ohne Austausch dieser Instruktion durch *Texte* (bzw. Zeichen); die aber erfordern ein gemeinsames Textbildungs- bzw. Zeichenrepertoire und dessen konkrete, d. h. andere Möglichkeiten ausschließende Aktualisierung. Und es gibt (3) keine Kommunikation ohne *Verstehen,* d. h. ohne die Rezeption des Sinnangebots der durch Texte übermittelten Instruktion, die den Rezipienten überhaupt erst vor die Alternative der Annahme oder Ablehnung dieses Sinnangebots und eine dementsprechende Modifikation seines Glaubens, Denkens und Handelns stellt. Und dasselbe gilt in entsprechender Weise auch für die kognitive Kommunikation von Informationen.

Aufgrund der expliziten Angewiesenheit aller Kommunikation auf ein konventionelles Zeichenrepertoire einerseits und infolge der Möglichkeit der Selektion dauerhafter Zeichenträger (Medien) andererseits kann Informationsgewinnung durch Kommunikation im Unterschied zur Wahrnehmung in zwei charakteristisch verschiedenen Arten von Kommunikationssituationen stattfinden: der *Kommunikation zwischen Anwesenden* und der *Kommunikation zwischen Abwesenden*. Im ersten Fall ist die Kommunikation durch die Kopräsenz der Kommunikationspartner in einer gemeinsamen Handlungssituation charakterisiert, in der sie nicht nur zeichenvermittelt, sondern auch ohne (konventionelle) Zeichen interagieren können. Im zweiten Fall dagegen treten Produktionssituation und Rezeptionssituation so auseinander, daß die Kommunikationspartner entweder nur zeichenvermittelt oder überhaupt nicht interagieren können. Ich hebe vier Folgen dieser Differenz hervor.

Zum einen ist die Kommunikation zwischen Abwesenden mit einem höheren Verstehensrisiko belastet als die zwischen Anwesenden. Denn während Kopräsenzsituationen durch die Möglichkeit nicht zeichenvermittelter Interaktion definiert sind und damit potentiell auch gemeinsame Wahrnehmungssituationen der Kommunikationspartner darstellen, kann es bei der Kommunikation zwischen Abwesenden nicht zur Kombination von Kommunikation und gemeinsamer Wahrnehmung kommen, die die jeweils aufgenommenen Informationen wechselseitig zu kontrollieren erlaubten. Die Kommunikation zwischen Abwesenden erfordert damit beson-

---

[6] Vgl. *Luhmann* (s. Anm. 4) 203.

dere Strategien zur Kontrolle des Kommunikationsvorgangs und der Zuverlässigkeit und Glaubwürdigkeit der dabei rezipierten Informationen.

Zum andern kann in Kommunikation zwischen Anwesenden *über Anwesendes* und / oder *über Abwesendes* kommuniziert werden. So erlaubt der Gebrauch konventioneller (arbiträrer) Zeichen, auch über nicht Gegenwärtiges, über Fiktives und Abstraktes Informationen auszutauschen. Über Kommunikation rezipierte Informationen stellen daher prinzipiell vor die Frage ihrer *Glaubwürdigkeit*, da sie offen lassen, ob sie tatsächlich wahr sind. Infolgedessen nötigt Kommunikation in besonderer Weise dazu, den Prozeß der Informationsgewinnung und des Aufbaus von Glauben und Wissen (den Konstitutionszusammenhang von Glauben, d.h. von möglichem Wissen) und den Prozeß des Erwerbs von Erkenntnis durch Unterscheidung von Irrtum und Wissen im Glauben (den Konstitutionszusammenhang von Erkenntnis, d.h. von gewissem Wissen) epistemologisch auseinander zu halten und entsprechend die Akte der *Informationsgewinnung* und der *Informationsvergewisserung* erkenntnistheoretisch zu unterscheiden. Kommunikation allein kann uns zwar Informationen, aber nicht Gewißheit über die Wahrheit dieser Informationen vermitteln. Diese stellt sich vielmehr nur in dem Maße ein, als wir die rezipierten Informationen zusätzlich auf ihre Wahrheit oder Falschheit oder doch Wahrscheinlichkeit bzw. Unwahrscheinlichkeit hin überprüfen können.

Dafür stehen uns mindestens drei Verfahren zur Verfügung: *Reflexion, Komparation* oder *Verifikation / Falsifikation*. So ist die rezipierte Information entweder von der Art, daß sich durch Reflexion (d.h. kognitive Operationen im weitesten Sinn wie Deduktion, Induktion, Abduktion usf.) über ihre Wahrheit / Falschheit entscheiden läßt. Oder wir können indirekt auf der Basis schon erworbener Erkenntnis und / oder über zusätzliche Kommunikation die Wahrscheinlichkeit ihrer Wahrheit / Falschheit dadurch prüfen, daß wir sie mit anderen Propositionen vergleichen, die für wahr zu halten wir Gründe haben und deren Kohärenz und Konsistenz mit der zur Debatte stehenden Proposition uns Gründe an die Hand gibt, auch diese für wahr / falsch zu halten. Oder wir vergewissern uns ihrer Wahrheit / Falschheit direkt, in dem wir das Vorliegen der von ihr behaupteten Tatsache(n) in Wahrnehmungssituationen überprüfen.

Unter allen Kommunikationssituationen zeichnet sich nun die *Kommunikation zwischen Anwesenden über Anwesendes* dadurch aus, daß die Prozesse der Informationsgewinnung und der Informationsvergewisserung nicht sukzessiv, sondern parallel in der Einheit

123

einer Situation ablaufen können. So ist das Anwesende, über das kommuniziert wird, entweder wahrnehmbar; dann läßt sich über die Wahrheit / Falschheit der kommunizierten Information aufgrund der gleichzeitig stattfindenden Wahrnehmung unmittelbar entscheiden. Oder es ist nicht wahrnehmbar, dann läßt sich über die Wahrheit / Falschheit der entsprechenden Proposition überhaupt nicht durch Wahrnehmung, sondern (wenn überhaupt) allein durch Reflexion oder Komparation entscheiden. Damit gibt es im Fall solcher Kommunikation entweder unmittelbare oder überhaupt keine Gewißheit auf der Basis eigener Wahrnehmung.

Schließlich gibt es nicht nur keine Kommunikation zwischen Anwesenden, die nicht auch gemeinsame Wahrnehmung (wenn auch nicht notwendig dessen, worüber kommuniziert wird) implizierte, sondern es gibt auch keine Situation gemeinsamer Wahrnehmung, die nicht zur Kommunikation nötigte. Das heißt nicht, daß Wahrnehmung als solche, wohl aber daß gemeinsame Wahrnehmung mehrere in der Einheit einer Situation Kommunikation unausweichlich macht. Denn zum einen sind Situationen gemeinsamer Wahrnehmung Interaktionssituationen, und diese sind von der Art, daß man nicht nicht in ihnen kommunizieren kann.[7] Das aber heißt, daß alle Wahrnehmung des sozialen Handlungswesens Mensch in Kommunikation übergehen kann und meist auch übergeht. Zum andern ist Informationsgewinn durch Wahrnehmung auf den Bereich des Wahrnehmbaren beschränkt und damit in doppelter Weise begrenzt. Einerseits bleibt ausgeschlossen, was zwar wahrnehmbar, aber nicht präsent ist. Andererseits bleibt ausgeschlossen, was zwar präsent, aber nicht wahrnehmbar ist. Beides wird in Situationen gemeinsamer Wahrnehmung erst dort thematisierbar und damit möglicher Gegenstand von Glauben, Wissen und Erkenntnis, wo der Prozeß der Informationsgewinnung nicht nur durch Wahrnehmung, sondern auch durch Kommunikation strukturiert ist, wo also in Wahrnehmungssituationen durch (konventionelle) Zeichen kommuniziert wird. Denn das Sinnpotential des in solcher Kommunikation in Anspruch genommenen Zeichenrepertoires ermöglicht, die Wahrnehmungssituation auf das hin zu transzendieren, was in ihr nicht präsent und / oder nicht wahrnehmbar ist. Durch Kommunikation über nicht Gegenwärtiges und / oder nicht Wahrnehmbares kann so in Wahrnehmungssituationen Information von mehr als nur dem jeweils Wahrnehmbaren gewonnen und ausgetauscht werden. Ohne diese Möglichkeit, das Wahrnehmbare durch zeichengebundene

---

[7] *Luhmann* (s. Anm. 4) 561 f.

Kommunikation kontrolliert zu übersteigen, gäbe es weder Glaubenserkenntnis noch theologische Erkenntnis.

2. Geistgewirkte Erkenntnis

2.1 Menschlicher Geist und heiliger Geist

Fragen wir nach dieser Skizze einiger erkenntnistheoretischer Grundprobleme *theologisch* nach dem Verhältnis von Pneumatologie und Erkenntnistheorie, dann betrifft diese Frage nicht nur die allgemeine Problematik des Verhältnisses zwischen Glauben, Wissen und Erkenntnis in Theologie und Nichttheologie oder das spezielle Problem des Verhältnisses theologischer Lehre und philosophischer Theorie. Ginge es nur um diese Disziplinendifferenz, stünden entsprechende Kombinationsbemühungen noch ganz im Rahmen des menschlichen Geistes und der Frage nach dessen Einheit in der Vielfalt der verschiedenen Dimensionen seines Glaubens, Wissens und Erkennens. Zur Debatte steht vielmehr die theologische Kombinationsproblematik einer noch fundamentaleren Differenz: der Differenz zwischen *menschlichem Geist* (νοῦς) und *heiligem Geist* (πνεῦμα). Die Frage ist, wie diese Fundamentaldifferenz zu fassen ist, damit das dadurch Unterschiedene in seinem Bezug aufeinander so begriffen werden kann, daß sich das Problem des Verhältnisses von Pneumatologie und Erkenntnistheorie und der in ihnen bearbeiteten Erkenntnisfragen sachlich profilieren läßt.

Die Pointe dieser Frage wird aus den Differenzen deutlich, durch welche νοῦς und πνεῦμα ihrerseits jeweils charakterisiert sind. So steht der Geist im Rahmen der klassischen Anthropologie als Funktion der Seele im Kontrast zum Leib und markiert die den Menschen von allen übrigen Geschöpfen unterscheidende Fähigkeit, sich erkennend (d.h. Wahres und Falsches unterscheidend), handelnd (d.h. zwischen verschiedenen möglichen Verhaltensweisen wählend) und verantwortlich (d.h. Gutes und Böses unterscheidend) auf seine Umwelt zu beziehen: der Mensch ist Geist, insofern er zu gewissem Wissen, freiem Handeln und gutem Wollen in der Lage ist. Der heilige Geist hingegen steht im Rahmen des Neuen Testaments als Geist aus Gott im Kontrast zum Geist der Welt: er ist heiliger Geist, insofern er zur Unterscheidung der Geister und zur Identifizierung der heillosen Geister befähigt und anleitet. Fragt man daher nach dem Verhältnis von menschlichem Geist und heiligem Geist, ist man gezwungen, zwei Momente zweier sich nicht unmittelbar entsprechender, nämlich einerseits *epistemologischer,* andererseits *soteriologischer* Differenzierungen miteinander zu kombinieren: die menschliche Fähigkeit zur Erkenntnis des Wahren, zur Verwirklichung des Möglichen und zur Wahl des Guten und die göttliche Selbstunterscheidungen des Heilsamen vom Heillosen, von der her erst deutlich wird, was in theologischer Perspektive wahr, möglich und gut genannt zu werden verdient.

Das Verhältnis von Pneumatologie und Erkenntnistheorie ist dementsprechend als Verhältnis zwischen dem an soteriologischen Leitdifferenzen ausgerichteten Orientierungswissen des christlichen Glaubens und dem an epistemologischen Leitdifferenzen ausgerichteten Wissens- und Erkenntniskosmos des menschlichen Geistes zu erörtern. Wie lassen sich diese beiden Differenzierungszusammenhänge in sachlich angemessener und fruchtbarer Weise aufeinander beziehen? Zur Beantwortung dieser Frage haben wir genauer zu klären, wovon die theologische Lehre vom heiligen Geist eigentlich handelt.

2.2 Die Erkennbarkeit des heiligen Geistes

Die theologische Lehre vom heiligen Geist ist *Lehre von der Erkenntnis des Geistes*. Von der ‚Erkenntnis des Geistes' zu reden ist aber vieldeutig. Gemäß der Differenz von genitivus subiectivus, obiectivus und auctoris kann sie die Erkenntnis meinen, deren Subjekt der Geist ist, oder die Erkenntnis, deren Gegenstand er ist, oder die Erkenntnis, die ihm zu verdanken ist. Entsprechend hat pneumatologische Reflexion drei Problembereiche zu unterscheiden, nämlich
(1) die Frage nach der Erkenntnis, die der Geist besitzt,
(2) die Frage nach der Erkennbarkeit des Geistes selbst und
(3) die Frage nach der Erkenntnis, die der Geist in uns wirkt.

Die erste Frage kann entweder überhaupt nicht oder nur nach der zweiten Frage beantwortet werden. Denn zum einen setzt sie voraus, daß der Geist von der Art ist, daß er überhaupt Subjekt von Erkenntnis sein kann: gerade das aber ist zunächst zu klären. Zum andern könnten wir die Frage nach seiner Erkenntnis nur beantworten, wenn wir Erkenntnis seiner Erkenntnis besäßen, und das setzt u. a. voraus, daß wir Erkenntnis von ihm besitzen. Entsprechend kann auch die dritte Frage erst nach der zweiten beantwortet werden. Denn um zwischen geistgewirkter und nicht geistgewirkter Erkenntnis unterscheiden zu können, müssen wir nicht nur unterstellen, daß der Geist von der Art ist,‚ daß er Handlungssubjekt sein kann, sondern wir müssen auch wissen, wodurch sich der Geist von dem, was er nicht ist, unterscheidet und was ihm dementsprechend als sein Werk bzw. Wirken zugeschrieben werden kann. Die pneumatologisch entscheidende Frage ist damit die nach der *Erkennbarkeit des Geistes selbst.*

Die Frage nach der Erkennbarkeit des Geistes hat eine anthropologische und eine pneumatologische Komponente:
(1) Sind *wir* fähig, den Geist zu erkennen, also gewisses Wissen darüber zu erlangen, daß, was und wie der Geist ist?
(2) Ist *dieser* überhaupt von der Art, daß er erkannt werden kann?

Die erste Frage ist in der christlichen Tradition differenziert beantwortet worden. Einerseits sind wir von uns aus nicht in der Lage, den Geist zu erkennen, weil wir sündige Geschöpfe sind. Andererseits kann der Geist von uns erkannt werden, wenn wir vom Geist selbst zur Erkenntnis des Geistes befähigt und erleuchtet sind. Sind wir aber – und das führt zur zweiten Frage – nur im Ergriffensein durch den Geist zur Erkenntnis des Geistes fähig, dann ist es ein Strukturmoment des Geistes, daß *er nur Gegenstand unserer Erkenntnis sein kann, sofern er zugleich Grund dieser Erkenntnis ist,* und daß er deshalb nur dann wahrhaft erkannt ist, wenn er als Grund dieser Erkenntnis erkannt ist. Nun nennen wir dasjenige Grund von Erkenntnis, was uns Gewißheit über die Wahrheit eines (doxastischen) Glaubens verschafft. Den Geist zu erkennen heißt dann aber, ihn als Grund unserer Gewißheit zu erkennen, daß wahr ist, was wir von ihm glauben. Doch auch dazu sind wir nicht von uns aus fähig. Wir müssen den Geist auch als Grund unserer Gewißheit erkennen, daß er der Grund unserer Gewißheit der Wahrheit dessen ist, was wir von ihm glauben. Kann der Geist aber nur durch den Geist erkannt werden, und kann auch nur durch den Geist erkannt werden, daß der Geist nur durch den Geist erkannt werden kann, dann führt dies in einen Regreß oder in einen Zirkel, der ausschließt, daß Geist-Erkenntnis durch bloße Reflexion oder Kommunikation *über* den Geist konstituiert sein könnte. Wenn es sie überhaupt gibt, muß sie sich der Kommunikation *mit* dem Geist verdanken. Denn nur in solcher Kommunikation kann der Geist selbst klarstellen, daß wahr ist, was wir von ihm glauben, so daß wir (im Rahmen des überhaupt Möglichen) nicht nur gewiß sein können, daß dies so ist, sondern auch, daß er selbst der Grund dieser Gewißheit ist.

Den Geist zu erkennen ist dann aber nur möglich, wenn dieser sich selbst so vergegenwärtigt, daß wir ihn als Geist identifizieren und charakterisieren können. Genau das vermögen wir nur, wenn die Selbstvergegenwärtigung des Geistes selbst von hermeneutischer Struktur ist, sich uns der Geist also nicht nur als möglicher Erkenntnisgegenstand erschließt, sondern, indem er das tut, zugleich sich selbst *als Geist* identifiziert und interpretiert. Die Selbstvergegenwärtigung des Geistes als Grund seiner Erkennbarkeit muß ein Geschehen der *Selbstidentifikation* und *Selbstinterpretation* und damit der *Selbstdeutung des Geistes als er selbst für uns* sein. Diese Selbstdeutung hat die Struktur ‚der Geist identifiziert / interpretiert sich selbst als Geist für uns'. Das kennzeichnet sie als einen semiotischen Prozeß mit einer zweifachen Pointe. Zum einen ist der Geist dadurch selbst als ein auf sich selbst bezogenes Verhältnis erschlossener Wirklichkeit und zeichenhafter Deutung dieser Wirklichkeit bestimmt („.. sich selbst als ...'). Zum andern ist er als ein Selbstdeuteverhältnis beschrieben, das nicht ohne uns besteht („.. für uns ...'), sondern sich im Horizont und unter den Bedingungen unserer Zeichenakte als Einheit von Selbstdeutung des Geistes und unserer Deutung dieser Selbstdeutung vollzieht. Denn er würde sich nicht für uns deuten, wenn wir unsererseits ihn dadurch nicht identifizieren und interpretieren könnten. Vollzieht sich die Selbstdeutung des Geistes aber in und durch unsere Deutungen des sich selbst deutenden Geistes, dann gibt es sie nur in geschichtlicher Mannigfaltigkeit und Vieldeutigkeit. Genau das nötigt dazu, nach der Selbigkeit des sich selbst deutenden Geistes in der Vielfalt unserer Deutungen zu fragen und den Versuch zu machen, seinen Charakter so zu spezifizieren, daß in der Vielheit unserer Deutungen die Einheit seiner Selbstdeutung festgehalten werden kann. Was also kennzeichnet den Geist, von dem christliche Pneumatologie zu lehren beansprucht? Die Frage läßt sich mit Hinweis auf drei zentrale *notae spiritus* beantworten, die sich dem biblischen Zeugnis entnehmen lassen.

2.3 Notae Spiritus Sancti

1) Der Geist, um den allein es hier geht, ist der Geist *Christi*. Was immer theologisch über den Geist zu sagen ist: dieser Charakterzug und damit seine *wesentliche Bezogenheit auf Jesus Christus* muß gewahrt werden und zum Ausdruck kommen. Das heißt nicht, daß diese Bezogenheit auf nur eine Weise beschrieben werden könnte. Schon im Neuen Testament gibt es verschieden akzentuierte Versuche, die Art dieser Bezogenheit zu explizieren: Sehen die Synoptiker Jesus als Geist-Begabten, so daß das Kommen des Geistes auf Jesus das ist, was ihn zum Christus macht, so begreift Johannes den Geist als den von Jesus seiner Gemeinde gesandten Parakleten, der in ihr in der Zeit seiner Abwesenheit bis zu seiner Wiederkunft seine Präsenz vertritt. Das Verhältnis des Geistes zu Christus wird also sowohl als ein *Konstitutionsverhältnis* gedacht (der Geist macht Jesus zum Christus) als auch als ein *Sendungs-, Dienst* oder *Repräsentationsverhältnis* (der Geist vertritt den abwesenden Christus in seiner

Gemeinde). Beide Momente hat die Pneumatologie aufzunehmen: der Geist gehört notwendig sowohl zum *Sein Jesu Christi* wie auch zur *Präsenz Jesu Christi in seiner Gemeinde*.

2) Der Geist Christi ist der *heilige* Geist und damit der Geist *Gottes*. Schon im rabbinischen Sprachgebrauch und seiner Aufnahme in der Septuaginta רוחהקודש (πνεῦμα ἅγιον, πνεῦμα θεοῦ, πνεῦμα κυρίου, πνεῦμα θεῖον) ist dieser Zusammenhang hergestellt. Heilig ist vor allem Gott selbst. Er kann geradezu als „der Heilige" bzw. „der Heilige Israels" bezeichnet werden (Jesaja 29, 19.23 u. ö.). Von ihm Verschiedenes kann nur heilig genannt werden, sofern er es heilig macht. Die Heiligkeit gehört also notwendig zum *Sein Gottes* und zur *Wirkungsweise Gottes in unserer Wirklichkeit:* Gott vergegenwärtigt sich, indem er in freier Wahl geschichtliche Ereignisse zum Ort seiner erfahrbaren Gegenwart in unserer Welt werden läßt und damit heiligt. Beide Momente werden aufgenommen, wenn im Licht der urchristlichen Geisterfahrung der dort erfahrene Geist als *heiliger Geist* bestimmt und beschrieben wird: Er ist der von Gott geheiligte, durch Gott konstituierte und damit von allen anderen Geistern als *Geist der Wahrheit* (Joh 14, 17; 16, 13) definitiv unterschiedene Geist. Und er ist der Geist Gottes, der heilig macht, indem er uns aus der Gottferne in die Wahrheit der Gegenwart Gottes führt, so daß alle Christen in der Folge der Taufe heilig genannt werden können, weil sie aufgrund des Glaubens im Licht der Wahrheit Gottes existieren. Nicht nur das Verhältnis zu Jesus Christus, sondern auch das *Verhältnis zu Gott* gehört also notwendig zum heiligen Geist. Und wiederum ist damit sowohl ein *Konstitutionsverhältnis* (der Geist ist durch Gott als heiliger Geist gesetzt) wie auch ein *Wirkungsverhältnis* (der Geist wirkt heiligmachend in der Welt) angesprochen: unter dem ersten Gesichtspunkt wird der Geist Gott, unter dem zweiten wird Gott Geist genannt; und beide Gesichtspunkte werden in der Kennzeichnung des heiligen Geistes als *Geist der Wahrheit* zusammengefaßt.

3) Weil der heilige Geist als der heiligmachende Geist Gottes erfahren wird, gehören schließlich zu seinen notae die χαρίσματα, die seine Präsenz in der christlichen Gemeinde signalisieren. Die urchristliche Geisterfahrung ist eine der unbestreitbaren (historischen) Tatsachen in der Geschichte der christlichen Kirche. Die in der Pfingstgeschichte (Apg 2) summierten Erinnerungen an das Kommen des Geistes beschreiben seine eschatologische, die Einheit des Volkes Gottes in der Vielfalt seiner Glieder begründende Wirkung, die sich in der Aufhebung der babylonischen Verwirrung und Verständnislosigkeit unter den Völkern und damit im Gewinn einer neuen, Gemeinsamkeit schaffenden Freiheit exemplarisch manife-

stiert. Diese geistgewirkten Gaben der neuen Schöpfung sind mit dem Geist nicht einfach identisch. Sie zu besitzen, heißt daher auch nicht, den Geist zu besitzen, sondern vom Geist besessen zu sein, nämlich vom Geist des Lebens in Jesus Christus, der uns von Sünde, Tod und ihren Folgen befreit (Röm 8,2) und eben deshalb der *Geist der Freiheit* genannt wird (2 Kor 3,17). Auch die Charismen markieren so noch einmal die konstitutiven Verhältnisse des Geistes zu Gott und zu Jesus Christus: Weil sie gottgewirkte Geistesgaben sind, werden sie nicht als mit den menschlichen Fähigkeiten als solchen schon gesetzte, sondern als diese *heiligende,* d. h. sie zu einem bestimmten Dienst in der Gemeinde und an der Welt instandsetzende und befreiende Gaben verstanden. Sie bleiben damit menschlich unverfügbar und an das freie Vergegenwärtigen des göttlichen Geistes gebunden, existieren nur im Gebrauch, nicht im Besitz.

Welcher Gebrauch menschlicher Fähigkeiten kann in diesem Sinn als Gabe des göttlichen Geistes begriffen werden? Nach dem Gesagten nur der, der sich als Wirkung des Geistes *Christi* identifizieren läßt: Nur was der Pro-Existenz-Struktur des Seins und Wirkens Jesu Christi entspricht, kann als Geistesgabe gelten. Solche Entsprechung findet sich nicht überall. Sie liegt nur dort vor, wo christliches Leben und Handeln in Kirche und Welt als Indienstnahme von Menschen zum Dienst an anderen dasjenige Leben fördert, das – mit den zentralen neutestamentlichen Kriterien gesprochen – durch *Wahrheit* und *Freiheit,* damit aber auch durch *Friede, Freude* und *Liebe* gekennzeichnet ist. So charakterisierbares Leben findet sich dort, wo aus dem Glauben das sich je und je von selbst Verstehende getan und so dem Doppelgebot der Liebe entsprechend gelebt wird. Wo immer dagegen ein usus pneumaticus um sich greift, der damit in Konflikt gerät, weil er sich auf das konzentriert, was durch den Geistempfang *an uns* geschieht, statt darauf, was dadurch *durch uns an der Welt* geschieht, dort ist – darauf hat vor allem Paulus in seinen Auseinandersetzungen mit den Korinthern aufmerksam gemacht – der Gebrauch der Geistesgaben zum Mißbrauch pervertiert, die Gabe damit zurückgestoßen und die Freiheit zum Gesetz verkehrt.

Der Charakter des Geistes ist somit zusammenfassend durch seine christologischen, seine theologischen und seine (sich anthropologisch manifestierenden) pneumatologischen Kennzeichen zu beschreiben: Er ist der *Geist Christi,* der *Geist der Wahrheit Gottes* und der *Geist der Freiheit der Menschen.* Vom Geist kann daher theologisch nicht gehandelt werden, ohne von *Jesus Christus,* von *Gott* und von den *Geistwirkungen bei und durch uns* zu reden, die sich in dem Wahrheit und Freiheit fördernden Gebrauch unserer menschlichen Fähigkeiten in Kirche und Welt manifestieren. Ist das Problemfeld des Geistes damit zutreffend charakterisiert, wie ist es dann theologisch, und d. h. begrifflich zu rekonstruieren?

2.4 Der Geist als Vollzugsform des Lebens Gottes

Faßt man das angedeutete Geflecht von Beziehungen in den Blick, ist der Geist weder als Gegenstand oder Wesen noch als Kraft angemessen beschrieben. Jeder derartige Beschreibungsversuch führt aufgrund seiner faktischen Orientierung an der Subjekt-Prädikat-Logik in unangemessene und aporetische Alternativen, die sich in der überkommenen Pneumatologie in der dann prinzipiell unauflösbaren Dialektik von Externität des Geistes extra nos und Internität seines Wirkens in nobis exemplarisch manifestieren. Der Geist wird dementsprechend theologisch unzureichend konzeptualisiert, wenn man den Ausdruck ‚Geist' auf der Grundlage einer solchen aporetischen Beschreibung als Name einer bestimmten Entität extra nos oder als summarische Kennzeichnung einer Menge charismatischer Wirkungen in nobis begreift oder beides durch bloßes Nebeneinanderstellen zu kombinieren sucht. Der aporetische Beschreibungsansatz wird damit nur in einem nicht weniger aporetischen Geistbegriff festgeschrieben.

Die theologische Tradition hat dies durchaus bemerkt. Doch ihre Lösungsversuche blieben dem problematischen Beschreibungsansatz in der Regel genau dadurch verpflichtet, daß sie die Aporie entweder durch konsequente Betonung der Externität des Geistes (wie die orthodoxe Tradition) oder durch konsequente Betonung seiner Internität (wie die idealistische Tradition) zu lösen suchten. Im Extremfall führte das eine – im Rahmen unseres Problems gesprochen – zur Isolierung der Pneumatologie von der Erkenntnistheorie, das andere zur Auflösung der Lehre vom heiligen Geist in die Theorie des menschlichen Geistes. Das Problem ist aber auch dadurch nicht zu überwinden, daß man (wie die sich Schleiermacher verdankende Tradition) den Geist primär als Gemeingeist zu begreifen sucht, in dem die Externität des Geistes gegenüber jedem Einzelnen und seine Internität in der Gemeinschaft zusammengedacht werden können. Denn aus orthodoxer wie aus idealistischer Perspektive ist dies nur eine (negativ oder positiv bewertete) Variante der die Internität des Geistes betonende Position, insofern das extra nos hier auf zwischenmenschliche Intersubjektivität reduziert bzw. das in nobis auf zwischenmenschliche Intersubjektivität erweitert wird. Damit aber wiederholt sich auf neuer Ebene das alte Dilemma. Denn in beiden

Hinsichten ist zu fragen, wie unter diesen Umständen das Verhältnis von göttlicher Externität und menschlicher Intersubjektivität pneumatologisch zu denken ist.

Man wird das Problem nur lösen können, wenn man von vornherein einen anderen Beschreibungsansatz wählt, bei dem sich die Alternative von Externität und Internität so überhaupt nicht stellt. Das wird dann aber zwangsläufig auch zu einer anderen Konzeptualisierung der Geistproblematik führen müssen, die sich nicht mehr in die dogmatischen Alternativen eines personalen oder nichtpersonalen Geistverständnisses einordnen und im Rahmen der traditionellen Gegenüberstellung von Geist als Person und Geist als Kraft beurteilen läßt.

Auszugehen ist dabei von den angeführten notae spiritus und den darin zum Ausdruck kommenden Verhältnissen, die den Ausdruck ‚Geist' nicht als Name einer Entität oder als Bezeichnung einer Kraft zu verstehen erlauben. Eher – und seiner aufgezeigten Selbstdeutungsstruktur angemessener – läßt er sich in der differenzierten Einheit der angezeigten theologischen, christologischen und pneumatologischen Kennzeichen als die *Vollzugsform einer bestimmten, sich in der selbstbezüglichen Differenziertheit seiner Momente selbst epistemisch durchsichtigen Aktivitätssphäre* begreifen: des *Lebens Gottes*. Dieses ist christlicher Einsicht zufolge von trinitarischer Grundstruktur, insofern es sich in stetem Rückbezug auf sich selbst theologisch setzt (Wirklichkeit Gottes – Gott der Vater), christologisch bestimmt (Wahrheit Gottes – Gott der Sohn) und pneumatologisch durchsichtig wird (Erkenntnis Gottes – Gott der Geist). In diesem selbstbezüglichen Differenzierungsprozeß vom Vater über den Sohn zum Geist besitzt das Leben Gottes denjenigen Grad der Selbstorganisation, der ihm im Geist vollkommene, d. h. jederzeit die Totalität möglicher Erkenntnisperspektiven integrierende Selbstdurchsichtigkeit und damit absolute Gewißheit über die Wahrheit seiner Wirklichkeit verleiht.

2.5 Das trinitarische Leben Gottes als Feld

Wird nun dieses göttliche Leben, das sich in stetem Rückbezug auf sich selbst theologisch, christologisch und pneumatologisch differenziert und sich eben so epistemisch durchsichtig wird, mit Pannenberg[8] als *ursprünglich kreatives Feld* begriffen, dann ist mit ‚Geist'

---

[8] *W. Pannenberg,* Systematische Theologie, Bd. 1 (Göttingen 1988) 414 ff. Mein Versuch, den Feldbegriff für die Pneumatologie fruchtbar zu machen, verdankt sich Anregungen von W. Kasperzick und wurde unabhängig von Pannenberg unternommen.

die *sich selbst deutende und eschatologisch immer besser verdeutlichende Vollzugsform* dieses durch bestimmte Relationen konstituierten und durch bestimmte Differenzen markierten Gott-Feldes gemeint. Um diesen Vorschlag beurteilen zu können, ist das Denkmodell des Feldes präziser zu entwickeln.

Unter *Feld* verstehe ich eine Gesamtheit gleichzeitig bestehender und miteinander interagierender realer Verhältnisse, die wechselseitig voneinander abhängen und einen gemeinsamen Geschehenszusammenhang oder Prozeß bilden, aus dem sich nur durch Abstraktion Einzelmomente herausheben und für sich behandeln lassen. *Real* nenne ich diejenigen Verhältnisse, die von Verschiedenen intendiert, identifiziert, abstrahiert und beschrieben werden können, deren Existenz sich aber nicht diesem Intendiertsein, Identifiziertsein, Abstrahiert- oder Beschriebenwerden verdankt. Ein *Feld* bilden reale Verhältnisse genau insofern, als sie nicht nur externe Relationen zwischen schon konstituierten Relaten, sondern interne, die Relate (mit)konstituierende und insofern sich wechselseitig bedingende Verhältnisse sind, die als organisierende Strukturen bestimmte Aspekt-Konfigurationen (Gegenstände, Strukturen) in diesem Feld formen und gestalten und sich auch organisierend auf deren Verhalten auswirken. *Kreativ* ist ein Feld zunächst darin, daß sich solche gegenständlichen und strukturellen Konfigurationen überhaupt in ihm ereignen. Kreativ ist es dann aber auch, insofern es im Sinn eines kummulativen Habitualisierungsprozesses auf der Basis gesammelter Information über die Geschichte und Evolution solcher Konfigurationen Gestalt-Muster oder Typen erzeugt, die Exemplare dieser Typen immer wieder neu hervorzubringen erlauben. Vor allem aber ist es kreativ, wenn es auf der Basis bestehender Verhältnisse und organisierender Strukturen immer wieder zur Konstitution neuer realer Verhältnisse und Strukturen kommt, die das Feld so erweitern oder vertiefen, daß sich seine Gesamtkonstellation durch die ständige Erneuerung der es konstituierenden Verhältnisse und die Verschiebung der Lagebeziehungen zwischen ihnen in einem permanenten Prozeß dynamisch verändert, ohne dabei aufzuhören, ein Ganzes zu bilden. *Ursprünglich* kreativ schließlich ist ein Feld, wenn es sich selbst nichts anderem, alles andere aber sich ihm verdankt, so daß es die organisierende Struktur nicht nur von eini-

---

Die Erstfassung dieser Überlegungen entstand 1985 für den Theologischen Arbeitskreis Pfullingen und diente als Vorlage für den Ferienkurs ‚Erkenntnistheorie und Pneumatologie' vom 6.–8. 10. 1986 in Neuendettelsau. Der Gedanke, den Feldbegriff in diesem Zusammenhang aufzugreifen, ist nicht neu. Vgl. auch *O. A. Dilschneider,* Geist als Vollender des Glaubens (Gütersloh 1978) 65.

gem, sondern von allem ist. Das kann (wenn überhaupt) nur von einem Feld gesagt werden: dem Feld des Lebens Gottes.

Wird Gottes Leben in diesem Sinn als ursprünglich kreatives Feld realer Ereignisrelationen verstanden, durch die konstituiert wird, worin und wodurch sich dieses Leben vollzieht, und gibt es nichts Mögliches oder Wirkliches, was nicht durch dieses Feld konstituiert ist, dann ist das Gott-Feld der ursprüngliche Grund, das unerschöpfliche Umfeld und der unendliche Inbegriff aller Prozesse, in denen sich Existierendes in seinen Umwelten ausbildet. Was immer existiert, existiert in und durch Gott und damit im Wirkungs- und Einflußbereich dieses Feldes und seiner organisierenden Strukturen, die sich evolutionär durch die kummulative Speicherung der Information aller vergangenen Geschichte entwickeln und immer präziser bestimmen.

Diese Entwicklung verläuft nicht völlig beliebig, sondern unter den Grund- und Rahmenbedingungen des Gott-Feldes. Dieses ist nach den Einsichten der christlichen Trinitätslehre als Strukturidentität von *Konstitution, Bestimmtheit* und *Vollzug* zu denken. Es ist nur, weil und insofern es aus sich selbst (und in keiner Weise von einem anderen her) konstituiert wird. Es ist nur das, was es ist, weil und insofern es sich durch sich selbst zu dem bestimmt, was es ist. Und es ist nur so, wie es ist, weil es sich permanent als das ereignet, was es ist und wozu es sich im Bezug auf sich selbst und anderes bestimmt. Prinzipiell und mit Hilfe der Symbole der traditionellen Trinitätslehre formuliert: Gott der Vater ist das Konstitutionsprinzip des Feldes, das Gott ist, Gott der Sohn sein Bestimmtheitsprinzip und Gott der Geist sein Vollzugsprinzip. Sofern sich das Gott-Feld nichts anderem als nur sich selbst verdankt, markiert der Vater die schlechthinnige Ursprungslosigkeit des Gott-Feldes, damit zugleich aber auch sein unergündliches Kreativitäts- und Aktivitätszentrum. Entsprechend markiert der Sohn die spezifische Bestimmtheit dieses Feldes, die durch die Geschichte Jesu Christi gewonnen wird. Erst sie erlaubt, Gottes Wesen als Liebe zu bestimmen und die differenten Strukturmomente dieses Feldes als Vater, Sohn und Geist zu fassen. Schließlich markiert der Geist die Vollzugsform des Gott-Feldes, das nur ist, indem es sich ereignet, da Gott, wenn er ruhend und nicht semper et ubique actuosus gedacht wird, kein Gott ist. Da Gott aber ebensowenig Gott wäre, wenn er nicht wüßte, daß er dies ist, ist der Geist erst zureichend begriffen, wenn er als die sich selbst als solche durchsichtige Vollzugsform des Gott-Feldes erfaßt wird.

Als *Vollzugsform des Gott-Feldes* vermittelt der Geist dessen Konstitutions- und Bestimmtheitsmomente so, daß Gottes Wesen als Liebe wirksam wird und die Aktivitätszentren dieser Liebe als Vater,

Sohn und Geist bestimmbar werden. Das wird dadurch möglich, daß der Geist als die Konstitution und Bestimmtheit vermittelnde Vollzugsform des Gott-Feldes sich zugleich als solche thematisiert und wahrnimmt: er ist die *sich selbst epistemisch vollkommen durchsichtige* Vollzugsform des Gott-Feldes, in der sich dieses als Geschehen der Liebe in der Differenziertheit der Aktivitätszentren Vater, Sohn und Geist konstituiert und selbst deutet. Erkannt wird Gott damit nur durch den Geist, und es läßt sich auch nur durch den Geist erkennen, daß Gott nur durch den Geist erkannt wird.

Das gilt nicht nur für die innertrinitarische Selbstdeutung des Gott-Feldes durch den Geist, sondern ebenso für unsere Fremddeutung dieser Selbstdeutung. Für uns erkennbar wird das Gott-Feld nur in dem Maße, als der Geist seine Selbstdeutung dieses göttlichen Aktivitätszusammenhangs für uns erkennbar macht. Dazu muß er sich uns so vergegenwärtigen, daß wir an seiner Selbstdeutung partizipieren und an seiner epistemischen Durchsichtigkeit Anteil bekommen. Genau das geschieht im *Glauben,* in dem wir uns durch den Geist in bezug auf die Evangeliumsverkündigung gewiß werden, daß Christi Deutung der Wirklichkeit Gottes wahr ist. Der Glaube als (pneumatologische) Gewißheit der Wahrheit der (christologischen) Deutung der Wirklichkeit des göttlichen Lebens ist deshalb in ganz besonderer Weise als Werk des Geistes zu begreifen. Zwar existieren wir nie außerhalb des Geistes als dessen Vollzugsform. Aber wir wissen und erkennen das nicht zwangsläufig, sondern nur dann, wenn wir durch den Geist auch an seiner epistemischen Durchsichtigkeit Anteil bekommen.

Das Verhältnis des Geistes zu uns ist damit dynamisch und steigerungsfähig zu denken. Wie alles andere sind auch wir Konfigurationen im Gott-Feld und als solche durch den Geist (mit)konstituiert. Erkennen können wir das aber erst, wenn dieser sich uns auch als die Konstitution und Bestimmtheit vermittelnde Vollzugsform des göttlichen Lebens selbst deutet, so daß wir an seiner Selbstdurchsichtigkeit Anteil bekommen. Wir existieren nur durch den Geist. Aber nur im Glauben, den der Geist wirkt, erkennen wir, daß wir nur durch den Geist existieren. Und nur in der Erkenntnis des Glaubens, die wir dem Geist verdanken, erkennen wir, daß nur im Glauben zu erkennen ist, daß wir nur durch den Geist existieren. Unser Sein, unser Glaube (fides) und unsere Glaubenserkenntnis (intellectus fidei) sind somit gleichermaßen, wenn auch verschiedene Werke des Geistes.

Wo das im Glauben erkannt wird, wird der Geist als *heiliger* Geist bekannt. Er macht das, worauf er sich als von ihm Verschiedenem bezieht, heilig (und läßt das in einem sich immer wieder auf sich selbst zurückbeziehenden Prozeß von Stufe zu Stufe epistemisch deutlicher werden),

– indem er ihm als Gottes Geschöpf in der Nähe und Gegenwart der Liebe Gottes einen Ort gibt und Lebensraum schafft, ohne den es nicht wäre;

– indem er unter allen Geschöpfen uns Menschen im Glauben Anteil an seiner Selbstdurchsichtigkeit gibt, so daß wir erkennen, daß wir in der Nähe und Gegenwart Gottes existieren, gerade damit aber auch, daß wir diesem fundamentalen Sachverhalt in unserem Leben weder entsprochen haben noch entsprechen und daher als der Rechtfertigung bedürftige Sünder auf Gottes vergebende Treue angewiesen sind; und schließlich

– indem er uns in der Erkenntnis des Glaubens ermöglicht, ihn als heiligen Geist zu erkennen und zu bekennen und von anderen Geistern zu unterscheiden.

Die Wendung ‚heiliger Geist' verweist so auf die sich selbst epistemisch vollkommen durchsichtige Vollzugsform des Gott-Feldes, die uns immer vollkommener an ihrer eigenen Durchsichtigkeit Anteil gibt. Im heiligen Geist und durch ihn erschließt sich das Gott-Feld als ein in sich differenziertes und sich in seinem Vollzug sukzessive selbst epistemisch verdeutlichendes Feld realer Verhältnisse zwischen dem trinitarischen Gott, der durch ihn und in ihm konstituierten Schöpfung, der besonderen Geschichte Jesu Christi und den im Glauben an der Geschichte Jesu Christi partizipierenden Menschen. Sie alle werden durch diese Verhältnisse überhaupt erst (mit)konstituiert, so daß weder von Gott noch der Schöpfung noch Jesus Christus noch den Glaubenden geredet werden kann, ohne auch die anderen wesentlich ins Spiel zu bringen. So kommt im *Glauben* die Selbstdurchsichtigkeit, die das Gott-Feld als Geist hat, bei uns menschlichen Geschöpfen und damit in diesem Feld in dem vom Geist Verschiedenen zur Geltung: Wer glaubt, erkennt als Geschöpf Gott so, wie dieser sich selbst erkennt. Das ist nur aufgrund einer zweifachen Voraussetzung möglich. Einerseits ereignet sich in *Jesus Christus* die Selbstdeutung des Gott-Feldes innerhalb dieses Feldes in einer für uns erfahrbaren Weise. Andererseits wird uns diese christologische Selbstdeutung des Gott-Feldes durch denselben Geist vermittelt, der sie als solche vollzieht und erkennt. Beides zusammen geschieht konkret so, daß uns der Geist anhand der Verkündigung des Evangeliums gewiß werden läßt, daß wahr ist, was diese propagiert. Die aber propagiert, daß Gott, dem wir als seine *Geschöpfe* alle unser Leben verdanken, den wir aber aus Unwissenheit, Desinteresse oder Dummheit allesamt in unserem Leben sträflich ignorieren, in seiner Liebe nicht aufhört, sich um uns zu bemühen und deshalb in Jesus Christus und durch den Geist so auf uns zuzukommen, daß er unter den Bedingungen unseres verkehrten Lebens für uns zugänglich wird, so daß wir ihn so erkennen können, wie er sich selbst kennt: als *unerschöpfliche Liebe*.

Der intrinsische Bestimmungszusammenhang aller Verhältnisse, die das Gott-Feld konstituieren, und die sich steigernde epistemische Selbstverdeutlichung, die dieses Feld als Geist auszeichnet, zeigen sich deutlich, wenn wir das skizzierte Verständnis des heiligen Geistes als sich selbst verdeutlichende Vollzugsform des Gott-Feldes schärfer zu profilieren suchen, indem wir nach seinen charakteristischen Funktionen, seiner spezifischen Struktur und seinem besonderen Charakter fragen.

2.6 Funktionen des Geistes

Das Gott-Feld in seiner Vollzugsform als Geist hat bestimmte *Funktionen*, die es charakterisieren. Diese Funktionen lassen sich in unterschiedlicher Weise bestimmen, je nach dem, ob man sie im Hinblick auf *Gott*, auf die *Schöpfung*, auf *Jesus Christus* oder auf die *Glaubenden* entfaltet. Der Feld-Logik des göttlichen Lebens entsprechend sind aber in jeder dieser Hinsichten *zugleich* Konstitutions- *und* Wirkungs- bzw. Handlungsfunktionen zu nennen. Das zeigt sich deutlich in den pneumatologischen Ansätzen der Tradition. So wird die Funktion des Geistes in theologischer Perspektive exemplarisch in der Lehre von der dritten Person der Trinität unter dem zweifachen Gesichtspunkt der *Hauchung* (Konstitution) und der *Heiligung* bzw. *Neuschöpfung* (Wirkung bzw. Werk) entwickelt, in schöpfungstheologischer Perspektive unter dem zweifachen Gesichtspunkt der Lehren von der *creatio ex nihilo* bzw. *imago dei* (Konstitution) und der Lehren von der *gloria dei* bzw. *iustitia originalis* (Wirkung bzw. Werk), in christologischer Perspektive in der Lehre von der Person Jesu Christi unter dem zweifachen Gesichtspunkt des *Wortes Gottes* (Konstitution) und der *Versöhnung* (Wirkung bzw. Werk) und in anthropologischer Perspektive in der Rechtfertigungs- und Charismenlehre unter dem zweifachen Gesichtspunkt des *Glaubens* (Konstitution) und der *Liebeswerke*. Stets – und das wurde nicht immer zureichend beachtet – steht dabei aber das *ganze Feld* und *alle* seine Geist-Funktionen zur Debatte, so daß keine dieser Perspektiven ohne die anderen zureichend entwickelt werden kann.

Genau das ist die sachliche Pointe des protestantischen Einwands gegen die katholische Gnadenlehre und ihrer Tendenz, die Gnadengaben gegenüber dem Geist als ihrem Geber zu verselbständigen. Bedeutet die im Rechtfertigungsgeschehen durch den Geist vollzogene Integration des Menschen in die Selbstdurchsichtigkeit des sich vollziehenden Gott-Feldes (Konstitution als Glaubender) immer Partizipation an dessen Funktionen (Glaube als Wirkung Gottes im Menschen und dadurch provozierte Wirkungen des Glaubens von Menschen), und sind diese immer nur Funktionen des *ganzen* Feldes, dann lassen sie sich nicht von diesem abstrahieren und isolieren, ohne ihren Geist-Charakter zu verlieren. Von Gnade wird daher nur dort nicht nur abstrakt, sondern konkret gesprochen, wo vom Geist und damit von einem spezifischen Ereigniszusammenhang zwischen Gott, Jesus Christus und uns die Rede ist.

Dasselbe gilt umgekehrt auch für den glaubenden Menschen: theologisch konkret wird von ihm nur geredet, wenn er im Rahmen dieser Verhältnisse begriffen wird. Wie aber verhält sich dann dieser theologische Begriff des Menschen zu unserem philosophischen, empirischen oder alltagssprachlichen Verständnis von Menschsein?

Die Antwort lautet, daß beide so zu kombinieren sind, daß der theologische Begriff des Menschen mit seiner soteriologischen Pointe den Orientierungsrahmen zur Verarbeitung unseres anthropologischen Wissens abgibt. Dabei kommt es zu wechselseitigen Konkretionsprozessen. Um beispielsweise die Geist-Funktionen des Gott-Feldes in pneumatologisch-anthropologischer Perspektive zu bestimmen, müssen eine Reihe grundlegender anthropologischer Sachverhalte berücksichtigt werden wie

(1) die das *menschliche Leben* auszeichnende und sowohl von Unbelebtem wie auch von anderem Leben unterscheidende anthropologische Fundamentaldifferenz zwischen *Erleben* (im kognitiven Fall: *Wahrnehmen*) und *Handeln;*

(2) die mit dem *sozialen Charakter* des menschlichen Lebens gesetzte Nötigung zur Entfaltung dieser anthropologischen Fundamentaldifferenz im Aufbau *gemeinsamen Glaubens und Wissens* und im Vollzug *gemeinsamen Handelns* einer menschlichen Gemeinschaft; und

(3) die solches *gemeinsames* Glauben, Wissen und Handeln überhaupt erst ermöglichenden *semiotischen Kommunikationsvollzüge,* die jede menschliche Gemeinschaft als Kommunikationsgemeinschaft auszeichnen, in der nicht nur kommuniziert werden kann, sondern tatsächlich und auf mannigfache Weise auch kommuniziert wird.

An diesen drei Momenten muß sich die spezifische Geist-Funktion des Gott-Feldes in anthropologischer Hinsicht konkretisieren lassen, wenn man sich keiner Äquivokation in der Rede vom Menschen schuldig machen will. Das ist auch möglich. Resultiert doch

(1) die im Glauben erfolgte und in der Taufe besiegelte Integra-

tion in Jesus Christus und das in ihm realisierte Verhältnis Gottes zu uns (Konstitution des *neuen Lebens*) in einer *neuen Gemeinschaft* (Kirche). Diese ist

(2) in zweifacher Hinsicht ausgezeichnet: einerseits durch ein bestimmtes, dem *Geist der Wahrheit* verdanktes *gemeinsames Glauben und Wissen,* das durch eben diesen Geist je individuell als Erkenntnis angeeignet wird, und andererseits durch ein bestimmtes, dem *Geist der Freiheit* verdanktes *gemeinsames Handeln.* Beides, die Aneignung dieses Wissens und die Partizipation an diesem Handeln wird schließlich

(3) durch spezifische, die Kirche in der Welt von der Welt unterscheidende *symbolische Kommunikationsvollzüge* (Gottesdienst) ermöglicht, tradiert und als aktuelle Option gegenwärtig gehalten.

Das gemeinsame Wissen der als Kirche existierenden Glaubenden – um nur den zweiten Punkt etwas genauer herauszugreifen – besteht in dem spezifischen *Orientierungsrahmen* des christlichen Wirklichkeitsverständnisses, das uns im Glauben durch den Geist gewiß wird. Dieser Orientierungsrahmen erlaubt uns, all unser partielles Glauben, Wissen und Erkennen in unseren Welt-, Selbst- und Gottesverhältnissen in der Perspektive derjenigen *Wahrheit* zu verarbeiten, die uns in Jesus Christus als Gottes unveränderlicher Wille für uns und die Welt erschlossen ist, und dementsprechend beim Versuch, unser Leben in Entsprechung zu diesem Willen zu vollziehen, zwischen wesentlichen und weniger wesentlichen Wahrheitsansprüchen zu unterscheiden. Als Orientierungs-Wissen dieser Art ist unser gemeinsames Glaubenswissen weder nur theoretisches noch nur praktisches Wissen. Es ist vielmehr ein spezifischer Umgang mit unserem – immer nur partiellen und hypothetischen – ontischen, normativen, deontischen und axiologischen Sach- und Handlungswissen, durch den wir uns die Welt im Bezug auf Gottes offenbarte Wahrheit in ihren kontingenten und notwendigen Dimensionen umfassend ordnen und uns in der so geordneten Welt im Bezug auf Gottes offenbarten Willen absolut orten.

Das gemeinsame Handeln der als Kirche existierenden Glaubenden besteht dementsprechend in der spezifisch *christlichen Gestaltung* aller gemeinschaftlichen und individuellen Lebensvollzüge im Lichte des in diesem Orientierungsrahmen verarbeiteten Glaubens, Wissens und Erkennens. Dies ist genau dann der Fall, wenn wir all unsere konkreten Lebensvollzüge in der Perspektive derjenigen *Freiheit* gestalten, die dem in Jesus Christus erschlossenen Willen Gottes für seine Schöpfung zu entsprechen sucht. Konkret geschieht das dadurch, daß wir in all unserem Handeln die doppelte Selbstverständlichkeit des Liebesgebots und die damit gesetzte Unterscheidung zwischen wahrhafter und vermeintlicher Freiheit zur Geltung bringen. Wir können dann einerseits unabhängig, frei und ohne Angst vor Abhängigkeit in allen Bereichen unserer Wirklichkeit mit allem umgehen und uns andererseits eben deshalb auch ohne Angst vor Selbstverlust auf Aufgaben einlassen und Anforderungen stellen, die an uns herangetragen werden.

Die mit dem heiligen Geist gesetzte soteriologische Unterscheidung zwischen dem *Geist aus Gott* und dem *Geist der Welt* konkretisiert sich somit in anthropologischer Perspektive in der mit dem neuen Leben in der Gemeinschaft der Glaubenden gegebenen Befähigung und Nötigung, zwischen Wahrheit und heilsamer Wahrheit und Freiheit und heilsamer Freiheit zu unterscheiden; und das Kriterium dieser Unterscheidung besteht eben darin, daß nur das *heilsam* genannt zu werden verdient, was dem in Jesus Christus für uns offenbar gewordenen Willen Gottes und damit unserer göttlichen Bestimmung entspricht. Die Funktion des Gott-Feldes in seiner Vollzugsform als Geist besteht in anthropologischer Perspektive dementsprechend darin, uns durch Integration in dieses Feld zu ermöglichen, unsere Glaubens-, Wissens-, Erkenntnis- und Handlungsfelder in Kirche und Welt im Licht dieser soteriologischen Differenzen des Gott-Feldes durch entsprechende epistemologische Unterscheidungen zu strukturieren, also in unserer Erkenntnisbemühung nicht nur nach Wahrheit, sondern nach *heilsamer* Wahrheit zu fragen, und uns in unserem Handeln nicht nur um Freiheit, sondern um *heilsame* Freiheit zu bemühen. Denn auch das für uns als Menschen unvermeidliche Streben nach Erkenntnis der Wahrheit und Realisierung der Freiheit ist als solches kein selbstverständlicher und sich selbst legitimierender Selbstwert. Wie alles kann es von uns vielmehr so oder so gebraucht und daher immer auch mißbraucht werden. Eben deshalb sind wir in unserer Bemühung um Wahrheitserkenntnis und Freiheitspraxis zu differenzierendem Umgang und zur permanenten Unterscheidung zwischen lebensförderndem usus und lebensgefährdendem abusus genötigt und damit auf Kriterien nicht nur zur Erkenntnis von Wahrheit und Freiheit überhaupt, sondern zur Identifikation heilsamer Wahrheit und heilsamer Freiheit angewiesen. Über solche Kriterien zu verfügen, ist die epistemologische Folge unserer Integration in die Selbstdurchsichtigkeit des Geistes. Wir werden dadurch befähigt und angeleitet, unser Erkennen und Handeln im Licht eines bestimmten Orientierungsrahmens so zu reflektieren und zu gestalten, daß wir uns ihre Relevanz für uns vor Augen stellen und kritisch prüfen, ob und inwiefern sie Gottes in Jesus Christus offenbartem Willen für uns und seine Schöpfung entsprechen. Eben deshalb hat die in der theologischen

Lehre von der Erkenntnis des heiligen Geistes implizierte Lehre von der Unterscheidung der Geister die soteriologischen Differenzen des Gott-Feldes, die sich in seinem Geistvollzug erschließen, kriteriologisch so zu entwickeln, daß sie ihre orientierende Funktion in unserem Erkennen und Handeln auszuüben vermögen. Sie kann allerdings nur die *Kriterien* spezifizieren, nicht ihre Anwendung regulieren oder gar dem Einzelnen oder der Gemeinschaft die Entscheidung über die jeweils als heilsam zu erstrebende Wahrheit oder als heilsam zu realisierende Freiheit abnehmen.

2.7 Die Struktur des Geistes

Das Gott-Feld in seiner Vollzugsform als Geist hat nun aber nicht nur bestimmte Funktionen, sondern auch eine spezifische *Struktur,* insofern die das Feld und seine Funktionen konstituierenden Verhältnisse zwischen Gott, Schöpfung, Jesus Christus und den Glaubenden durch bestimmte Konstitutionsbezüge geordnet sind, welche Art und Gefälle des Wirkungs- und Funktionszusammenhangs prägen, den sie gemeinsam darstellen. So ist in der von Gott konstituierten und erhaltenen Schöpfung die Gemeinschaft der Glaubenden durch ihr reales Verhältnis zu Jesus Christus, Jesus Christus durch sein reales Verhältnis zu Gott konstituiert, während dieser zu nichts von ihm Verschiedenem in einem rein passiven Konstitutionsverhältnis steht, aber alles von ihm Verschiedene als seine Schöpfung aktiv konstituiert. Die (immanente) Trinitätslehre ist der Versuch, die Grammatik dieser Konstitutionsstruktur des Gott-Feldes und seiner Vollzugsform als Geist unter (im engeren Sinn) theologischer Perspektive auszuformulieren.

Jede am Geistvollzug des Gott-Feldes gewonnene Aussage über Gott, Jesus Christus, die Glaubenden oder die Schöpfung, die nicht von vornherein inadäquat sein will, hat diese asymmetrische Konstitutionsstruktur zu berücksichtigen und im notwendigen Beieinander der Perspektiven nicht nur die ontologische Priorität der trinitarischen Perspektive gegenüber der Schöpfungsperspektive, sondern auch der theologischen Perspektive gegenüber der christologischen und der christologischen gegenüber der pneumatologischen Perspektive zur Geltung zu bringen – eben hier liegt das sachliche Recht des filioque im Rahmen der immanenten Trinitätslehre. Beschreibt man z. B. das Gott-Feld in seinem Geist-Vollzug als sich selbst deutendes Vergegenwärtigungsgeschehen Gottes, dann gilt,

(1) daß sich hier Gott in Jesus Christus den Menschen vergegenwärtigt und nicht die Menschen in Jesus Christus sich Gott vergegenwärtigen,

(2) daß sich Gott den Menschen in Jesus Christus in der Weise vergegenwärtigt, daß diese sich Gott wahrheitsgemäß (d. h. wie er ist und nicht nur wie er von ihnen gedacht wird) vergegenwärtigen können, und

(3) daß sich solche wahrheitsgemäße Vergegenwärtigung nur dort ereignet, wo Gott sich selbst als in Jesus Christus gegenwärtig bezeugt und sich selbst deutend zur Geltung bringt.

Aus diesem Grund spricht CA 5 zu Recht davon, daß es

(3 a) wahre Gotteserkenntnis (fides) nur im Geist gibt („... spiritus sanctus, qui fidem efficit ...'), daß diese Erkenntnis

(2 a) nur im Bezug auf Jesus Christus ihren eigentlichen Gehalt und ihre Bestimmtheit gewinnt („... in his, qui audiunt evangelium ...'), daß sich solche Erkenntnis aber

(1 a) nur aufgrund der freien Konstitution des Gott-Feldes und der freien Vergegenwärtigung seiner Selbstdurchsichtigkeit durch Gott selbst ereignet („... ubi et quando visum est Deo ...').

2.8 Der Charakter des Geistes

Das so strukturierte und sich als Geist ereignende Gott-Feld hat *eschatologischen Charakter*. Das läßt sich an seinen epistemischen und strukturellen Aspekten belegen. So zeichnet sich dieses Feld in epistemischer Hinsicht dadurch aus, daß seine Verhältnisse durch Gottes schöpferische Präsenz nicht nur so *konstituiert* sind, daß sie ohne diese weder wären noch so wären, wie sie sind, sondern daß sie darüber hinaus durch Gottes sich offenbarende Präsenz auch unmißverständlich als *von Gott* konstituierte Verhältnisse, und zwar von ihm mit einer bestimmten *heilsamen Absicht* konstituierte Verhältnisse *erkannt* werden können. Konstituiert ist alle Existenz durch Gott, ob das erkannt wird oder nicht, weil außerhalb des Gott-Feldes nichts zu existieren vermag; und jeder kann erkennen, daß wir uns jedenfalls nicht selbst konstituiert haben. Aber nur durch den Geist wird diese negative Erkenntnis zu einer positiven Einsicht. Denn in ihm erkennen wir, daß *Gott* uns und alles übrige konstituiert hat, weil und insofern er uns in Jesus Christus sich selbst und seinen Willen unmißverständlich zu erkennen gibt, und daß er uns und alles übrige zum Vollzug unserer Existenz in der Gemeinschaft mit ihm konstituiert und damit zum *Heil* bestimmt hat. Es ist diese *epistemische Eindeutigkeit* und *soteriologische Gewißheit,* in der sich der eschatologische Charakter des Geistes manifestiert und durch die sich menschliche Existenz und Wirklichkeitserkenntnis im Geist von der Vieldeutigkeit menschlicher Existenz und Wirklichkeitserkenntnis außerhalb des Geistes unterscheidet. Denn die epistemische Pointe unserer Geist-Erkenntnis besteht in der Gewißheit zu wissen, wer Gott ist, was er für uns und seine Schöpfung will und wie wenig wir und unsere Welt diesem Willen entsprechen. Das aber heißt: Geist-Erkenntnis gibt es nicht ohne Sünden-Erkenntnis, und geistgewirkte Erkenntnis unterscheidet sich genau dadurch von nicht geistgewirkter Erkenntnis, daß sie all unsere Erkenntnis auf die durch die Differenz zwischen Sünde und Rechtfertigung präzisierte Differenz zwischen Schöpfer und Geschöpf bezieht.

Genau das aber nötigt uns im Hinblick auf die ambivalente Vieldeutigkeit unseres weltlichen Glaubens, Wissens und Erkennens zu präzisen Differenzierungen zwischen dem, was faktisch der Fall ist (id, quod res est), und dem, was der Fall sein kann und soll und aufgrund des in Jesus Christus offenbarten Willens Gottes auch der Fall sein wird (id, quod futura nondum est). Und es ist die Verarbeitung unseres Glaubens und Wissens in all seinen Dimensionen im Licht dieser eschatologischen Differenzen, in der das Orientierungswissen des christlichen Glaubens besteht.

In struktureller Hinsicht erweist sich der eschatologische Charakter des Geistes und dessen Eigenart an mindestens drei Punkten:

Zum ersten wird das Gott-Feld, obgleich es sich immer als Geist vollzieht und wir nur in ihm und durch es existieren, von uns nicht immer schon in seiner Vollzugsform als Geist erkannt. Das ist erst der Fall, wenn wir an der Selbstdurchsichtigkeit des Geistes Anteil bekommen und die das Gott-Feld konstituierenden Verhältnisse zwischen Gott, der Schöpfung, Jesus Christus und uns im Glauben an Jesus Christus als solche erkennen. Das setzt nicht nur Ostern und damit den eschatologischen Beginn des neuen Seins voraus (Joh 7,39), sondern auch Pfingsten und damit den geschichtlichen Beginn der Partizipation anderer Menschen an diesem Sein durch ihren Glauben an Jesus als den Christus. Der Geist ist damit dadurch ausgezeichnet, daß er nicht immer schon als solcher erkannt wird, sondern einmal als solcher erkannt zu werden begann.

Obgleich er seit Pfingsten als solcher erkannt wird, wird er nicht in Vollkommenheit erkannt. Zum einen war seine Erkenntnis an Pfingsten kein einmaliges, sondern ein erstmaliges Ereignis, zu dessen Wesen es gehört, sich immer wieder wiederholen zu können und auch tatsächlich zu wiederholen: Während Jesus Christus ein für allemal gestorben und auferstanden ist, wird der Geist immer wieder ausgegossen. Zum andern trat die Erkenntnis des Geistes weder an die Stelle anderer Wirklichkeitserkenntnisse noch einfach ergänzend neben sie. Sie trat vielmehr in präzisen Kontrast zu diesen, indem sie sich selbst als Vollzugsform des neuen Seins diesen insgesamt als Ausdruck des alten Seins entgegensetzte und einen

Prozeß der eschatologischen Überwindung des alten Seins durch das neue Sein inaugurierte. Der Geist ist daher dadurch ausgezeichnet, daß er immer vollkommener erkannt wird bzw. werden kann. Dieser Prozeß hat eine extensive und eine intensive Dimension. So werden einerseits immer wieder neue Menschen in den Geist und damit die Selbstdurchsichtigkeit des Gott-Feldes integriert und beginnen so, am neuen Sein zu partizipieren. Andererseits werden Menschen, die im Glauben an Jesus als den Christus an diesem Sein schon partizipieren, immer wieder neu in die Geist-Durchsichtigkeit des Gott-Feldes integriert und dazu befähigt, ihren Fähigkeiten entsprechend in Wahrheit, Freiheit und Liebe zu existieren. Der Prozeß der eschatologischen Überwindung des alten durch das neue Sein vollzieht sich also zugleich auf allgemeiner Ebene (dem Leben der christlichen Gemeinde in der Welt) und auf individueller Ebene (dem Leben der einzelnen Christen in der Gemeinde). Denn es geht um die Überwindung sowohl der Differenzen, die mit der Existenz der Geist-Erkenntnis im Unterschied zu anderen Wirklichkeitserkenntnissen überhaupt gesetzt sind, wie auch der Differenzen, die mit je unserer Geist-Erkenntnis im Gott-Feld gesetzt sind. In beiden Dimensionen vollzieht sich dieser Prozeß gemäß der Konstitutionslogik des Gott-Feldes als ein allein von Gott inauguriertes und durchgeführtes Geschehen, an dem wir nur partizipieren, insofern wir von ihm einbezogen werden. Wie wir daher nur in diesem Feld *sind,* insofern wir immer wieder neu in es integriert *werden,* so erkennen wir auch den Geist als seine Vollzugsform nur, insofern wir immer wieder neu in dessen Selbst-Erkenntnis einbezogen werden. Eben deshalb gehört die Bitte um den heiligen Geist unablöslich zum individuellen und gemeinsamen Lebensvollzug von Christen.

Der eschatologische Charakter des sich als Geist vollziehenden Gott-Feldes erlaubt, den Geist zusammenfassend als *sich selbst deutendes Kopräsenzverhältnis von Gott und Mensch* zu beschreiben, das *von Gott allein konstituiert wird, in Jesus Christus sich selbst gedeutet hat und über die geschichtliche Kommunikation dieser Deutung in der Evangeliumsverkündigung immer wieder neu sich selbst vermittelt.*

2.9 Kommunikative Kopräsenz Gottes mit uns

Die aufgestellte Kurzformel des Geistes als Vollzugsform des Gott-Feldes bestimmt diesen als *kopräsentes Kommunikationsgeschehen zwischen Gott und uns in Bezug auf Jesus Christus, durch den es vermittelt und gedeutet ist.* Für die Adäquatheit dieser Bestimmung spricht, daß sich an ihr alle oben notierten Dimensionen des Geistes explizieren lassen.

(1) Zum einen wird damit dem wesentlichen Bezug des Geistes zu *Gott* Rechnung getragen, insofern Gottes schöpferisches Handeln in creatio und providentia immer und nur Handeln in *Kopräsenzsituationen* ist, so daß nichts ist oder sein kann, von dem wahrhaft gesagt werden könnte, daß es nicht in der Anwesenheit Gottes und allein durch diese wirklich oder möglich ist. Gott ist Schöpfer und Erhalter nur in der Kopräsenz mit seiner Schöpfung; und er ist auch Versöhner und Erlöser nur in der Kopräsenz mit seiner gegen ihn verschlossenen (sündigen) und wieder auf ihn hin geöffneten (befreiten) Schöpfung.

(2) Zum andern wird damit der *prinzipiellen,* nämlich *ontologischen* und *epistemologischen Priorität* Gottes Rechnung getragen, insofern die Kopräsenzsituation von ihm nicht nur *konstituiert,* sondern als Situation der Kopräsenz mit ihm auch *gedeutet* wird: Der Geist ist nicht nur Situation der Kopräsenz, sondern der sich selbst deutenden Kommunikation Gottes mit uns, und damit eine Situation der *Kommunikation zwischen Anwesenden über Anwesendes.* Diese Kommunikation vollzieht sich anhand menschlicher Evangeliumsverkündigung als Kommunikation über Jesus Christus; und sie ist gelungen, wenn diese mit Glauben beantwortet und damit als Kommunikation Gottes mit uns verstanden wird. Denn der prinzipiell mit allem kopräsente Gott hat sich seiner abgefallenen Schöpfung in Jesus Christus in der spezifischen Weise vergegenwärtigt, daß er sich uns im epistemischen Rückbezug auf seine Präsenz in Jesus Christus immer wieder selbst als *ganz bestimmter* Kopräsenter verdeutlichen und zur Geltung bringen kann. Allein durch diese christologische Selbstdeutung Gottes im Geist, die alle weltliche Vieldeutigkeit und Mißverständlichkeit desambiguiert, wird auch seine schöpferische Präsenz bei seiner sich von ihm abgewandten Schöpfung epistemisch eindeutig; und diese Eindeutigkeit schaffende Selbstdeutung Gottes gewinnt ihrerseits ihre semantische und soteriologische Eindeutigkeit gerade durch ihre unauflösliche Bindung an seine sich offenbarende und sich selbst als offenbar vermittelnde Präsenz in Jesus Christus.

Das einzig brauchbare Kriterium zur Erkenntnis des heiligen Geistes und zur Unterscheidung seiner Wirkungen von denen anderer Geister ist daher, daß er permanent von sich weg- und auf Jesus Christus hinweist. Er redet nicht von sich und sagt nichts anderes als Christus, sondern er „verherrlicht", was dieser gesagt und getan hat (Joh 16,13ff), indem er uns gewiß macht, daß es wahr ist. Geist-Erkenntnis ist daher Erkenntnis der Wahrheit des Evangeliums, das uns verkündigt wird und dessen Wahrheit uns durch die Integration in die Selbstdeutung des Gott-Feldes durch den Geist gewiß wird.

Diese Integration ist nicht irresistibel und fehlt dort, wo mit dem Mund nicht bekannt wird „Jesus ist der Herr", mit dem Herzen nicht geglaubt wird „Gott hat ihn von den Toten auferweckt" (Röm 10,9 ff) und dem Nächsten die geschuldete Liebe verweigert wird (Röm 13,8 ff).

(3) Eben damit wird drittens auch dem wesentlichen Bezug des Geistes zu *Jesus Christus* Rechnung getragen. Denn wie Jesus seine Botschaft vom kommenden Gottesreich seinen Zuhörern in *Kopräsenzsituationen* vermittelt hat, in denen er sie in die Lebensgemeinschaft mit sich berufen und damit zu positiver oder negativer Stellungnahme Gott gegenüber provoziert hat, so vermittelt sein Geist Gottes Kommen anhand des christlichen Zeugnisses seines Gekommenseins in immer wieder neuen Kopräsenzsituationen, in denen Menschen in die Lebensgemeinschaft mit dem Auferstandenen berufen und damit zum Glauben provoziert werden. Die Einheit von Jesu Kopräsenz mit seinen Hörern und seiner von ihm selbst gedeutenden Botschaft, durch die sich Gottes direkte Kommunikation mit uns vollzieht, tritt daher nach Kreuz und Auferstehung in die notwendig aufeinander bezogene Zweiheit von menschlicher *Evangeliumsverkündigung* und *göttlichem Geist* auseinander. Während die Evangeliumsverkündigung die Selbstdeutung seiner Botschaft fortsetzt, perpetuiert der Geist die Kopräsenzsituation der Kommunikation mit Jesus Christus über Gott und damit Gottes sich selbst deutende Gegenwart bei uns, indem er unter den Bedingungen der Abwesenheit Jesu anhand menschlicher Evangeliumsverkündigung das kommende Gottesreich so vergegenwärtigt, daß Kopräsenz mit Christus und damit mit Gott möglich und wirklich wird. Entsprechend ist der Geist diejenige Kopräsenz Gottes mit uns, in der sich dieser in und durch Jesus Christus selbst für uns deutet und unter den Bedingungen der Abwesenheit Jesu anhand der Verkündigung des Evangeliums in dieser Selbstdeutung immer wieder neu vergegenwärtigt.

Epistemologisch bedeutet dies, daß es Geist-Erkenntnis im Gott-Feld nur aufgrund des irreduziblen und unlöslichen Zusammenwirkens zweier Kommunikationsvorgänge unterschiedlicher Struktur gibt, nämlich der göttlichen *Geist-Kommunikation zwischen Anwesenden über Anwesendes* und der menschlichen *Evangeliums-Kommunikation zwischen Anwesenden/Abwesenden über Abwesendes.* Erstere verbürgt die Gewißheit, letztere die Klarheit christlicher Glaubenserkenntnis. So gibt es Geist-Erkenntnis für uns nur als Einbeziehung in die Selbstdurchsichtigkeit und Selbstdeutung des Gott-Feldes im Geist. Diese ereignet sich in Situationen der Kommunikation zwischen Anwesenden (Gott, Jesus Christus und den Glaubenden) über eschatologisch Anwesendes (den auferstandenen Gekreuzigten und das neue Sein), in denen sich uns Gott selbst im Bezug auf Jesus Christus als der Gott identifiziert und interpretiert, der unser Heil will und schafft. Diese Kommunikation vollzieht sich aber nicht direkt und unmittelbar, sondern anhand menschlicher Evangeliumsverkündigung. Denn zum einen gibt es für uns keine Kommunikation ohne (wenigstens partielle) Partizipation an einem gemeinsamen Zeichencode; und das kann für uns auch in diesem Fall nur ein *menschlich* verfügbarer Code sein. Zum andern ist weder der anwesende Gott noch der anwesende Jesus Christus für uns wahrnehmbar, so daß wir diese Kommunikation nicht durch Wahrnehmung, sondern nur durch menschliche Kommunikation über Gott und Jesus Christus, eben *Evangeliumsverkündigung* kontrollieren können: erst durch die Evangeliums-Kommunikation über ihn wird seine Geist-Kommunikation mit uns eindeutig. Evangeliums-Kommunikation aber ist als Verkündigung von Gottes Heilshandeln für uns in der Geschichte Jesu Christi wesentlich Kommunikation zwischen (anwesenden oder abwesenden) Menschen über (geschichtlich) Vergangenes und (theologisch) Behauptetes und damit über Abwesendes oder nicht wahrnehmbar Anwesendes. Gottes Kommunikation mit uns vollzieht sich daher zwar nicht ohne menschliche Kommunikation über Gottes Selbstdeutung in Jesus Christus, die klarstellt, *daß* er mit uns kommuniziert, *wer* mit uns kommuniziert und *was* er uns kommuniziert. Aber zur Erkenntnis wird das so kommunizierte und deshalb immer problematisierbare Wissen nur, wenn Gott sich anhand unserer Kommunikation über ihn und sein Heilshandeln in Jesus Christus selbst so vergegenwärtigt, daß wir in der Kommunikation mit ihm gewiß werden, daß wahr ist, was wir in der Kommunikation über ihn erfahren haben.

Daß Evangeliums-Kommunikation und Geist-Kommunikation zusammenwirken müssen, um die für die Glaubenserkenntnis konstitutive Situation der Kopräsenz mit Jesus Christus unter den Bedingungen seiner Abwesenheit zu perpetuieren, besagt nicht, daß beide Kommunikationsvorgänge nicht auch je für sich vorkommen könnten. Das Evangelium trat in Gestalt göttlicher Verheißungen schon vor Jesus in vielfältigen Andeutungen auf und wird auch seither als bloße menschliche Rede vom Heil in Jesus Christus vernommen. Und auch der Geist wirkt vor und nach Jesus Christus auch außerhalb des Bezugs auf die Evangeliumsverkündigung. Doch wie Evangeliumsverkündigung ohne Geist-Kommunikation Wissen von Gott, aber keine Gewißheit und damit keine Gotteserkenntnis vermitteln kann, so kann Geist-Kommunikation ohne Evangeliumsverkündigung nur diffuse Gewißheit, aber nicht epistemische Klarheit über die sich selbst deutende Vergegenwärtigung Gottes bewirken. Eindeutig werden beide Kommunikationsvorgänge erst im Zusammenwirken der beiden Wissen und Gewißheit konstituierenden Prozesse; und nur in dieser Eindeutigkeit perpetuieren sie die Kopräsenz Jesu Christi mit uns unter den Bedingungen der Nichtpräsenz Jesu bei uns.

(4) Mit all dem ist schließlich schon der wesentliche Bezug des Geistes auf *uns Menschen* angesprochen, wie er sich im spezifischen Charakter der Gotteserkenntnis manifestiert. Geistgewirkte Gotteserkenntnis ist immer Erkenntnis des sich selbst vergegenwärtigenden und im Bezug auf Jesus Christus als Liebe deutenden Gottes. Es gibt sie damit nur als *reflexive Erkenntnis Gottes im Erkanntwerden von Gott*. Denn wir erkennen Gott im Geist gerade insofern, als wir erkennen, daß und wie Gott uns erkennt. Das aber ist nur möglich in Situationen der Kopräsenz nicht nur von Erkennendem und Erkanntem, sondern von (mindestens) zwei Erkennenden, die sich wechselseitig erkennen und sich das mitteilen.

2.10 Kommunikation mit und über Jesus Christus

Genau hier entsteht nun allerdings ein Problem. Kopräsenzsituationen dieser Art sind niemals nur durch *Kommunikation,* sondern immer auch durch *Wahrnehmung* strukturiert. Doch die Kopräsenzsituation, der sich die Gotteserkenntnis verdankt, ist für uns keine Wahrnehmungssituation. Gott ist kein möglicher Gegenstand unserer Wahrnehmung in dieser Welt. Wir erkennen ihn (wenn überhaupt) im Glauben, nicht in der Schau. Die Wahrnehmung Gottes ist weder ein eschatologisches noch ein eschatisches Ereignis, wenn darunter eine direkte, unvermittelte Wahrnehmung Gottes verstanden wird. Gott ist kein datum oder dabile unserer Wahrnehmung, sondern das Feld, ohne das es weder etwas wahrzunehmen gäbe noch wir etwas wahrnehmen könnten. Gibt es daher überhaupt Gotteserkenntnis, dann nur aufgrund der Kommunikation zwischen Anwesenden, in der sich uns Gott selbst so verdeutlicht, daß die Akte unseres Zur-Kenntnis-Nehmens und Als-wahr-Erkennens in der Einheit einer Situation zusammenfallen, die keine Wahrnehmungssituation ist.

Nun kennen wir Gott aufgrund menschlicher Kommunikation *über* Gott (Verkündigung bzw. Lehre), die sachlich beansprucht, von Gott so zu sprechen, wie er sich in Jesus Christus selbst verdeutlicht hat (Offenbarung). Als sprachliche (zeichenvermittelte) Kommunikation stellt diese aber immer vor die Frage ihrer Wahrheit oder Falschheit. Daß sie wahr ist, erkennen wir allerdings nur in der

Kommunikation *mit* Gott, und zwar im Doppelsinn der Kommunikation Gottes mit uns in Jesus Christus durch seinen Geist (Offenbarung) und unserer Kommunikation mit Gott durch Christi Geist (Gebet). Denn in diesem Geschehen identifiziert und interpretiert sich uns Gott selbst so, daß wir nicht nur Wissen, sondern gewisses Wissen von ihm gewinnen. Diese doppelte Kommunikation, in der sich Gott immer wieder neu vergegenwärtigt, indem er sich im Bezug auf Jesus Christus selbst deutet und uns diese Deutung als wahr gewiß macht, charakterisiert den expliziten Geistvollzug des Gott-Feldes. Erst durch Einbeziehung in diesen expliziten Vollzug kommt es zur Transformation unseres im Modus der Kommunikation über Gott konstituierten *problematischen Gotteswissens* zu dem im Modus der Kommunikation mit Gott konstituierten *gewissen Gotteswissen*.

Ist der explizite Geistvollzug des Gott-Feldes in diesem Sinn aber ein durch *Kommunikation mit Gott* und durch *Kommunikation über Gott* strukturiertes Kopräsenzverhältnis von Gott, Jesus Christus und den Glaubenden, dann ist es in entsprechender Weise auch Situation menschlicher *Kommunikation mit Jesus Christus* und zwischenmenschlicher *Kommunikation über Jesus Christus*. Und zwar aus folgenden Gründen:

Da Jesus Christus als der auferstandene Gekreuzigte unter uns Menschen nur als Abwesender anwesend ist, ist Kopräsenz mit ihm ein uns pneumatologisch differenzierender Sachverhalt und damit von uns auch differenziert zu begreifen: in christologischer Perspektive ist sie unsere Kopräsenz mit dem als Abwesendem Anwesenden; in anthropologischer Perspektive ist sie seine Kopräsenz mit uns, die dadurch nicht nur als Menschen, sondern als *glaubende Sünder* bestimmt sind.

Anders gesagt: Weil wir im Geschehen des Geistes nicht etwa ontisch mit Jesus von Nazareth, sondern eschatologisch mit dem auferstandenen Gekreuzigten Jesus Christus kopräsent sind, und weil diese Kopräsenz nicht durch uns, sondern durch Gott konstituiert wird, sind wir ihm nicht einfach undifferenziert als Menschen, sondern pneumatologisch differenziert als Glaubende und Sünder kopräsent: unser ontisches Menschsein, das bezüglich seines Gottesverhältnisses ambivalent ist, wird so unter dem Gesichtspunkt der Art unseres faktischen Gottesverhältnisses eschatologisch präzisiert. Die Kopräsenzstruktur des Geistes nötigt die theologische Reflexion daher zu anthropologischen Fundamentaldifferenzierungen. Sie lehrt

– Menschen, die im Glauben an Jesus als den Christus nicht nur faktisch an den Kommunikationsvollzügen partizipieren, die das Gott-Feld konstituieren, sondern zugleich an der epistemischen

Selbst-Durchsichtigkeit des Geistes als der Vollzugsform dieses Feldes Anteil haben, als *glaubende Sünder* (simul iustus et peccator),
– Menschen, die nicht an dieser Selbst-Durchsichtigkeit partizipieren, dagegen als *sündige Geschöpfe* (simul creatura et peccator)
– und damit den faktischen Menschen überhaupt als das der Rechtfertigung bedürftige sündige Geschöpf Gottes (homo iustificandus) zu begreifen.

Die an der Selbst-Durchsichtigkeit des Geistes partizipierenden und die nicht an ihr partizipierenden Menschen stimmen damit in ihrem *Geschöpfsein* und ihrem *Sündersein* überein, sie unterscheiden sich aber durch den *Glauben* und die damit gesetzte *Glaubensgewißheit,* die den Menschen in der von Gott selbst als Kommunikation mit ihm gedeuteten Kopräsenz mit Jesus Christus auszeichnen.

Nun sind aber auch Glaubende als glaubende Sünder sündige Geschöpfe, die von sich aus der Gegenwart Gottes gegenüber blind sind und diese nur erkennen können, sofern sie durch Gottes freie Selbstvergegenwärtigung und Selbstdeutung im Bezug auf Jesus Christus in dessen Kopräsenz versetzt und damit zu dieser Erkenntnis befähigt werden. Glaubenserkenntnis gibt es daher nur, sofern Jesus Christus sich den Glaubenden in der Kommunikation mit ihm selbst zu erkennen gibt. Das gilt grundsätzlich. Glaubende können die Situation der kopräsenten Kommunikation mit Jesus Christus, die sie als Glaubende konstituiert, von sich aus anderen glaubenden und nichtglaubenden Sündern weder vermitteln noch eröffnen, sondern sie ihnen gegenüber nur in Kommunikation über Jesus Christus assertorisch bezeugen und zur Geltung bringen.

Genau das aber nötigt im Hinblick auf die vom christlichen Glauben behauptete Kopräsenz mit Jesus Christus dazu, in zwischenmenschlicher Kommunikation die Anwesenheit des Abwesenden von der Abwesenheit des Nichtanwesenden zu unterscheiden, indem durch Kommunikation *über* Jesus Christus klargestellt wird, daß *mit ihm* zu kommunizieren beansprucht wird: Erst durch Kommunikation *über* ihn gewinnt der Glaubensanspruch eschatologischer Kopräsenz mit Jesus Christus unter den Bedingungen der Abwesenheit Jesu semantische und epistemische Eindeutigkeit. Umgekehrt erweist der Glaubensanspruch, der in der Kommunikation über ihn erhoben wird, nur in der Kommunikation *mit* Jesus Christus seine Wahrheit. Ohne Kommunikation über ihn haben wir als sündige Geschöpfe kein Wissen von ihm, ohne Kommunikation mit ihm als glaubende Sünder keine Gewißheit, daß unser Wissen von ihm auch wahr ist.

Dieses Verhältnis von Kommunikation über und mit Jesus Christus im expliziten Geist-Vollzug des Gott-Feldes resultiert in einer fundamentalen epistemischen Spannung. So ist Kommunikation *mit* Jesus Christus als Kommunikation Jesu Christi mit uns ein *eschatologischer Sachverhalt*, von dem gilt, daß er unter den raumzeitlichen Bedingungen zwischenmenschlicher Kommunikation etwas *mehr als Erfahrbares* ist, das für Sünder alles andere als selbstverständliche Evidenz besitzt und für sie schon in seiner Möglichkeit problematisch erscheint. Kommunikation *über* Jesus Christus dagegen ist ein zeichenvermittelter, also an reale Zeichenträger gebundener *ontischer Sachverhalt*, von dem gilt, daß er unter den Kommunikationsbedingungen von Raum und Zeit etwas *Erfahrbares* ist, dessen Evidenz auch von Sündern nicht bestritten werden kann, obgleich das in ihm kommunizierte Wissen aufgrund seiner Gebundenheit an konventionelle Zeichen in seiner Wahrheit immer problematisierbar bleibt. Während daher zwischenmenschliche Kommunikation *über* Jesus Christus von sich aus niemals die Wahrheitsgewißheit provozieren kann, die zur Glaubenskommunikation *mit* Jesus Christus gehört, kann eschatologische Kommunikation *mit* Jesus Christus bzw. Jesu Christi mit uns im Horizont unserer menschlichen Erfahrung niemals die Wirklichkeitsevidenz besitzen, welche die ontische Kommunikation *über* Jesus Christus auszeichnet. Damit besteht eine fundamentale epistemische Spannung zwischen der assertorischen Gewißheit eschatologischer Erkenntnis, die in der Kommunikation mit Jesus Christus gründet, und dem immer nur problematischen Wissen, zu dem die Kommunikation über Jesus Christus führt. Da diese Spannung mit den irreduzibel differenten Kommunikations- und Erkenntnisvollzügen im Gott-Feld gesetzt ist, das nicht wir konstituieren, kann sie von uns auch nicht aufgelöst, sondern nur ausgehalten werden.

2.11 Die epistemische Funktion der Sakramente

Für die zwischenmenschlichen Kommunikationsvollzüge der Kirche insgesamt wie auch ihrer einzelnen Glieder bedeutet dies, daß sie den eschatologischen Wahrheitsanspruch, den sie in der Kommunikation über Jesus Christus assertorisch vertreten, nur dadurch von bloß dezisionistischer Assertion und allenfalls möglicher Fiktion zu unterscheiden vermögen, daß er explizit und unmißverständlich an die nicht von uns, sondern allein von Gott konstituierte Situation kopräsenter Kommunikation mit Jesus Christus zurückgebunden wird. Nur in dieser eschatologischen Kopräsenzsituation, die menschlicher Verfügung prinzipiell entzogen ist, gibt es gewisses Wissen, und nur in ihr gewinnt die in der Kommunikation über

Jesus Christus assertorisch vertretene Wahrheit ihre gewißmachende Evidenz.

Das in Erinnerung zu halten ist die epistemische Funktion der *Sakramente*. Diese sind *symbolische* Kommunikationsvollzüge, in denen über eine von ihnen verschiedene Kommunikation so kommuniziert wird, daß mit dem Gebrauch bestimmter Zeichen dieser andere Zeichengebrauch nicht nur in einem Sprachtext thematisiert, sondern durch einen bestimmten übersprachlichen Handlungstext repräsentiert wird. Subjekt dieser Kommunikationsvollzüge sind nicht einzelne, sondern die *Kirche,* die mit ihrer Hilfe klarstellt, daß allein in der Kommunikation mit Jesus Christus evident werden kann, was in der Kommunikation über Jesus Christus von Christen behauptet wird; und daß nur das, was dort auch evident werden kann, von Christen zu Recht als wahr behauptet wird. In den sakramentalen Handlungen der Kirche kommunizieren wir also weder einfach mit Jesus Christus noch nur über Jesus Christus, sondern in symbolischer Weise über die Situation der eschatologischen Kommunikation Christi mit uns, der die Kirche ihr Sein verdankt und in der für jeden Einzelnen und die ganze Gemeinschaft der Glaube zu gewissem Wissen wird.

Es wäre also ein sakramentalistisches Mißverständnis der Kirche zu meinen, die Wahrheitsgewißheit des Glaubens verdanke sich dem kirchlichen Sakramentsvollzug von Taufe und Herrenmahl als solchem. Die sakramentalen Handlungen der Kirche sind keine menschlich manipulierbaren Vollzüge der Kommunikation mit Jesus Christus und Gott, sondern symbolische Kommunikationsakte zwischen Glaubenden, die sich gemeinsam der Fundierung ihres Glaubens in der freien und sich selbst deutenden Vergegenwärtigung Gottes in Jesus Christus und seinem Geist erinnern und eben dadurch immer wieder neu dafür öffnen. Als *symbolische* Kommunikationsvollzüge, in denen mit übersprachlichen Zeichen über andere Kommunikation kommuniziert wird, unterscheiden sie sich selbst von der Kommunikation Jesu Christi mit uns. Sie widersetzen sich so dem sakramentalistischen Mißverständnis der Identifikation von Kirche und Reich Gottes, indem sie die menschlichen Teilnehmer an Taufe und Abendmahl im Vollzug dieser kirchlichen Handlungen von sich selbst und damit von der Kirche *weg*weisen und auf deren unverfügbaren Grund *hin*weisen. Eben so stellen sie klar, daß nicht die Kirche die von ihr vertretene Wahrheit, sondern diese Wahrheit die Kirche garantiert.

Beachtet man diesen präzisen Verweischarakter und damit die instrumenta-Funktion (CA V) der sakramentalen Handlungen Taufe und Abendmahl, dann sind diese, als kirchliche Vollzüge, *über-*

sprachliche Zeichen unserer Angewiesenheit auf die uns unverfügbare, weil Glauben, Kirche und Erkenntnis überhaupt erst konstituierende Präsenz des Geistes. Als die sich selbst vermittelnde Selbstdeutung des Gott- Feldes gewinnt dieser nicht nur seine Bestimmtheit durch den Bezug auf Jesus Christus, sondern er vergegenwärtigt mit seiner Deutung auch diesen selbst so, daß es zur glaubenschaffenden und gewißheitsstiftenden Kopräsenz Jesu Christi mit uns kommt.

So ist die *Taufe* symbolischer Akt der Eingliederung des einzelnen Glaubenden in die eschatologische Gemeinschaft der Glaubenden durch symbolischen Mitvollzug des Sterbens und Auferstehens Jesu Christi. In pragmatischer Hinsicht ist sie damit die Weise der individuellen Vergewisserung (Gewißheit), daß wir real im Gott-Feld existieren (Wirklichkeit) und als Glaubende auch an dessen Selbstdeutung real partizipieren (Wahrheit), indem uns der symbolische Akt erfahrbar verdeutlicht, daß uns gemäß göttlicher Verheißung der Geist anhand menschlicher Evangeliumsverkündigung seine eigene Selbst-Durchsichtigkeit des Gott-Feldes wahrheitsgemäß vermittelt. In semantischer Hinsicht dagegen manifestiert sie die uns unverfügbare Konstitution von Kirche überhaupt durch die für jeden Glaubenden immer nur einmalig zu vollziehende Ausweitung der konkreten christlichen Gemeinde.

Das *Abendmahl* dagegen ist der symbolische Akt des Vollzugs der eschatologischen Glaubensgemeinschaft durch symbolischen Mitvollzug der Mahlgemeinschaft mit Jesus Christus und untereinander. In pragmatischer Hinsicht ist es damit die Weise der gemeinsamen Vergewisserung, daß wir als Christen in realer Gemeinschaft mit Jesus Christus existieren, insofern wir an der Selbst-Durchsichtigkeit des Gott-Feldes partizipieren, die sich aufgrund göttlicher Verheißung anhand der Evangeliumsverkündigung in Wort und Wortzeichen wahrheitsgemäß vermittelt. In semantischer Hinsicht dagegen manifestiert es die für alle Glaubenden immer wieder neu zu vollziehende Konkretion von Kirche überhaupt durch die Konstitution konkreter, das ganze Menschsein einbeziehender christlicher Gemeinschaft.

Beide sakramentalen Vollzüge verweisen wesentlich auf Gottes Selbstvergegenwärtigung und signalisieren so auf je ihre Weise, daß der eschatologische Wahrheitsanspruch, der in der kirchlichen Kommunikation über Jesus Christus erhoben wird, allein in der von Gott selbst konstituierten kopräsentischen Kommunikation mit Jesus Christus gewiß wird. Alle Gewißheit der Wahrheit christlicher und kirchlicher Christusverkündigung verdankt sich daher nicht den eigenen Begründungsversuchen oder Autoritätsansprüchen, sondern allein Gott selbst, der sich selbst als Geist vergegenwärtigt und im Bezug auf Jesus Christus unmißverständlich deutet.

2.12 Das erkenntnistheoretische Grundproblem der Pneumatologie

Die Struktur des Geistes als Vollzugsform des Gott-Feldes nötigt theologische Reflexion zur Unterscheidung dreier aufeinander bezogener Kommunikationsvollzüge von je anderem epistemischem Charakter: der *zeichenvermittelten Kommunikation über Jesus Christus,* der *kopräsentischen Kommunikation Jesu Christi mit uns* und der *symbolischen Kommunikation über die glaubens- und kirchenkonstituierende kopräsentische Kommunikation Jesu Christi mit uns.* Während die erste durch ihren Zeichengebrauch zwar Glaubenswissen, aber keine Glaubensgewißheit zu vermitteln vermag, verweist die dritte durch ihren Symbolgebrauch auf die menschlich unverfügbare, für Glaube und Glaubenserkenntnis aber gleichermaßen unerläßliche Präsenz des Geistes, in dem sich das Gott-Feld seiner selbst durchsichtig ist und durch den es sich als solches vermittelt. Diese Geist-Präsenz ereignet sich allein durch Gottes Selbstvergegenwärtigung seiner Selbstdeutung in Jesus Christus anhand menschlicher Evangeliumsverkündigung. Und sie vollzieht sich als Situation der Kopräsenz Jesu Christi mit uns, die aufgrund ihrer Struktur der Kommunikation zwischen Anwesenden Glaubenserkenntnis konstituiert, insofern sie Glaubenswissen und Glaubensgewißheit in der Einheit einer Situation koinzidieren läßt.

Sind die vorgetragenen Überlegungen im Ansatz stichhaltig, dann besteht das erkenntnistheoretische Grundproblem der Pneumatologie darin, eine *Kopräsenzsituation als Erkenntnissituation theologisch zu privilegieren, die zwar als Situation der Kommunikation zwischen Anwesenden, aber nicht als Wahrnehmungssituation bestimmt werden kann.*

Genau dieses Problem hat die theologische Tradition unzureichend thematisiert. Im Bemühen, die Differenz zwischen sprachlich vermittelbarem Glaubenswissen und nur individuell sich einstellender Glaubensgewißheit und damit zwischen verfügbarem Glaubenswissen und unverfügbarer Glaubenserkenntnis zu wahren, hat sie gegenüber der *Kommunikation* zwischen Menschen immer wieder die eigene *Wahrnehmung* samt deren Determinaten wie *Sehen, Hören, Schmecken, Fühlen* usf. als theologisches Erkenntnisinstrument betont. So wurde die *visio* ausdrücklich über die *fides* und damit das Wahrnehmungswissen über das propositionale Glaubenswissen gestellt oder das in der Theologie zur Debatte stehende cognoscere von ידע her ausgelegt und als „wahres Fühlen" und „wahre Erfahrung" bestimmt.[9] Diese Privilegierung der Wahrnehmung als maßgebliches Instrument für Glaubenserkenntnis gilt für die katholische Theologie nicht weniger als für die reformatorische, auch wenn diese den Akzent vom *videre* und *intelligere* auf das *audire* und *credere* verlegt und betont, daß „in sacris et divinis prius opportet audire quam videre, prius credere quam intelligere, prius comprehendi quam comprehendere"[10].

Diese Orientierung an der Wahrnehmung manifestiert das berechtigte theologische Interesse, dem spezifischen Charakter der Glaubenserkenntnis gerecht zu werden. Diese ist durch größere Nähe zur praktischen Erkenntnis in unseren alltäglichen Lebensvollzügen als zur theoretischen Erkenntnis in den Wissenschaften ausgezeichnet; und entsprechend wird auch die dieses Wissen und seine Erkenntnis deutende und reflektierende Theologie zu recht nicht als theoretisch-spekulative, sondern als praktische Wissenschaft, Weisheit oder – wie hier – als Orientierungskunst begriffen. Die größere Nähe zur lebenspraktischen Erkenntnis besteht darin, daß Glaubenserkenntnis *Orientierungswissen* ist, das uns den Sinn unseres Erlebens und Erkennens und die Relevanz unseres Handelns und Tuns für unser Leben erschließt. Die Differenz zur immer nur partikularen Erkenntnis lebenspraktischer Art dagegen besteht darin, daß sie uns nicht nur in bestimmten Umwelten ortet und uns nur bestimmte Umwelten ordnet, sondern daß sie uns, indem sie uns coram deo loziert, in der Welt überhaupt ortet und uns die Welt insgesamt ordnet. Glaubenserkenntnis ist lebensorientierender Umgang mit all unserem Wissen und Erkennen in der Ausrichtung auf Gott. Indem wir all unser Erleben, Wissen und Erkennen unter bestimmten Leitdifferenzen verarbeiten und all unser Handeln und Tun an bestimmten Leitgesichtspunkten ausrichten, die wir dem christlichen Glauben verdanken, erschließen wir uns, welchen Sinn unser Erleben und Erkennen und welche Relevanz unser Handeln und Tun für unser individuelles und gemeinsames Leben coram deo und damit in letztgültiger Hinsicht hat.

Orientierungswissen ist das partikulare (lebenspraktische) wie das universale (religiöse) Wissen in semantischer und pragmatischer Hinsicht. Ist es doch gewisses Wissen sowohl aufgrund seiner sachlichen *Evidenz* in seinem Gegenstandsbezug als auch aufgrund seines intersubjektiven *Konsenses* in seinem Gemeinschaftsbezug. Einerseits ist ihm das, was es als wahr weiß, in seiner Wahrheit zugleich

---

[9] Cf. WA 40/2, 326ff.
[10] WA 4, 95, 1–3.

evident. Andererseits weiß es diese Wahrheit nicht allein, sondern in Übereinstimmung mit anderen. Solches durch Evidenz und Konsens getragene Wissen und Erkennen entsteht aber – wie die Genese lebenspraktischer Erkenntnis belegt – in ursprünglicher Weise in Situationen personaler Kopräsenz und Interaktion.

Nun können solche Kopräsenzsituationen nicht nur durch individuelle *Wahrnehmung*, sondern auch durch wechselseitige *Kommunikation zwischen Anwesenden* konstituiert und strukturiert sein. Und es spricht vieles dafür, daß die reformatorische Akzentverlagerung vom *videre* und *intelligere* auf das *audire* und *credere* nicht die Bedeutung der eigenen Wahrnehmung, sondern der *Kopräsenz* und *Kommunikation* (im Sinne der Selbst-Kommunikation des anwesenden Jesus Christus) für die Glaubenserkenntnis hervorheben wollte. Gewißheit der Wahrheit des Glaubens stellt sich nicht ein aufgrund privater Wahrnehmung (videre) oder Reflexion (intelligere), sondern nur im Kommunikationsgeschehen der sich selbst deutenden Selbstvergegenwärtigung Jesu Christi. Allein in der kopräsentischen Kommunikation mit ihm wird unser gemeinsames Glaubenswissen, das wir aus der Kommunikation mit anderen Menschen gewonnen haben, zur individuell evidenten und subjektiv gewissen Glaubenserkenntnis. *Evidenz* bedeutet dann aber in diesem Fall nicht nur das Einleuchten der Wahrheit rezipierter Informationen, sondern das Einleuchten dieser Wahrheit aufgrund unserer eschatologischen Integration in die Selbst-Durchsichtigkeit des Gott-Feldes im Geist. Glaubenserkenntnis ist damit unablösbar von ihrer Genese. Sie unterscheidet sich von anderer Erkenntnis nicht nur durch ihren Inhalt, sondern durch ihre Genese und die Unablösbarkeit der resultierenden Erkenntnis von dieser Genese: es gibt sie nur, insofern sie an die Kopräsenz Jesu Christi mit dem Erkenntnissubjekt und damit an dessen Partizipation am Selbstverdeutlichungsgeschehen des Geistes gebunden bleibt.

Doch ist es sinnvoll, Glaubenserkenntnis auf eine Situation der Kopräsenz mit Jesus Christus zurückzuführen, die zwar als Situation der Kommunikation zwischen Anwesenden über Anwesendes, aber nicht als Wahrnehmungssituation charakterisiert werden kann? Es wäre dann jedenfalls nicht sinnlos, wenn sich die im Geist ereignende kommunikative Kopräsenz (auch) als eine Form direkter Interaktion spezifizieren ließe, die nicht den aktuellen Vollzug, sondern nur die Möglichkeit von Wahrnehmung implizierte. Das erforderte einerseits, die (traditionelle) pneumatologische Lehre von der eschatologischen Kommunikation Gottes mit uns durch sein Wort zu einer Lehre von der eschatologischen Interkation Gottes mit uns zu erweitern und damit das Wort-Modell zur Interpretation der Geist-Beziehungen Gottes zu uns als Teilmodell eines umfassenderen Handlungs-Modells zu explizieren. Andererseits müßte, um die Möglichkeit von Wahrnehmung zu wahren, die Wahrnehmung Gottes als Wahrnehmung Jesu Christi präzisiert werden und mit der Tradition zwischen der eschatologischen Kommunikation Jesu Christi mit uns im Glauben, die jetzt schon statt hat, und der eschatischen Wahrnehmung Jesu Christi am Ende der Zeiten unterschieden werden, so daß die *visio* ihre spezifische Funktion behielte. Es gälte dann zwar weiterhin, daß es Glaubenserkenntnis grundsätzlich nur in Situationen der Kopräsenz Jesu Christi mit uns gibt. Aber während diese sich jetzt nur im Modus indirekt vermittelter Kommunikation zwischen Anwesenden vollzieht, die kommunizieren und interagieren, ohne sich wahrzunehmen, würde sie dann auch im Modus direkter Wahrnehmung stattfinden.

Daß damit eine Vielzahl neuer Probleme auftreten, liegt auf der Hand. *Erkenntnistheoretisch* stellt sich z. B. die Frage, ob und wie direkte Interaktion ohne Wahrnehmung möglich ist. Oder die Frage nach dem Verhältnis von Erkenntnissituationen, die durch Wahrnehmung bzw. Wahrnehmung und Kommunikation mit jemandem strukturiert sind, und Erkenntnissituationen, die nur durch Kommunikation über etwas strukturiert sind: In welchem Verhältnis steht das durch Wahrnehmung, durch Kommunikation zwischen Anwesenden oder durch Kommunikation zwischen Abwesenden konstituierte Wissen zueinander – grundsätzlich und im besondern Fall des Glaubenswissens?

Theologisch dagegen ist die Funktion des Geistes nicht nur für Glaubenswissen und Glaubenserkenntnis, sondern für unsere Wissens- und Erkenntnisprozesse überhaupt genauer zu bestimmen. Dazu ist das mit dem Leitbegriff des *Orientierungswissens* bezeichnete Verhältnis der geistgewirkten Glaubenserkenntnis zu unserem Sach-, Handlungs-, Sinn- und Begriffswissen in seinen verschiedenen Dimensionen genauer auszuarbeiten. Denn wenn sich alle Wahrheitserkenntnis dem Geist der Wahrheit verdankt (Calvin), dann heißt das, daß alles Wissen darauf angelegt ist, in unser am Glauben normiertes Orientierungswissen einzugehen, so daß sich christliche Glaubenserkenntnis nicht einfach im Kontrast, sondern nur im präzis differenzierenden Bezug auf alles übrige Wissen als Orientierungswissen begreifen läßt. Aufgrund der Differenz zwischen Wissen und Orientierungswissen läßt sich aus diesem Bezug aber gerade nicht ableiten, was in bestimmten Sachbereichen (etwa kosmologischen oder anthropologischen Problemzusammenhängen) wahr und damit Wissen ist oder sein kann. Nicht das Orientierungswissen entscheidet darüber, was wahres Wissen ist, sondern wahres Wissen entscheidet darüber, was als Orientierungswissen taugt. Das gilt auch für die Glaubenserkenntnis. Sie ist nicht wahr, weil sie Orientierungswissen ist, sondern sie ist Orientierungswissen, weil und insofern sie wahr ist.

Die Überlegungen dieses Kapitels haben das Problem des Verhältnisses von Pneumatologie und Erkenntnistheorie unter dem eingeschränkten Gesichtspunkt der Frage nach dem Charakter geistgewirkter Erkenntnis selbst erörtert. Dabei wurde die These skizziert, geistgewirkte Erkenntnis habe wesentlich den Charakter direkter, in der Situation der Kommunikation zwischen Anwesenden über Anwesendes konstituierter Erkenntnis, die (noch) nicht als Wahrnehmungserkenntnis charakterisiert werden kann. In diesem Sinn wurde der heilige Geist als Vollzugsform des Gott-Feldes bestimmt, also als das von Gott selbst konstituierte Kommunikationsgeschehen zwischen Jesus Christus und uns, in dem sich Gottes Kopräsenz in und durch Jesus Christus als liebende Nähe des Vaters bei seinen Kindern selbst deutet. Die methodische Pointe dieser These liegt in dem Versuch, erkenntnistheoretische Leitdifferenzen mit pneumatologischen so zu kombinieren, daß ein Orientierungsgewinn im Hinblick auf das dunkle Problemfeld des Verhältnisses von heiligem Geist und menschlicher Erkenntnis erzielt wird. Die vorgelegten Überlegungen sind wenig mehr als ein erster Schritt zur Lösung dieser Aufgabe. Aber sie weisen die Richtung, in der weiterzugehen ist.

QUAESTIONES DISPUTATE

100 Heinrich Fries / Karl Rahner, Einigung der Kirchen – reale Möglichkeit
Erw. Sonderausgabe mit einer Bilanz „Zustimmung und Kritik" von H. Fries
5. Auflage. ISBN 3-451-20407-X

102 Ethik im Neuen Testament
F. Böckle, J. Eckert, W. Egger, F. Furger, P. Hoffmann. K. Kertelge (Hg.), G. Lohfink, R. Schnackenburg, D. Zeller   216 Seiten. ISBN 3-451-02102-1

103 Stefan N. Bosshard, Erschafft die Welt sich selbst?
Die Selbstorganisation von Natur und Mensch aus naturwissenschaftlicher, philosophischer und theologischer Sicht   2. Auflage. ISBN 3-451-02103-X

104 Gott, der einzige. Zur Entstehung des Monotheismus in Israel
G. Braulik, E. Haag (Hg.), G. Hentschel, H.-W. Jüngling, N. Lohfink, J. Scharbert, E. Zenger   192 Seiten. ISBN 3-451-02104-8

105 Auferstehung Jesu – Aufertehung der Christen
I. Broer, P. Fiedler, H. Gollinger, I. Maisch, J. M. Nützel, L. Oberlinner (Hg.), D. Zeller   200 Seiten. ISBN 3-451-02105-6

106 Seele – Problembegriff christlicher Eschatologie
W. Breuning (Hg.), R. Friedli, G. Greshake, E. Haag, G. Haeffner, O. H. Pesch, H. Verweyen   224 Seiten. ISBN 3-451-02106-4

107 Liturgie – ein vergessenes Thema der Theologie?
A. Angenendt, D. Emeis, M. M. Garijo-Guembe, A. Kallis, K. Kertelge, A. Th. Khoury, K. Lüdicke, F. Merkel, J. J. Petuchowski, K. Richter (Hg.), R. Sauer, H. Vorgrimler, P. Weimar   2. Auflage. 192 Seiten ISBN 3-451-02107-2

108 Das Gesetz im Neuen Testament
J. Beutler, I. Broer, G. Dautzenberg, P. Fiedler, H. Frankemölle, K. Kertelge (Hg.), J. Lambrecht, K. Müller, F. Mußner, W. Radl, A. Weiser
240 Seiten. ISBN 3-451-02108-0

109 Theorie der Sprachhandlungen und heutige Ekklesiologie
L. Averkamp (Einf.), W. Beinert, N. Brox, E. Coreth, F. Courth, K. Demmer, A. Halder, F.-L. Hossfeld, P. Hünermann, R. Schaeffler   184 Seiten. ISBN 3-451-02109-9

110 Unterwegs zur Kirche. Alttestamentliche Konzeptionen
W. Breuning, H. F. Fuhs, W. Groß, F.-L. Hossfeld, N. Lohfink, J. Schreiner (Hg.), Th. Seidl   200 Seiten. ISBN 3-451-02110-2

111 Hans-Josef Klauck, Judas – ein Jünger des Herrn   160 Seiten. ISBN 3-451-02111-0

112 Der Prozeß gegen Jesus
J. Blank, I. Broer, J. Gnilka, K. Kertelge (Hg.), F. Lentzen-Deis, K. Müller, W. Radl, H. Ritt, G. Schneider   2. Auflage. 240 Seiten. ISBN 3-451-02112-9

113 Tiefenpsychologische Deutung des Glaubens? Anfragen an Eugen Drewermann
H. Bürkle, E. Dassmann, F. Furger, A. Görres (Hg.), W. Kasper (Hg.), R. Schnackenburg, J. Splett, J. Sudbrack   3. Auflage. 176 Seiten. ISBN 3-451-02113-7

114 Jürgen Moltmann, Was ist heute Theologie?   104 Seiten. ISBN 3-451-02114-5

115 Vorsehung und Handeln Gottes
G. Bachl, H. Häring, F. L. Hossfeld, H. Jorissen, Th. Schneider (Hg.), R. Schulte, B. Studer, L. Ullrich (Hg.), J. Wanke, L. Weimer   208 Seiten. ISBN 3-451-02115-3

116 Erzählter Glaube – erzählende Kirche
E. Arens, G. Fuchs, O. Fuchs, K. Müller, B. Sill, H. P. Siller, A. Stock, L. Wachinger, E. Zeller, R. Zerfaß (Hg.)   208 Seiten. ISBN 3-451-02117-X

117 Schriftauslegung im Widerstreit
R. Brown, W. Lazareth, G. Lindbeck, J. Ratzinger (Hg.) 128 Seiten. ISBN 3-451-02117-8

118 **Ars moriendi.** Erwägungen zur Kunst des Sterbens
H. M. Barth, H. Ebeling, W. Falk, T. Kruse, Th. Maas-Ewerd, J. Manser, H. Rolfes, H. Wagner (Hg.), H. R. Zielinski   200 Seiten. ISBN 3-451-02118-8

119 **Gerhard Ludwig Müller, Was heißt: Geboren von der Jungfrau Maria?**
Eine theologische Deutung   124 Seiten. ISBN 3-451-02119-6

120 **Eheschließung – mehr als ein rechtlich Ding?**
H. Becker, T. Berger, A. Jilek, A. Kallis, M. Kunzler, A. Müller, R. Puza, K. Richter (Hg.), F. Schulz, H. J. Vogt, H. Vorgrimler   184 Seiten. ISBN 3-451-02120-X

121 **Mann und Frau – Grundproblem theologischer Anthropologie**
E. Gössmann, K. Lehmann, D. Mieth, H. Pissarek-Hudelist, I. Riedel-Spangenberger, Th. Schneider (Hg.), H. Schüngel-Straumann   224 Seiten. ISBN 3-451-02121-8

122 **Gottesdienst – Weg zur Einheit.** Impulse für die Ökumene
W. Bühlmann, B. Bürki, K. Ch. Felmy, A. Hänggi, J. Halkenhäuser, A. Häussling, K. Schlemmer (Hg.), H. Ch. Schmidt-Lauber, E. Ch. Suttner
144 Seiten. ISBN 3-451-02122-6

123 **Der Umgang mit den Toten.** Tod und Bestattung in der christlichen Gemeinde
M. Ausel, D. Emeis, J. Gaedke, A. Kallis, A.-Th. Khoury, K. Löning, F. Merkel, K. Richter (Hg.), P. Schladoth, W. Schweidtmann, H. Vorgrimler, R. Waltermann, E. Zenger   200 Seiten. ISBN 3-451-02123-4

124 **Versöhnung in der jüdischen und christlichen Liturgie**
D. Ellenson, H. Hainz (Hg.), K. Kienzler (Hg.), J. Magonet, H. Merklein, J.J.Petuchowski (Hg.), K. Richter, Sh. Safari, M. A. Singer, C. Thoma
232 Seiten. ISBN 4-451-02124-2

125 **Kann man Gott aus der Natur erkennen?** Evolution als Offenbarung
C. Bresch (Hg.), S. M. Daecke (Hg.), H. Gahmig, V. Mortensen, H. Riedlinger (Hg.), G. Schiwy, B. Weissmahr   176 Seiten. ISBN 3-451-02125-0

126 **Metaphorik und Mythos im Neuen Testament**
U. Busse, O. Fuchs, H. Giesen, K. Kertelge (Hg.), J. Kremer, O. Schwankl, Th. Söding, M. Theobald, P. Trummer   304 Seiten. ISBN 3-451-02126-9

127 **Die größere Hoffnung der Christen.** Eschatologische Vorstellungen im Wandel
W. Berg, A. Gerhards (Hg.), M. Kehl, H. Kramer, G. Lange, G. B. Langemeyer, H. J. Pottmeyer, A. Sand, R. Schaeffler   184 Seiten. ISBN 3-451-02127-7

128 **Glauben durch Lesen?** Für eine christliche Lesekultur
R. Lettmann, P. Deselaers, F. Furger, A. Kallis, K. Kertelge, A.-Th. Khoury (Hg.), H. Lichtenberger, L. Muth (Hg.), K. Richter, H. Vorgrimler
152 Seiten. ISBN 3-451-02128-5

131 **Glaube als Zustimmung.** Zur Interpretation kirchlicher Rezeptionsvorgänge
W. Beinert (Hg.), F. Ochmann, H. J. Pottmeyer, K. Schatz   168 Seiten. ISBN 3-451-02131-5

in Vorbereitung:

129 **Offenbarungsanspruch und fundamentalistische Versuchung**
I. Broer, Joh. Maier, M.Peek-Horn, H. R. Seeliger, J. Werbick (Hg.), H. Zirker
ca. 240 Seiten. ISBN 3-451-02129-3

Herder Freiburg · Basel · Wien